中國學術思想 研究輯刊

二五編
林慶彰 主編

第 15 冊

朱子聖人觀念考述（上）
劉炳瑞 著

花木蘭文化出版社

國家圖書館出版品預行編目資料

朱子聖人觀念考述（上）／劉炳瑞 著—初版—新北市：
花木蘭文化出版社，2017〔民 106〕
序 8+ 目 4+168 面；19×26 公分
（中國學術思想研究輯刊 二五編：第 15 冊）
ISBN 978-986-404-926-4（精裝）
1.（宋）朱熹 2. 學術思想 3. 朱子學
030.8   106001001

ISBN-978-986-404-926-4

中國學術思想研究輯刊
二五編　第十五冊　　　　　　　ISBN：978-986-404-926-4

朱子聖人觀念考述（上）

作　　者　劉炳瑞
主　　編　林慶彰
總 編 輯　杜潔祥
副總編輯　楊嘉樂
編　　輯　許郁翎、王筑　美術編輯　陳逸婷
出　　版　花木蘭文化出版社
社　　長　高小娟
聯絡地址　235 新北市中和區中安街七二號十三樓
　　　　　電話：02-2923-1455／傳真：02-2923-1452
網　　址　http://www.huamulan.tw 信箱 hml 810518@gmail.com
印　　刷　普羅文化出版廣告事業
封面設計　劉開工作室
初　　版　2017 年 3 月
全書字數　327422 字
定　　價　二五編 20 冊（精裝）新台幣 38,000 元

朱子聖人觀念考述(上)

劉炳瑞　著

作者簡介

劉炳瑞，河北人，廣東廣雅中學教師，北京師範大學碩士研究生學歷，主要研究領域爲儒家典籍與文化傳統，曾獲全國高校古籍整理研究工作委員會設立的第十屆「中國古文獻學」獎。

提　要

　　《朱子聖人觀念考述》是在宋代文化的大背景之下對朱子聖人觀念的綜合考述：第一章討論宋代對「內聖外王」觀念的發展，這是朱子提出其聖人觀念的時代因素。宋儒在「繼韓」和「闢佛」兩大使命的推動之下，爲推崇治道而在北宋中期形成追跡三代的風潮。范仲淹、王安石政治改革的失敗不但沒有澆滅追跡三代的信念，反而激勵道學家另闢蹊徑，重新喚醒了儒者對「內聖」之學的關注。第二章圍繞朱子的「聖人」觀念進行展開。從「周孔」到「孔孟」的變化是在宋代完成的，那麼，周公在此間爲何要退出歷史前台而被孟子所取代，孟子被推上歷史前台又遭遇了怎樣的質疑，朱子又做出了怎樣的回應。要解答一系列緊密相連的大問題，就要釐清朱子視域之中的「仁且智」的聖人具有怎樣的特性以及如何成爲聖人等問題。本章嘗試回應這些問題。第三章主要探討儒家經典從「五經」到「四書」的變化過程。晚唐興起的「疑經惑傳」之風對漢唐經學形成強大的衝擊，重新詮釋和擇取儒家的新經典都顯得尤爲重要。從以王安石《三經新義》爲代表的王學獨行天下到朱子對集道學大成的《四書章句集注》經典地位確立，其間有非常清晰的脈絡可尋，本章將梳理這個過程。第四章是考察朱子所列的道統譜系。宋代很多學者受韓愈《原道》啓發而建立了各自的傳道者譜系，朱子所列的道統譜系與這些譜系存有很明顯的差異，此章則探討朱子道統譜系所列傳道者的去取依據。第五章主要探討朱子對佛教的借鑒與超越。朱子的「闢佛」與其說是儒釋互相鬪爭的過程，不如說是對佛教借鑒與超越的過程。朱子正是執持著這樣的理念，「修其本以勝之」，完成了儒學的復興。第六章是將孔門八位有名的學生置於朱子聖人觀念之中進行考察。孔門弟子是最有可能繼孔子成爲聖人的群體，他們沒有成爲聖人的原因能在一定程度上說明朱子聖人觀念以及成聖之方法的基本特性。第七章考察朱子對其聖人觀念的實踐情況。朱子幼時讀到《孟子》論及聖人的章節時興奮得手舞足蹈，他入仕之後，不論是立朝還是外任，他的行政施措都能體現他對「內聖外王」之學的理解。因而，本章選取朱子從政生涯之中最具代表性的經界之法、恢復中原的策略以及他做帝師時的「格君心之非」這三件事來考察朱子聖人觀念在實際政治中的遭遇和困境。第八章是對朱子聖人觀念的綜合述評，也是全書的收束部份，主要討論朱子聖人觀念的積極影響和存在問題。概言之，朱子借助「仁且智」的聖人理念，既開拓了儒學的新領域，也爲儒學的後續發展留下很大空間。

倚筇隨處弄潺湲

（代序）

一、本書的寫作機緣

我對朱子聖人觀念的留意始於 2004 年秋。我當時讀大學三年級，對未來求知問學的路徑正在模糊徬徨。在此之前，我對當代文學產生了極大的興趣，因爲當代文學作品讀起來沒有語言障礙，而且故事光怪陸離，撼動人心，就趁機在這半年時間讀了洪子誠版《中國當代文學史》提的大量文學作品。那眞是無比快樂的半年，純粹爲了看書而看書。很多中短篇文學作品並沒有單行本，我只好去學校的期刊閱覽室找回它們最初發表的期刊，用極快的速度將其讀完。過刊的借閱期限只有一天，這使我養成了快速閱讀的習慣。除此之外，我還經常瀏覽《收穫》、《十月》、《當代》等純文學期刊上刊載的新小說。這樣做是爲將來讀研究生時選專業方向做基礎。

這半年的收穫特別多，但這半年的閱讀恰恰使我陷入看不到邊際的迷惘，因爲每閱讀一篇中國當代長篇小說，就仿佛隨著主人公經歷了一次人生，而書中的不同人生經歷多了，讀書的人就不可避免地出現嚴重價值分裂，尤其是我讀了余華、蘇童、楊爭光等人的作品之後，我開始懷疑人生眞是如此嗎？這些小說構建的世界讓我徹底迷失了方向，我不知道今後該秉持怎樣的觀念生活。越讀書，卻越迷惘，這可不是我想要的閱讀體驗。

我不能再這樣下去，我得換一個方向，可哪個方向適合我，依舊令我迷茫。重新做選擇令我狼狽不堪，就像天降大雨，睜眼四望，卻無一處近身的

地方可以躲避。好在王紅老師在這學期開設的古典文學課程讓我重新找回了「煙雨江山之外」那「萬不得已」的詩心，重新審度了那「不事王侯，高尚其事」的可貴尊嚴，更重新發現了以儒家文化爲核心的人性光輝。王老師的課是我大學之中最爲精彩的課程之一，因爲她傳遞給我們的並不僅僅是文學本身，更是對生活的詩意態度。中華古典文化帶給我的是寬厚中和與剛健篤實，沒有我在當代文學作品中所感受到的猶疑與焦慮，即便有，也能找到一種理性又詩意的排遣方式，溫柔敦厚，這不正是我特別嚮往的生活態度嗎？基於這樣的思考，我打算跟王紅老師研究杜甫。

我帶著這樣的心緒進入大三，認識了受業恩師羅國威教授。羅老師當時給我們開設了中國古典文獻學這門課程。羅老師是章太炎先生再傳弟子，堅守章黃家法，體現了清人樸學的治學思路，且在魏晉南北朝文學研究領域蔚然大宗。羅老師的講授眞是「授人以漁」，文獻學的知識在我後來的讀書問學過程中發揮了極大的作用，可謂終身受用。不過，用文獻學所提供的方法研究哪個時代、哪個領域的學問，我依舊徬徨無解，因爲我當時雄心勃勃，希望以文獻學的方法爲基礎，做極具思辨性的學問。好在我在劉黎明老師開設的文化人類學選修課上一併解決了很多問題。

劉黎明老師此前曾給我們開設過中國古代文學（先秦兩漢部份）。他站上講臺的瞬間絕對會吸引你：他英氣逼人，簡直跟《羅馬假日》（Roman Holiday）裏面的格力高里・派克（Gregory Peck）一樣帥。他帶我們讀了詰屈拗牙的《尚書》，教我們怎樣用 50 根竹籤推演出《易》卦，還學了《春秋左氏傳》、《詩經》、《老子》、《莊子》、《楚辭》、《史記》等經典著作的經典篇章。劉老師對史料的選取非常精當，對材料的分析也很細緻，使我能對中國古典學術有種個入門的喜悅。

有一次，劉老師向我們介紹南宋洪邁《夷堅志》時偶爾說起的幾句話令我心頭一亮。劉老師說：「若爲研究中國學術而選取一個時間段作爲時代範疇，那宋代無疑會是一個比較理想的選擇。宋人受益於印刷術廣泛應用帶來的便利，刻印了大量文獻資料。這些文獻資料經過歷史的洗汰，留存到今天的多是精品，而且量也不會太多。宋以前的文獻總量嫌少，宋以後的文獻資料嫌多，宋代則恰到好處。陳寅恪也認爲中華文明經歷幾千年發展，是在宋代登峰造極的。」這番話使我豁然開朗，宋代學術也從此成爲我最關注的領域。我意識到，我對王老師的欽敬勝過對杜甫的喜愛，更爲

要命的是，在沒有新材料發現的情況下研究杜甫，實在已無什麼可選的題目可做。若要研究杜甫，我實在無法在現有基礎上推陳出新，將來的論文不會有什麼學術價值，而且還得面臨重選方向的境地，所以對我而言，宋代確實是個不錯的選擇。宋代文化昌明，是個非常令人嚮往的時代：文學方面，大師雲集，僅宋仁宗時代就有六人名列「唐宋八大家」（歐陽修、王安石、三蘇、曾鞏），此外更有眾口流播的宋詞；哲學方面，理學是儒學的重光，影響中國千餘年，周敦頤、二程兄弟、朱熹、呂祖謙、陸九淵，都是那個時代光風霽月般的人物。這樣，文學和理學這兩方面都有很多大題目可做。把宋代學術作爲研究領域之後，我就選擇了朱熹的《四書章句集注》這本影響中國八百多年的理學淵藪作爲研究文獻。做好選擇之後，爲了更好的掌握文獻學的方法，我就請羅國威教授作導師。羅老師欣然接受，對我的學業做了極其細微的指導。

《四書章句集注》既神秘又艱澀，並不好懂（尤其是那些「理」、「氣」、「天命之性」等名詞），於是我把南宋嚴滄浪的「從最上乘，具正法眼，悟第一義」視爲座右銘，還是努力堅持了下來。大三結束之後，我撰寫了一篇探討朱子內聖外王觀念的習作作爲學年論文。在這期間，除了羅老師的細心指導，劉長東老師還引導我閱讀了關於宋史和佛教的一些新作，令我大受啓發。劉長東老師也是宋史專家，我每次向他請教，他都在將問題解釋清楚之後，隨口向我推薦很多這方面的研究著作。對我來說，這些著作眞是聞所未聞，但每次翻閱都會大有收穫。羅老師和劉長東老師對古代典籍及其研究動態非常熟悉，兩位師者向我們開列書目時的神情活像良醫在對症下藥，他們眼神中煥發的光芒令我們神往。

這篇習作完成之後，當時得到羅老師表揚。不過，全文成之匆忙，在今天看來不但乏善可陳，更是錯漏百出。但也許正是我當年對學問的熱情給羅老師留下深刻印象，所以過了十多年羅老師依舊記得我這篇小小的習作，將其推薦給花木蘭文化出版社的楊嘉樂老師。十多年前的這篇少作雖規模初具，但對一些問題的討論顯然沒有到位，而且十多年中學界又有很多新成果出現。因此，我決定在當年習作的基礎上全部重寫。一旦著手改寫，其艱難程度遠遠超出我的想像，一來由於朱子的聖人觀念所涉龐博、體系精微；二來中學教育教學工作特別繁忙，只能在工作之餘推進；三來家裏添丁進口，家累繁劇；四來獨學而無友，雖處至近之地，而一物無所見，一步不可前，不知這閉門造車，能否

出門合轍。好在在這期間，我得到羅國威老師、韓格平老師的熱切關懷，也得到父母妻子的理解。

　　從事中學教育工作之後，能在日常工作之餘讀書問學往往成爲一種奢望，但廣雅校園對我的「心教」很深，讓我又堅持了下來。香港中文大學前校長金耀基先生憶及他當年在劍橋訪學的時光說，劍橋除了「堂」的「言教」和「身教」〔註1〕，其優美的環境則營造出一種更爲重要的「心教」：「心教是每個人對景物的孤寂中的晤對，是每個人對永恆的刹那間的捕捉。」（《劍橋語絲・是那片古趣的聯想》）我任教的廣雅是張之洞任兩廣總督時創建的廣雅書院。廣雅之於我的「心教」不僅僅體現在嶺南園林風格的校園，更在其晚清名士書寫或題撰的大氣磅礴的聯語。廣雅有座昭明樓，兩楹間懸有一副張之洞所撰聯語：「尊其所聞，行其所知，合嶺南東道、嶺南西道人才，互爲師友；博我以文，約我以禮，會漢儒經學、宋儒理學宗旨，同造聖賢。」每天在懸掛這副聯語的兩楹之間進進出出，逐日在古老又青春的雅園讀書教學，眞是「聽諸生夏誦春絃，聲出戶外如金石；到此地吟風弄月，花落水面皆文章」（昭明樓的另一副聯語）。廣雅大門有張之洞所撰聯語「強毅以與人，退讓以明禮；善世而不伐，剛上而尚賢」（上聯集《禮記》句，下聯集《易傳》句），藝術樓清嘉堂以朱子詩句「故作軒窗掩蒼翠，要將弦誦答潺湲」爲聯（朱子《次韻四十叔父白鹿之作》）。瓊華樓聯語「我生恨不見古人，是邦耆碩如林，文采功事皆曠絕；名士從來有部落，今日橫流遍地，英雄時勢兩相需」，無邪堂聯語「雖富貴不易其心，雖貧賤不移其行；以通經學古爲高，以救時行道爲賢」，讀來眞有英氣！曾作爲圖書館的冠冕樓一直是廣雅象徵，而晚清時期著名的廣雅書局刻本正是從這裡流傳天下，其聯語磅礴大氣：「地接南園，看蒼翠成林，疑身到六橋三竺；天開東壁，聚丹黃滿架，此中有百宋千元」。更是一直激勵著我的，則是無邪堂前面樹立的四方碑刻。這四方碑刻以清麗的小篆分別刻有許愼《說文解字序》、鄭玄《六藝論》（輯佚）、程頤《視聽言動四箴》、朱子《白鹿洞書院學規》。這四方碑文平日在書中不知讀過多少遍了，如今以這種方式讀到它們，能不有「斯文在茲」的激揚慷慨？

〔註1〕據金耀基先生解釋，「堂」即 Don，由西班牙語轉入英語的語詞，本意是一種尊稱，指那些有地位、有頭面的人，而在劍橋、牛津這樣的大學則是院長、院士和導師的通稱。

我一直很喜歡廣雅濃厚的人文底蘊，因而也時時處處被這些穿越歷史烽煙流傳到今天的文字深深感染著。我在中學工作而始終未能忘懷對儒家典籍的熱忱，這跟廣雅對我薰染的「心教」密切相關。所以，儘管讀書治學的環境有所改變，但朱子詩句「倚筇隨處弄潺湲」流露出的那種隨緣任適，也就成爲我所追求的一種良好心態，拙作得以今天的面貌呈現，也正是與大家經歷的美好歲月的小小紀念。

二、本書的取材及其內在思路

在修訂期間，我偶然讀到王汎森先生的一篇小文章。王先生結合自己的治學經歷，發現經典閱讀會不可避免地遇到以下問題：經典的一部份內容經過時代的洗汰之後，用現代人的眼光來看已經錯誤或過時。再者，經典既已形成，其內容是不動的，它們如何與人類無限多的存在境遇以及人類所關心的翻新出奇的問題發生關聯，一本書的內容怎麼可能既是古代，又關聯現代？王先生說：「三十多年前，我曾似通不通地讀了神學家保羅・田立克（Paul Tillich）的《系統神學》（*Systematic Theology*），覺得他很想解答這個問題。這部書中反覆討論《聖經》如何關聯呼應（correlate）每一個時代？如何在不任意改動《聖經》的『訊息』下，關聯呼應每一個時代特殊的『境況』？如何形成一種既不是從境況中抽取答案，也不是過度被訊息的固定性所拘限，而對時代的迫切問題提出解答？田立克花了很大的力氣所提出的解答，應該只是人們親近經典的進路之一。」〔註2〕王先生不愧爲文史大家，簡短幾句話就道出了中西哲學家面臨古代經典時的共同境遇，爲我們閱讀詮釋經典的研究著作提供了非常雅正的視角。這篇短文給我留下非常深刻的印象，在閱讀朱子解經著作的時候，我想朱子肯定也面臨了相同的問題，因而就十分留意他是如何給出詳細答案的。

我之前閱讀朱子學的研究著作，發現學者們在論及朱子理念時很少會援引其經注之作。我正自詫異何以如此，恰好讀到勞思光先生的一段話：「朱氏之著作，如《行狀》及傳文所見，可謂繁夥；然其論學說之旨，則大抵半在語錄中，半在《文集》中。換言之，即當以《全集》及《語類》爲主要資料，

〔註 2〕 王汎森：《爲什麼要閱讀經典》，查閱地址爲 http://www.aisixiang.com/ata/79302 .html，查閱日期爲 2016 年 2 月 4 日。

至其編次注解之作品，則只偶有可參考者而已。」〔註3〕我意識到，將朱子聖人觀念的焦點僅放在《四書章句集注》肯定是不夠的，於是我進一步閱讀了朱子的語錄和文集。不過，這些語錄和文集並非散亂而無一核心。朱子一生學力盡於「四書」的整理與研究，臨終前還在修正《大學》「誠意」章的注釋，他的語錄和文集以「四書」為其綱領一以貫之的，因而本書對朱子聖人觀念的考述將圍繞「四書」這個核心，主要涉及的文獻包括《四書章句集注》、《朱子語類》、《晦庵先生朱文公文集》、《四書或問》等。這在一定程度上就解決了經注與文集、語錄的關係：朱子的經注更像是呈現在外的結果，而其文集、語錄則深入地解釋了朱子這樣詮釋經典的學術基礎和內在理路。

司馬遷把「究天人之際，通古今之變，成一家之言」作為其史學理想，呂祖謙也說「人之所遊，觀其所見；我之所遊，觀其所變」可取為看史之法（《麗澤論說集錄》）。顧頡剛先生討論中國古史時，有「層疊地造成的中國史」之說，其精神實質也正是在變動中理解古史與古人。在發展變化與多元互動之中考察朱子的聖人觀念，是我撰寫這個論題的追求。本書將朱子的聖人觀念放在宋代文化背景及朱子的思維體系之中進行考察，各章的主要內容及其相互聯繫如下：

第一章主要探討儒學自韓愈以來對內聖外王之道的復興。韓愈在佛教昌熾的大背景下承擔了儒學復興的歷史使命，儒家學者開始積極關注以《中庸》為淵藪的性理之學，而晚唐五代以來的社會動亂使得儒者更關心治道，因而對治道的推崇成為宋初儒學發展的新特徵。這在北宋中期形成了一股追跡三代的風潮，回覆上古三代之治也就成為當時政治革新的理想。范仲淹「慶曆新政」和王安石「熙豐新法」的失敗，不但沒有澆滅士大夫追跡三代的熱情，他們反而另闢蹊徑，認為只有聖人纔能完整無缺地復興三代之治。這就又回到了儒家對「內聖」之學的關注。因此，儒學發展的內在理路及宋代政治歷史環境在很大程度上決定了朱子聖人觀念的基本特性。

第二章圍繞朱子的「聖人」觀念進行展開。從「周孔」到「孔孟」的變化是在宋代完成的，那麼，隨之就會產生一系列問題，如周公在此間為何要退出歷史前台而被孟子所取代，孟子被擺上歷史前台又遭遇了怎樣的質疑，以朱子為代表的道學家又做出了怎樣的回應。要解答一系列緊密相連的大問

〔註3〕 勞思光：《新編中國哲學史》三上，北京：讀書・生活・新知書店，2015，頁204。

題，就要在朱子的視域之中，釐清「聖人」的內涵和外延分別是什麼，如何成為聖人等等。

第三章主要探討儒家經典從「五經」到「四書」的變化過程。晚唐興起的「疑經惑傳」之風在北宋中期達到頂峰，王安石的《三經新義》伴隨著科場改制應運而生。《三經新義》由於有著鮮明的政治性，是新法之地，故而隨著王安石新法政策的浮沉而時有興衰。伊洛之學在南宋的興盛和朱子對道學的集大成最終促成了「四書」的升格和獨立，本章也將在此基礎上探究朱子「四書」的形成過程。

第四章是考察朱子所列的道統譜系。宋代很多學者受韓愈《原道》影響而有各自的傳道者譜系，朱子所列的道統譜系與這些譜系存有很明顯的差異，因為朱子列聖相傳的譜系實則建立在《易傳》、《孟子》等經典的基礎之上。因此，這個章節主要探索周敦頤之所以成為北宋接續孟子第一人的原因，同時給出荀子、揚雄、王通、韓愈被朱子排拒在道統譜系之外的理由，進而推究朱子所謂「道統」的核心要義。

第五章主要探討佛教與宋代儒學的互動。在一定意義上可以說，正是佛老之學刺激並促成了道學的發展與完成。儒釋關係是雙向互動的，佛教在宋代出現了非常明顯的入世傾向，儒學也受佛教影響而發展出其獨具特色的心性之學。因此，道學家所說的「闢佛」與其說是儒釋互相鬥爭的過程，不如說是儒釋互相借鑒、彼此滲透的過程。朱子正是執持著這樣的理念，最後「修其本而勝之」，完成了儒學的真正復興。

第六章是將孔門八位有名的學生（顏回、曾點、曾子、子貢、子路、子夏、子游、子張）置於朱子聖人觀念之中進行考察。孔門弟子親炙孔子教誨，他們是無限接近聖人的群體，也是最有可能繼孔子之後成為聖人的群體。他們八人通過卓絕而互異的方式完成了自我的修養，到達了很高的境界。但是，他們在朱子眼中都不能算得上聖人。因此，他們的修養方法和存在缺陷就非常具有代表性，故而朱子對這個群體的考察更能在一定程度上驗證其聖人觀念以及成聖之方法的基本特性。

第七章是考察朱子對其聖人觀念的實踐。朱子既對聖人觀念有所論述，他本人對其理論的實踐情形則頗能說明理論乃至理想與現實政治施為之間的緊張關係。朱子幼時讀到《孟子》論及聖人的章節時興奮得手舞足蹈，他入仕之後，不論是立朝還是外任的施措，都能體現他對「內聖外王」的理解。

因而，本章選取朱子生命之中最具代表性的經界之法、恢復中原的策略以及他做帝師時的「格君心之非」這三件事，以此考察朱子在實際政治中踐行其聖人觀念時所面臨的遭遇。

　　第八章是對朱子聖人觀念的綜合述評，也是全書的收束部份，主要討論朱子聖人觀念的積極影響和主要問題。朱子豐富了儒家「內聖外王」理念，開拓了儒學的新領域，尤其是在佛老繁盛的歷史背景之下使儒學得以重光，其功不可沒。不過，由於朱子對「五經」和「四書」兩個經典系統持有不同的考據標準，其聖人觀念不可避免地會受其影響。同時，朱子對生知之聖過份拔高，對「外王」政制的構建相對不足，因而其「內聖外王」理念仍然存在很大的發展空間。

　　儘管這部書稿的修訂稿與初稿相比有了很大的改觀，時間跨度也有十二年之久，但由於朱子學術體系龐大而嚴密，研究朱子學的前輩以畢生精力窮之尚覺時日不足，更何況我才學淺疏，兼有繁劇的事務縈繞心胸，所以這部書稿必然還會有各種疏漏，在此，我誠懇地期待大方之家不吝賜教。

劉炳瑞

2017 年 1 月 10 日改定於廣雅

目次

全書引證凡例

1. 本書所引用的《四書章句集注》文字以北京中華書局 2012 年第 2 版爲據。《四書章句集注》內部各書相對獨立，且各有原名，爲簡明直捷起見，本書在引用「四書」時僅標注其具體名稱，分別是《大學章句》、《論語集注》、《孟子集注》、《中庸章句》；本書所用的《朱子語類》以王星賢點校、中華書局 1986 年本爲據。《四書章句集注》和《朱子語類》之外的朱子著述均引自朱傑人、嚴佐之、劉永翔主編《朱子全書》（上海古籍出版社與安徽教育出版社合出，2002），引文標出書名、篇名及所在《朱子全書》的冊數、卷帙、頁碼等信息。其中的《晦庵先生朱文公文集》在全文引用標注時簡稱《晦庵集》。

2. 《四書章句集注》引用諸家說解多標「某氏」而未稱名，這給後世學者的研究帶來不小的困難。爲明晰起見，本文引用《四書章句集注》諸家說解時將根據日本學者大槻信良《朱子四書集注典據考》（台北：學生書局，1976）進行覆核並予明確標注。

3. 文中凡涉及朱子行年及其活動，首先參以其文集、語錄及弟子所作傳記等資料，並參考清人王懋竑所編《朱熹年譜》（《朱子全書》第 27 冊）、束景南《朱熹年譜長編》（上海：華東師範大學出版社，2001）、《朱子大傳》（福州：福建教育出版社，1992）等書。朱子書信繫年參照陳來《朱子書信編年考證》（北京：三聯書店，2007 年增訂版）、朱子詩詞繫年參照郭齊《朱熹詩詞編年箋注》（成都：巴蜀書社，2000）。

4. 諸家文集若無理想的通行點校版本則首選《四部叢刊》（初編、二編、三編）本，《四部叢刊》未收者則採用文淵閣《四庫全書》本（台北：商務印書館，1983 年影印文淵閣本。爲使腳注簡明起見，文中僅標注所引之書所在的《四庫全書》冊數、卷帙和頁碼）。

5. 如古籍（或影印古籍）並未標注新式頁碼，則標注其卷帙和版心頁碼，書版右半標 A，左半標 B，如「《元盱郡覆宋本孟子趙注》卷十四《盡心下》『……』章，頁 9A」。

6. 為簡明起見，文中不少引文並非直接逐字逐句地引用，而是在儘量保持原意的基礎上進行縮略與整合，這部份文字的腳注標以「綜合《××》」字樣，並標注所參考的頁碼範圍。

7. 全書所引用的各類參考書均以公元紀年標識其出版刊行的時間。

第一章 原 道
——從仰望漢唐功烈到追跡三代治道

第一節 韓愈前後的儒學發展大略

司馬遷說：「余讀功令，至於廣屬學官之路，未嘗不廢書而歎也。……竇太后崩，武安侯田蚡爲丞相，絀黃老刑名百家之言，延文學儒者數百人，而公孫弘以《春秋》白衣爲天子三公，封以平津侯。天下之學士靡然鄉風矣。」（《史記·儒林列傳》）司馬遷是爲儒學發展到漢代而成爲官方政治緣飾之物的可悲處境而慨歎〔註1〕。儒家學說歷經崇黜而矗立不倒，至此而得其獨尊地位，但在經學大盛的背後，天下學子靡然而從的多與富貴相關，《史記·儒林列傳》中的很多儒生不惟不肖於孔、孟、荀這樣的大宗師，而且顯然已迥異於《仲尼弟子列傳》中那些粲然純粹的孔門弟子，那些「正學以言」的儒者（如轅固生、董仲舒）則因不斷被邊緣化而險境迭生。儒家學說和儒生人格在皇權與功利面前發生了很大扭曲，先秦儒者那種有主見、有節操且積極入世的人格逐漸被專門以阿諛逢迎爲事，爲追求功名利祿爲宗旨的惡劣風氣所掩襲〔註2〕，正如郭嵩燾所說：

> 自周衰王政不下究，三代聖王所以一道德，同風俗者，不復能

〔註 1〕 韓兆琦：《史記》（全本全注全譯）卷一二一《儒林列傳》，北京：中華書局，2010，頁 7133。

〔註 2〕 《史記》（全本全注全譯）卷一二一《儒林列傳》，頁 7131～7132。

　　溉之天下，於是孔子之徒出，修明三代禮樂政教，私淑而討論之，守先王之遺，以待聖人之興，其得位乘時，所以溉之天下者不同，而為道一也。……武帝廣屬學官，誘之於利祿之途，於是儒者之道以熄，三代聖王之流貽煥然遺亡，遂以永絕於天下。武帝之廣屬學官，其禍更烈於始皇，此史公所以廢書而歎也〔註3〕。

　　大一統的皇權建立起來之後，作為緣飾之具的儒家學說成為干祿捷徑，與純正的學術思想之發展多無所涉，其與政治宗尚相始終，逐漸失去儒學遺世獨立的高標與品格。漢初，皇室崇尚黃老思想，儒學不免受其影響而崇尚無為，賈誼即其顯證；儒學獨尊之後，儒生又將其與陰陽五行相雜糅，逐漸發展成為符命讖緯迷信，其內容已大異於孔、孟、荀。東漢之後，一部份學者雖能衝破圖讖禎祥的妖氛而漸歸人事，崇尚實際，注重匡救，然而儒學至此已為強弩之末，衰微已極〔註4〕。漢安帝薄於藝文，「博士依席不講，朋徒相視怠散，學舍積敝，鞠為園蔬，牧兒蕘豎，至於薪刈其下」（《後漢書・儒林傳序》）。蕭公權總結儒家衰微的原因時說道：

　　儒學由西漢獨尊之地位，頓趨衰敗，洵吾國思想史中一至可驚異之現象。……然顯見之近因尚有二端。綜括言之，一為儒學本身之迅速退化，二為提倡者之久而生厭。蓋西京儒學，經武帝之推尊而驟顯。經生可致封侯，則士人爭誦六藝。利祿所歸，動機不純。浸至朝廷以儒術為文師，士人藉《詩》、《書》以干利祿。狡黠者或至竄亂經文，拘牽者不免泥滯章句。安順以後，時君不復措意，則並此名存實亡之狀況亦不能維持。及至魏正始中，廷臣四百餘，能操翰者竟未有十人。文化學術之本身且幾於息絕，則儒術之衰，乃勢所必至。論者每以秦始皇焚書坑儒為古今一大劫，而不知漢末「聖文埃滅」之情形固幾乎與漢初相似也〔註5〕。

　　因此，儘管兩漢儒者迭出，漢末又有鄭玄集其大成，但是，這些儒者不但沒有在原有的基礎上開拓出新領域，而且又將儒學之發展多次引入歧途，造成了新的問題和困惑，學者「師商、韓而上法術，競以儒家為迂闊，不周世用」。從魏晉至隋唐的幾百年中，隨著玄學思潮的風靡一時、佛教的東來和

〔註3〕　郭嵩燾：《史記札記》卷五《列傳下》，上海：商務印書館，1957，頁407～408。
〔註4〕　蕭公權：《中國政治思想史》，北京：商務印書館，2011，頁283。
〔註5〕　《中國政治思想史》，頁355～356。

道教的大興，儒學一直處在中衰狀態，尊嚴大損，已淪於「諸子」之列，降格爲統治思想中的鼎足之一〔註6〕。

北朝學者篤守漢學，而常常稱羨南朝。南朝衣冠禮樂，文采風流，學者善談名理，增飾華辭，表裏可觀，雅俗共賞，足以轉移一時風氣。隋唐統一，北學並於南學，經學亦漸趨統一，但諸儒對前代經典疏義的擇取不過因一時之好尙，定一時之規模。唐太宗崇尙儒學，以儒學多門，章句繁雜，詔國子祭酒孔穎達與諸儒撰定五經義疏，成《五經正義》。諸儒著書之例，注不駁經，疏不駁注，不取異義，專宗一家，不過繼承南北朝以來正義、義疏的繁瑣章句之學。隋代的開國君主隋文帝「不悅詩書，廢除學校」〔註7〕，王通獻太平策十二策，文帝不能用。

唐高宗永徽四年（653），孔穎達《五經正義》頒於天下，每年明經依此考試〔註8〕。高宗、武則天以後偏重進士詞科之選，明經一目僅爲中材以下的進取之途。因爲明經只限於記誦章句，絕無意義之發明，所以明經在中唐已全失去政治社會上之地位〔註9〕。陳寅恪結合《通典‧選舉典》考證說〔註10〕，進士雖創於隋，而其特見尊重，成爲士人出仕之惟一正途實始於唐高宗一代的武后專政時期。武則天「頗涉文史，好雕蟲之藝」的偏好，在很大程度上影響了以文章選士的制度〔註11〕。她專政以後，外廷顯貴多由文學拔擢。玄

〔註6〕 綜合徐洪興：《唐宋間的孟子升格運動》，《中國社會科學》1993年第5期，頁108；《中國政治思想史》，頁396。

〔註7〕 皮錫瑞：《經學歷史》，北京：中華書局，2008年第2版，頁193～199；魏徵等：《隋書》卷二《高祖紀下》，北京：中華書局，1973，頁54。

〔註8〕 《經學歷史》，頁193。

〔註9〕 陳寅恪：《金明館叢稿初編‧論韓愈》，北京：生活‧讀書‧新知三聯書店，2015年第3版，頁321。

〔註10〕 《通典》卷一五《選舉典》：「初國家自顯慶（高宗年號，651～661）以來，高宗聖躬多不康，而武太后任事，參決大政，與天子並。太后頗涉文史，好雕蟲之藝，永隆（高宗年號，680～681）中始以文章選士。及永淳（高宗年號，682～683）之後，太后君天下二十餘年，當時公卿百辟無不以文章達，因循日久，寖以成風。以至開元（713～741）、天寶（742～756）之中，……太平君子唯門調戶選，徵文射策，以取祿位，此行己立身之美者也。父教其子，兄教其弟，無所易業，大者登臺閣，小者任郡縣，資身奉家，各得其足。五尺童子恥不言文墨焉。是以進士爲士林華選，四方觀聽，希其風采，每歲得第之人不浹辰而周聞天下，故忠賢雋彥、韞才毓行者咸出於是。」

〔註11〕 武后遊宴頗爲高雅，善於在群臣中造成寫詩作文的濃厚風氣，且有很好的鑑賞水平，如據《舊唐書》卷二○二《宋之問傳》：「武后遊洛南龍門，詔從臣賦詩。左史東方虬詩先成，后賜錦袍。之問俄頃獻，后覽之嗟賞，更奪袍以賜。」

宗御宇（712～756 在位），名臣多爲武后所獎掖之人。文學選士在玄宗時成爲定局，迄於後代，因而不改。安史之亂（756～763）後，其宰相大抵以文學進身。代宗大曆（766～779）時，常衮黨國，「尤排擯非辭賦登科者」，非以辭賦登科者不得進用。自德宗（779～805 在位）以後，宰相皆由文章之士以翰林學士升任〔註 12〕。此外，佛教（尤其是禪宗）的發展更是吸引了大批信衆，儒學的式微更加不可避免。錢穆考證說：

> 武后以降，禪宗尤盛，幾於掩脅天下盡歸於禪門之下。士大夫尋求人生眞理，奉爲舉世爲人之最大宗主，與夫最後歸宿者，幾乎惟禪宗是主。至其從事治道實際，反屬私人之功名，塵世之俗業。……唐代人心之所向，非釋迦，則禪宗諸祖師。周公、孔子轉退屬次一等，則經學又從何而獲盛〔註 13〕？

中唐時期，韓愈對儒學的復興起了至爲關鍵的作用。韓愈在《進學解》中借學生之口，說出自己面對道術乖離的所作所爲：

> 抵排異端，攘斥佛老。補苴罅漏，張皇幽眇。尋墜緒之茫茫，獨旁搜而遠紹。障百川而東之，回狂瀾於既倒。先生之於儒，可謂有勞矣。

在士人沉浸於佛老之道的時候，韓愈以儒者的身份發出了復興儒學的聲音，尤爲難能可貴。元和十四年（819），唐憲宗（805～820 在位）遣中使押宮人三十前往鳳翔（在今陝西境內）法門寺，持香花迎佛指骨舍利入大內，留禁中三日，乃送佛祠。這節佛指骨舍利藏於法門寺護國眞身塔內，凡三十年一開，據說開時歲稔人泰。王公士庶，奔走贊歎。佛骨引發的狂熱刺激了時任刑部侍郎的韓愈，韓愈上《論佛骨表》極諫：

> 今無故取朽穢之物，親臨觀之。巫祝不先，桃茢不用。群臣不言其非，御史不舉其失，臣實恥之。乞以此骨付之有司，投諸水火，

〔註 12〕 本段內容綜合陳寅恪：《唐代政治史述論稿》上編《統治階級之氏族及其陞降》，北京：讀書·生活·新知三聯書店，2015 年第 3 版，頁 204～207。

〔註 13〕 錢穆：《朱子學提綱》，北京：生活·讀書·新知三聯書店，2002，頁 6～7。陳善《捫蝨新話》有條類似的文字記載說：「王荊公嘗問張文定（方平）：『孔子去世百年，生孟子亞聖，自後絕無人，何也？』文定言：『豈無，只有過孔子上者。』公問是誰，文定言：『江南馬大師、汾陽無業禪師，雪峯、岩頭、丹霞、雲門是也。儒門淡薄，收拾不住，皆歸釋氏耳。』荊公欣然歎服。」即便在南宋初年，有士大夫依舊以爲周公、孔子不可學，如李德遠云：「論學惟佛氏直截，如學周、孔，乃是抱橋柱澡洗。」

永絕根本。斷天下之疑，絕後代之惑。使天下之人知大聖人之所作
為出於尋常萬萬也。豈不盛哉！豈不快哉！

韓愈這篇奏表仿如向佛老宣戰的檄文，以其無畏之大勇而不至有絲毫之
動搖。蘇軾說韓愈「文起八代之衰，而道濟天下之溺；忠犯人主之怒，而勇
奪三軍之帥」（《潮州韓文公廟碑》）。若放在儒學發展的歷史大背景之下來看，
蘇軾這幾句話顯得尤其有分量。儒者的這種身份意識，使韓愈自覺地去捍衛、
復興斯道。韓愈《原道》對儒家境況的論述說：

周道衰，孔子沒，火于秦，黃老于漢，佛于晉、魏、梁、隋之
間。其言道德仁義者，不入于楊，則歸于墨；不入于老，則歸于佛。

儒家的境況尚且如此，儒學自是很難在這樣的歷史環境下有所突破。韓
愈在《原道》中繼續寫道：

堯以是傳之舜，舜以是傳之禹，禹以是傳之湯，湯以是傳之文、
武、周公，文、武、周公傳之孔子，孔子傳之孟軻。軻之死，不得
其傳焉。

列聖相傳的這個譜系在孟子死後就斷裂了，因此，如何對待佛教、道教
等思想文化，如何突破世俗功利對儒學的圍剿，並進一步發展和完善儒家的
學術思想，接續孟子所傳的儒家之道，一直是宋代儒家學者所面臨的重要使
命，這正如張栻所說：

自秦漢以來，言治者汩於五伯功利之習，求道者淪於異端空虛
之說，而於先王發政施仁之實，聖人天理人倫之教，莫克推尋而講
明之。故言治若無預於學，而求道者反不涉於事。孔孟之書僅傳，
而學者莫得其門而入，生民不克睹乎三代之盛，可勝嘆哉〔註14〕。

禪宗在五代發展到極致，五代卻是中國最為頹廢混亂的時代之一，而士
大夫的聰明才智多用來發展禪宗。人無廉恥是最大的慘局。士大夫的忠義之
氣在五代時期變化殆盡，「薄德無顧藉」的書生鮮廉寡恥，比優伶尤甚。敏銳
的儒者已經充分意識到，佛老之學（尤其是禪宗）對於世道人心、社會治理
所起的作用，畢竟不如儒家來得直接。這樣的時代需要儒學的復興。宋學的
興起，正是對殘唐五代人無廉恥而來的道德意識的覺醒〔註15〕。宋代中期歐

〔註14〕 張栻：《張栻集‧新刊南軒先生文集》卷十《南康軍新立濂溪祠記》，北京：
中華書局，2015，頁915～916。

〔註15〕 牟宗三：《宋明儒學的問題與發展》，上海：華東師範大學出版社，2004，頁
74。

陽修、范仲淹等士大夫「大厲名節，振作士氣」的作爲，每以天下爲己任，促成了宋代政治倫理和社會道德的重建。

幾百年之後的元人因爲有了時代的距離，更能深切而客觀地理解宋人要復興儒學所必須完成的重要任務。元末杭州名士錢惟善（卒年爲洪武二年，1369）給當時新刻的一部《文心雕龍》作了篇序言，其中有段意味深長的話：

> 六經，聖人載道之書，垂統萬世，折衷百氏者也。與天地同其大，與日月同其明，互宇宙相爲無窮，而莫能限量。後雖有作者，弗可尚也。自孔子沒，由漢以降，老佛之說興，學者趨於異端，聖人之道不行，而天地之大，日月之明，固自若也。當二家濫觴橫流之際，孰能排而斥之？苟知以道爲原，以經爲宗，以聖爲徵，而立言著書，其亦庶幾可取乎〔註16〕。

這顯然是宋代以來熟濫的行文口吻，但錢惟善在這裡敏銳地發現了《文心雕龍》前三篇題目所揭示的深遠意義：原道、徵聖、宗經這正是宋人爲復興儒學所做的努力。一言以蔽之，宋學正是在復興儒學、摒除異端與現實功利的基礎之上而展開的，其核心目的正是爲了接續關於天下治理的治道，而要完成這一目標，就要完成原道、徵聖、宗經這密切相關的三個重要問題。

第二節　宋初對治道的探尋

一、宋代的立國規模及其對唐代的追法

唐「安史之亂」（755～763）以後，藩鎮擁兵自重，後演變爲五代之亂。後晉成德節度使安重榮起於軍伍，暴獲富貴，親眼目睹累朝節鎮遽升大位的情形，常對人說：「天子，兵強馬壯者當爲之，寧有種耶！」〔註17〕這些驚人之語道出五代紛亂的嚴酷現實。後唐明宗李嗣源（926～933 在位）曾夜中焚香，仰天而祝：「臣本蕃人，豈足以治天下！世亂久矣，願天早生聖人。」〔註18〕這正是自上而下的一致呼聲。

宋太祖受命後，吞併荊湘，掃平南漢，滅巴蜀，取南唐，漳泉納土，吳

〔註16〕劉勰：《文心雕龍》卷首錢惟善序，上海圖書館藏元至正刻明修本，序 1A。
〔註17〕薛居正：《舊五代史》卷九八《安重榮傳》，北京：中華書局，1976，頁 1302。
〔註18〕歐陽修：《新五代史》卷六《後唐明宗紀》，北京：中華書局，1974，頁 66。

越歸地〔註19〕，基本上結束了晚唐以來的紛亂割據局面。陳橋兵變前，雄踞北方的契丹已立國四十餘年，其實力正「如日之升，如月之恆」。石敬瑭（936～942 在位）覬覦中原帝位，卻於保全疆土的帝王責任於不顧，向契丹割讓燕雲十六州，致中原地區徹底失去抵禦游牧民族的自然天險屏障，直接影響到此後數百年的民族關係走勢及政局起伏。這也是宋代處理游牧民族關係始終處於被動的原因。太宗征服北漢之後，兩度與契丹爭奪燕雲十六州而均以失敗告終。雙方邊釁不斷，各受其累。至宋真宗景德元年（1004），宋遼締結「澶淵之盟」，兩國信守約定，得以承平百年。宋遼就是在這個格局基礎上進行交涉的〔註20〕。

北宋中期，元昊稱帝建國，西夏依遼抗宋，雙方戰事不斷，消耗巨大，至慶曆四年（1044）纔達成和議。然而，對北宋構成毀滅性威脅的是短期內迅速發展壯大的女真力量。徽宗宣和六年（1124）二月，宋聯金滅遼，不久金兵壓境，遂有「靖康之恥」。在風雨飄搖中建立的南宋朝廷，前半期始終籠罩著金兵的陰影，克復中原到頭來不過是「夢幻泡影」；南宋後半期，蒙古鐵騎動地來，以風雷迅疾之勢掃蕩南北。

自太祖受命至崖山海戰，兩宋的邊廷危機愈演愈烈，境況愈來愈險惡。對宋代而言，東北、西北國防線的相繼喪失對宋代的影響並不僅僅體現在政治和軍事上，更使宋代經濟受其影響。宋代經濟財政上之規模大都承唐末五代之弊，未能加以革新，而最主要原因乃是東北及西北二邊常受邊境諸族威脅，不能不養兵防備，軍費支出浩大，國庫常虞不給，因此一切經濟上的設施規劃，必以維持並充實國庫為第一義〔註21〕。

唐代作為中國歷史上光輝閃耀的時代，在中華文明歷史上創造了燦爛的文明。清人蔣士銓論宋人詩歌說「宋人生唐後，開闢真難為」（《辯詩》語），道出宋人在詩歌領域要想超越唐詩而另闢蹊徑時所具的真實心態。與此相似境遇是，宋代在政治文化領域同樣需要思考如何對待唐代遺產的問題。北宋太祖、太宗、真宗三朝作為宋代文化的初創期，基本以模仿唐代為目標。在思想文化方面，太祖、太宗朝曾模仿唐代設置譯經院，延攬印度僧人，還多

〔註19〕 錢穆：《國史大綱》下冊，北京：商務印書館，1996，頁 523～528。
〔註20〕 鄧小南：《祖宗之法：北宋前期政治述略》（修訂版），北京：讀書·生活·新知三聯書店，2014，頁 90～92。
〔註21〕 李劍農：《中國古代經濟史稿》（宋元明部份），武漢：武漢大學出版社，2011，頁 736。

次派遣僧人前往印度取經。五代以來經過改良的印刷術爲開寶藏的刊行提供了極大的便利。眞宗爲模仿唐宗室自稱老子後裔的做法，編造了一位叫趙元朗的道教神。爲了表彰儒學，太宗模仿唐代纂修《五經正義》的故事，下詔校訂經籍，爲晚唐新列入經部的《論語》、《孝經》、《爾雅》作疏。此外，風靡一時的西崑體和四六文也是對晚唐風格的繼承。這些方面都在很大程度上影響了當時科舉考試的組織方式和考核內容。實際上，宋代掀起的古文運動風潮，也是在對唐代模仿與沿襲中得到發揚的。不過，由韓愈開關的古文運動在唐代就對主流文化具有深刻的反思和全面的批判，他們尤其倡導文與道密切而深入的結合。這種對主流文化的反思和批判意識爲宋人創立別開生面的燦爛文化存續了力量。〔註22〕

二、宋初的文治推動了對治道的探尋

如何使宋朝不再成爲繼五代之後第六個仿如過眼雲煙的短命王朝，「爲國家長久計」是北宋王朝肇造時就面臨著的重要問題〔註23〕。爲避免晚唐以來內輕外重、君弱臣強的積弊，宋王朝進行了更爲深入、穩健的政制建設，推重文治，以防弊之政，作立國之法。

宋初學者推重文中子，因爲文中子在衣冠淪喪、聲教催傷之際，推重治道，對宋初在亂離之後而形成的一統局面有很好的借鑒意義。隋代承南北兵爭之餘，文帝不能生聚，煬帝繼之以奢靡，文中子的《元經》不顧夷夏之防而帝元魏，聲言：「亂離斯瘼，吾誰適歸？天地有奉，生民有庇，即吾君也」，「安我者，所以寧天下也；存我者，所以厚蒼生也」（《中說·事君》）。朱子說：

> 太宗朝一時人多尚文中子，蓋見朝廷事不振，而文中子之書頗說治道故也，然不得其要。范文正公雖有欲爲之志，然也粗，不精密，失照管處多〔註24〕。

〔註22〕 土田健次郎：《道學之形成》，上海：上海古籍出版社，2010，頁33～34。

〔註23〕 李燾：《續資治通鑑長編》卷二載建隆二年（961），宋朝平定李筠、李重進叛亂後，太祖召問趙普：「天下自唐季以來，數十年間，帝王凡易八姓，戰鬥不息，生民塗地，其故何也？吾欲息天下之兵，爲國家長久計，其道如何？」北京：中華書局，2004，頁49。

〔註24〕 黎靖德編、王星賢點校：《朱子語類》卷一二九《本朝三·自國初至熙寧人物》，北京：中華書局，1986，頁3085。

宋初君臣充分吸收了唐季以來在蹉跌動盪中留下的豐厚制度遺產，採取一系列穩定政治、實現集權的措施作為「祖宗之法」，顯示出在長期亂離之中磨練出來的承上啓下的領袖人物在不斷成熟，使趙宋立國時就具備了不同於五代王朝的開國氣象〔註25〕。

宋初確立的這套「祖宗之法」體現了清晰的文治導向。宋太祖廣閱經史，對讀書的倡導是其文治導向的一個清晰信號。太祖對秦王的侍講說：「帝王之子，當務讀經書，知治亂之大體，不必學做文章，無所用也。」〔註26〕太祖在國子監集諸生講書，十分欣喜，說：「今之武臣，亦當使其讀經書，欲其知為治之道也。」〔註27〕

太祖說「宰相需用讀書人」，而能夠做宰相的「讀書人」並非一般的「文士」或「文吏」，而是更高一籌的「文儒之臣」。在建立政制秩序、安定政權的使命完成之後，宋代對「讀書人」群體的重視逐漸由富有實踐經驗、長於吏幹的文吏轉向淹博飽學、精通禮儀倫理的儒生。為宋王朝的長治久安，從根本上「丕變敝俗，崇尚斯文」，正是這些大儒之所長〔註28〕。太祖倡導允文允武、文武兼長的「文武分途」導向，在太宗、真宗時代逐漸演化為「崇文抑武」的家法，於是「規模一以經術，事業付之書生」（陳傅良語）〔註29〕。即便是在最為動盪的南宋初年，宋代以文治為核心的祖宗之法都沒有改變。

三、宋初為實現文治而採取的基本措施

基於文治這個大前提，宋代君臣對治道的探尋，主要歸結為以下兩端：

首先，宋代在五代亂離之後立國，對天下治平的渴望尤為深切，故而對治道的探求廣泛而持久，自上而下的儒學教習活動使這種風氣蔚為可觀。鄧小南說，太祖希望武臣和皇子都能關切治道，這一方面意味著對治道的探尋非僅是文人事，武臣也應從經書中懂得為治之道，這是人員範圍的廣；另一方面，皇子識得治亂大體，來日為邦國棟樑則能有機會將治道延續下去，這是時間的長。特別值得一提的是，宋初對治道的探求也由朝廷推向民間：

〔註25〕《祖宗之法：北宋前期政治述略》，頁198。
〔註26〕司馬光：《涑水紀聞》卷一，北京：中華書局，1989，頁20。
〔註27〕《涑水紀聞》卷一，頁15。
〔註28〕《祖宗之法：北宋前期政治述略》，頁148、159、167～185。
〔註29〕《祖宗之法：北宋前期政治述略》，頁167～185。

邢惇，雍州人，以學術稱鄉曲，家居不仕。眞宗末，以布衣召對，問以治道。惇不對，上問其故。惇曰：「陛下東封西祀，皆已畢矣。臣復何言？」上悅，除試四門助教，遣歸。惇衣服居處一如平日，鄉人不覺其有官也。既卒，人見其敕與廢紙同束屋樑間〔註30〕。

邢惇對敕書的態度正反映出其對眞宗詢以治道的無聲諷刺。眞宗借東封西祀粉飾太平，並無眞正的行道之心。但是，眞宗以治道詢一鄉曲先生，則仍能從側面反映出宋初對治道的深入關切，正如眞宗在彗星出現之後曾自我標榜：「朕即位以來，罔敢暇逸，庶涉治道，至於和平」。〔註31〕這正反映出其對治道的關切出自眞心，只是未得其法。

宋代歷朝君臣對治道的探求主要藉助對經書、史書的研習來完成，如仁宗時，孫奭爲兵部侍郎兼龍圖閣學士，每上前說經，反覆申繹亂君亡國之事，未嘗避諱，因以規諷；又掇五經切治道者，上爲《經典徽言》五十篇〔註32〕。又如，慶曆元年（1041），仁宗從翰林學士蘇紳之言，詔兩制檢閱《唐書》君臣事蹟近於治道者錄一兩條上之。諫官張方平認爲唐室治亂於今最近，請取其可行於今、有益時政者，錄一二條上進〔註33〕。又如，宋英宗命司馬光論次歷代君臣事蹟，司馬光專取「關國家盛衰，繫生民休戚，善可爲法，惡可爲戒者」編爲一書，歷十九年而成，神宗皇帝以其「鑑於往事，有資於治道」，賜名《資治通鑑》，且親爲作序〔註34〕。又如，元祐二年（1087），經筵講《論語》畢，哲宗御書唐賢律詩分賜執政及講官各一篇，呂公著乃從《尚書》、《論語》及《孝經》中節取「明白切於治道者」一百段進呈，使皇帝「便於省覽，或遊意筆硯之閒，以備揮染，亦日就月將之一助也。」他日，太皇太后說：「所進《尚書》、《論語》等要義百篇，今皇帝已依所奏，每日書寫看覽，甚有益於學問，與寫詩篇不同也。」〔註35〕宋代君臣對儒家典籍和歷史興衰的研究使得治道的基本框架更爲明晰。

〔註30〕 《涑水紀聞》卷五，頁103。

〔註31〕 《續資治通鑑長編》卷四三咸平元年「二月壬辰」條，頁909。

〔註32〕 《涑水紀聞》卷四，頁75。

〔註33〕 《續資治通鑑長編》卷一三三慶曆元年八月乙酉「詔兩制檢閱唐書紀傳」條，頁3161。

〔註34〕 胡三省注：《資治通鑑》之《新注資治通鑑序》，北京：中華書局，1956，頁28。

〔註35〕 《續資治通鑑長編》卷四○五元祐二年九月「庚午呂公著言」條，頁9872。

其次，宋初就以「有才略，識治道」作爲股肱之臣的重要標準〔註36〕，而科舉在宋代正是最爲重要的取士途徑，因而宋代君臣往往藉助科舉引起讀書人對治道的關注。一方面，科舉制度汲引寒士的效用越來越明顯，藩府對於幕賓校吏的徵辟爲文士崛起創造了更多的機會；另一方面，文士自我能力的提升和知識結構的轉化也使其參與社會治理和政制構建成爲可能。個人家世背景的淡化，能力素質的凸顯，不同特長的兼納及內部關係調整，爲北宋文臣群體的形成創造了前提條件〔註37〕。

爲了援引更多心繫天下、懂得治道的士大夫進入官僚體系，隋唐以來的科舉制需要進行一番改革。早在咸平五年（1002），河陽節度判官張知白就已發現以詩賦取士弊病繁多，乃奏言：

> 今進士之科，大爲時所進用，其選也殊，其待也厚。進士之學者，經史子集也。有司之取者，詩賦策論也。故就試者懼其題之不曉，詞之不明，惟恐其學之不博，記之不廣。是故五常、六藝之意，不遑探討，其所習泛濫而無著，非徒不得專一，又使害生其中，何爲其然！且群書之中，眞僞相半，亂聖人之微言者既多，背大道之宗旨者非一。若使習而成功，得不槮淳粹之性，蕩中正之氣。其爲吏也，安能分挈治柄，使教令不黷哉！……今之世，望漢之世，其章句之學彌盛，而異端之書又滋多乎數倍矣，安可不定其成制哉。況夫儒者之術，不以廣記隱奧爲博學，不以善攻奇巧爲能文。若使明行制令，大立程式，每至命題考試，不必使出於典籍之外，參以正史。至於諸子之書，必須輔於經、合於道者取之，過此並斥而不用，然後先策論，後詩賦，責治道之大體，捨聲病之小疵。如此，則使夫進士之流，知其所習之書簡而有限，知其所學之文正而有要，不施禁防，而非聖之書，自委棄於世矣，不加賞典，而化成之文，自興行於世矣。〔註38〕

眞宗覽而嘉之，召張知白赴闕，試舍人院，除左正言。張知白在此明確地提出進士科應「責治道之大體」，以策論引起讀書人對治道的關注，以儒家聖人之書爲折衷眾家的依據。這項改革需要耗以時日。天禧元年（1017），右

〔註36〕　《續資治通鑑長編》卷九開寶元年「夏四月戊午」條，頁201。
〔註37〕　《祖宗之法：北宋前期政治述略》，頁148。
〔註38〕　《續資治通鑑長編》卷五三咸平五年十一月「庚申河陽節度判官」條，頁1164～1169。

正言魯宗道又奏言：「進士所試詩賦，不近治道。諸科對義，但以念誦爲工，罔究大義。」爲正此弊，眞宗詔進士兼取策論，諸科有能明經者別與考校〔註39〕。這樣的舉措依舊沒能有效地解決此前的問題。天聖七年（1029），禮部貢舉，仁宗下詔再次聲言：「朕試天下之士，以言觀其趣向。而比來流風之敝，至於會萃小說，碟裂前言，競爲浮誇靡曼之文，無益治道，非所以望於諸生也。禮部其申飭學者，務明先聖之道，以稱朕意焉。」〔註40〕明道二年（1033），仁宗又諭輔臣曰：「近歲進士所試詩賦多浮華，而學古者或不可以自進，宜令有司兼以策論取之。」〔註41〕科舉正是以探尋治道爲基本的改革導向。

由此可見，宋朝立國以來，在文治的大背景之下，儒家學術開始呈現出蓬勃的生機，不論太祖、太宗對治術的轉型，還是眞宗、仁宗兩朝自上到下推行的科場改革，儒學的復興已具備了充分的歷史機遇與現實可能，而這又都是圍繞「治道」而展開的。

第三節　柳開和宋初三先生對宋代儒學的開拓

一、柳開

柳開生當五代、北宋之際〔註42〕，其間兵戈相持，文儒蕩然，學者有儒之名，而不知儒爲何物。他作爲由亂離而向承平過渡的人物，因追慕韓愈而尊崇儒道的經歷正是宋初學者的縮影。柳開少而穎悟，凡誦經籍，不從講學，不由疏義，皆能通曉大旨，且多能指謫注解疏漏。天水老儒趙生授以韓文數十篇，柳開一覽不能捨，直以韓愈爲宗尙，且有意於柳宗元，遂改名肩愈，字紹先，號東郊野夫。他追述少時學習韓文的經歷說：

> 年始十五六，學爲章句。越明年，趙先生指以韓文，野夫遂家
> 得而誦讀之。當是時，天下無言古者。野夫復以其幼，而莫有與同
> 其好者焉。但朝暮不釋於手，日漸自解之。先大夫見其酷嗜此書，
> 任其所爲，亦不責可不可於時矣。迨年幾冠，先大夫以稱諱，野夫

〔註39〕《續資治通鑑長編》卷九〇天禧元年九月「右正言魯宗道言」條，頁2082。
〔註40〕《續資治通鑑長編》卷一〇八天聖七年五月「五月己未朔詔禮部貢舉」條，頁2512。
〔註41〕《續資治通鑑長編》卷一一三明道二年十月「辛亥上諭輔臣」條，頁2639。
〔註42〕柳開生於後漢高祖乾祐元年（948），卒於宋眞宗咸平四年（1001）。

深得其韓文之要妙……我獨復其古，……惟談孔、孟、荀、揚、王、
韓爲企跡〔註43〕。

柳開初學韓文，爲宋代「繼韓」之先聲，他對韓文的崇揚使得韓愈之道
聲勢始大。柳開深得韓文精義，又「大探六經之旨」，遂有「包括揚、孟之心」，
「庶幾吾欲達於孔子者也」。「師孔子而友孟軻，齊揚雄而肩韓愈」〔註44〕，
越度孟、揚、韓而直接師法孔子，柳開的宏遠志向，大有後世道學家的氣度。
他模仿文中子續作「六經」，爲殘闕的經籍補亡，乃改名爲開，字仲塗，號補
亡先生。這番改名意蘊深遠：「將開古聖賢之道於時也，將開今人之耳目，使
聰且明也。必欲開之爲其塗矣，使古今由於吾也」〔註45〕。儘管這些補亡之
作「於古不足當其逸，於今不足益其存」，但在柳開看來，補亡「庶勝乎無心
於此者」，之所以要備「六經」之闕，其最終的目的不過「知聖人之道，成聖
人之業」，「與孔子之言合而爲一」〔註46〕。

柳開少時曾研習章句訓詁，但多能超越傳解箋注而窮究其義理，於經籍
傳注多有駁正，如《補亡先生傳》記其駁斥《尚書・堯典》「日中星鳥，以正
仲春」傳疏語爲不詳，又載其批評鄭玄《毛詩箋》「務以異其毛公也。徒欲強
己一時之名，非能通先師之旨」。因此，柳開有志爲諸經「悉別爲注解」〔註
47〕。同時，對於諸經之淺深，柳開亦自有偏愛，於《尚書》只愛堯、舜〈典〉、
〈禹貢〉、〈洪範〉四篇，因爲這四篇非聖人不能書，其餘各篇都是立言者可
跂及的；於《詩》愛〈大雅〉、〈頌〉，於《易》愛〈爻〉、〈象〉，因爲這些篇
目精深，其餘則不足觀〔註48〕。

柳開尚氣自信，慷慨激揚，結交豪傑，不顧小謹。柳開家貧苦，無繼夕
之糧，無順時之服，但依舊能對那些「飢貧於時，有可哀者」盡其所能而濟
之，「恐恐然猶慮不得與之久濟矣，不虞其己之反困也」。柳開弟子張景亦記

〔註43〕　柳開：《柳開集》卷一《東郊野夫傳》，北京：中華書局，2015，頁15。
〔註44〕　《柳開集》卷六《上符興州書》，頁85。
〔註45〕　柳開弟子張景對柳開名與字的解釋更爲簡潔明了：「其意謂開古聖賢之道於時
也。必欲開之，予爲塗矣。」見於張景《故如京使金紫光祿大夫撿校使司空
知滄州軍州事兵馬鈐轄兼御史大夫上柱國河東縣開國伯食邑九百戶柳公行
狀》（以下凡引此文簡稱《柳開行狀》），《柳開集》附錄傳記資料，頁215。
〔註46〕　這段文字的引文除別出標注外，俱出自《柳開集》卷一《補亡先生傳》，頁17
～21。
〔註47〕　《柳開集》卷一《補亡先生傳》，頁19～20。
〔註48〕　《柳開集》附錄傳記資料《柳開行狀》，頁221。

其於酒肆酣飲，聞有喪不能葬者，乃竭其資蓄，以白金百餘兩、錢數萬貫而遣之。所以，柳開雖世家大族，但因重義好施而頗耗其家〔註49〕。

柳開的這種習氣也體現在他的行政風格上。開寶六年（973），柳開進士及第，兩年後解褐宋州（即後來的應天府，治在今河南商丘）司寇參軍。柳開任職期間，治獄、鎮寇、督軍、禦邊等多有能聲，但因事與兵馬都監爭鬪而遭貶。他自述其從政經歷說：「開一舉中進士第，凡五年為吏郡府，而入朝四遷，五命得殿中侍御史，三典大州。受皇朝名位非不重也，而一旦不忍小忿，與人任氣爭鬪，紊煩上心，削去朝籍，逐為縣令。」〔註50〕雍熙三年（986），太宗舉兵取幽、薊，柳開上書奏言：「臣以幽州未歸，匈奴未滅，望陛下於河北用兵之地，賜臣步騎數千，令臣統帥行伍。況臣今年四十，膽氣方高，比之武夫，粗識機便。如此，則得盡臣子忠孝之道。」千載之下，這書生意氣依然遒勁而力透紙背。所以，柳開弟子張景稱贊他說：「天下用文治，公足以立制度，施教化，而建三代之治；天下用武治，公足以削暴亂，攘夷狄，而成九伐之勳。」〔註51〕雖有過譽之嫌，其文武全才在宋初則有非常鮮明的特色。

柳開作為宋代初期引領風氣之先的重要人物，在多個方面開拓了宋代儒學的新格局：他「處今之世，好古文與古人之道」，將韓愈以來的古文運動發揚光大，由此而擴大儒學復興的強烈呼聲，正如他所說的「吾之道，孔子、孟軻、揚雄、韓愈之道；吾之文，孔子、孟軻、揚雄、韓愈之文也」〔註52〕；柳開研習經典注重通經致用，以此作為重建三代之治的重要途徑。這也就意味著他必然會對漢唐經學多有批判，為探求經書義理樹立典範。概言之，提倡古文，正是為了弘揚古道，他提倡古道可謂聲嘶力竭，其文章雖多「詞澀言苦」，矯枉過正〔註53〕，而其轉移風氣之功則不可沒。

二、胡瑗

范仲淹作為「慶曆新政」的關鍵人物，他的名言「先天下之憂而憂，

〔註49〕《柳開集》卷一《東郊野夫傳》，頁 14；附錄傳記資料《柳開行狀》，頁 215～216。

〔註50〕《柳開集》卷六《上參政呂給事書》，頁 110。

〔註51〕《柳開集》附錄傳記資料《柳開行狀》，頁 217。

〔註52〕《柳開集》卷一《應責》，頁 12。

〔註53〕郭預衡：《中國散文史》，上海：上海古籍出版社，2011，頁 217。

後天下之樂而樂」(《岳陽樓記》語) 更是宋代精神的最佳象徵。范仲淹的貢獻主要在軍政方面，但他同樣通過人才的援引而極深地影響了宋代的精神。他發現並引擢了大批人才 (如胡瑗、孫復、石介、張載等)，這些人在型塑宋代獨特精神面貌方面做出了非常重要的貢獻。全祖望說：「晦翁推原學術，安定 (胡瑗)、泰山 (孫復) 而外，高平范公 (范仲淹) 其一也。高平一生粹然無疵，而導橫渠以入聖人之室，尤爲有功。」〔註 54〕又說：「宋世學術之盛，安定、泰山爲之先河，程、朱二先生皆以爲然。」〔註 55〕宋學雖有柳開的先導之功，而具有宋代鮮明時代特色的學風始於宋初三先生胡瑗〔註 56〕、孫復、石介，他們復興儒學的起點依舊是推明治道，正如朱子所說：「二程未出時，便有胡安定、孫泰山、石徂徠，他們說經雖是甚有疏略處，觀其推明治道，直是凜凜然可畏！」〔註 57〕下就詳述宋初三先生對宋代學術的建樹和開拓。

　　胡瑗與孫復、石介早年同在泰山讀書，攻苦食淡，終夜不寢，一坐十年不歸，得家問，見有「平安」二字，即投澗中，不復展讀。胡瑗因范仲淹之薦而爲湖州 (在今江蘇) 州學教授。胡瑗在湖州之學，尤患隋唐以來仕進尚文辭而遺經業，乃置治道、經義二齋，其教學之法最備：「胡亦甄別人物，擇其過人遠甚人畏服者，獎之激之，以勸其志。又各因其所好，類聚而別居之。故好尚經術者，好談兵戰者，好文藝者，好尚節義者，皆使之以類群居，相與講習。胡亦時召之，使論其所學，爲定其理，或自出一義，使人人以對，爲可否之。當時政事，俾之折衷。故人人皆樂從而有成。」這樣，經義齋弟子疏通器局，文章皆傳經義，必以理勝。治事齋弟子各專一事而又兼一事，如邊防、水務之類，以明治道爲歸地。弟子去來常數百人，各以其經轉相傳

〔註54〕　黃宗羲等：《宋元學案》卷三《高平學案‧序錄》，北京：中華書局，1986，頁 133。

〔註55〕　《宋元學案》卷一《安定學案》序錄全祖望案語，頁 23。

〔註56〕　胡瑗當時的講論著作在朱子時已不傳，薛季宣知湖州曾尋訪而不得 (見於《朱子語類》卷一二九《本朝三‧自國初至熙寧人物》，頁 3091)。胡瑗著作除《洪範口義》、《周易口義》、《皇祐新樂圖記》外，其文集今亦不存，《全宋文》卷四〇八僅收有其遺文五篇。本節關於胡瑗傳略及其評價的資料主要依據《歐陽修詩文集校箋‧文忠集》卷二五《胡先生墓表》、蔡襄《端明集》卷三七《太常博士致仕胡君墓誌》、朱子《五朝名臣言行錄》卷十之二《安定胡先生》、徐洪興《胡瑗論》(《中州學刊》1988 年第 5 期，頁 99〜102)。

〔註57〕　《朱子語類》卷八三《春秋‧經》，頁 2174。

授，數年之間而東南之士莫不以仁義禮樂爲學。呂希哲說：「故天下謂湖學多秀異，其出而筮仕，往往取高第〔註58〕；及爲政多適於世用，若老於吏事者，由講習有素也。」〔註59〕

慶曆四年（1044），仁宗與大臣議天下事，始慨然詔州縣皆立學、京師建太學，取胡瑗之法著爲令〔註60〕。嘉祐元年（1056），胡瑗管勾太學，其徒益眾，太學至不能容，取旁官舍處之。胡瑗教授二十餘年，天下之士不遠萬里就師，束脩弟子以數千計。歐陽修說：「自景祐、明道以來，學者有師，惟先生暨泰山孫明復、石守道三人。」〔註61〕胡瑗弟子循循雅飭，學成散在四方，多爲朝廷名臣，士風爲之一新：

> 安定先生在湖學時，福州劉彝執中往從之。學者數百人，彝爲高弟。凡紀綱於學者，彝之力爲多。熙寧二年召對，上問從學何人，對曰：「臣少從學於安定先生胡瑗。」上曰：「其人文章與王安石孰優？」彝曰：「胡瑗以道德仁義教東南諸生，時王安石方在場屋修進士業。臣聞聖人之道有用、有體、有文。君臣父子、仁義禮樂，歷世不可變者，其體也；《詩》、《書》、史傳、子集，垂法後世者，其文也；舉而措之天下，能潤澤其民，歸於皇極者，其用也。國家累朝取士，不以體用爲本，而尚其聲律浮華之詞，是以風俗偷薄。臣師瑗當寶元、明道之間，尤病其失，遂明體用之學以授諸生。夙夜勤瘁，二十餘年，專切學校，始於蘇湖，終於太學，出其門者無慮數千餘人。故今學者明夫聖人體用，以爲政教之本，皆臣師之功也。」上曰：「其門人今在朝爲誰？」對曰：「若錢藻之淵篤，孫覺之純明，范純仁之直溫，錢公輔之簡諒，皆陛下之所知也。其在外，明體適用，教於民者迨數十輩。其餘政事、文學粗出於人者，不可

〔註58〕 據周揚波考證，胡瑗弟子在科舉中能得多中，乃是因爲他在重義的同時，並不忽略文辭，而且較重視策略寫作教學。見於其《胡瑗「明體達用」辨》，《孔子研究》2013 年第 6 期，頁 55。

〔註59〕 《五朝名臣言行錄》卷十之二《安定胡先生》引呂希哲語，《朱子全書》第 12 冊，頁 318。

〔註60〕 蔡京當國時棄胡瑗法而任以己意。《朱子語類》卷一二九《本朝三·自國初至熙寧人物》說：「如當初取湖州學法以爲太學法，今此法無。今日法，乃蔡京之法。」頁 3091。

〔註61〕 洪本健：《歐陽修詩文集校箋·文忠集》卷二五《胡先生墓表》，上海：上海古籍出版社，2009，頁 697～698。

勝數。此天下四方之所共知，而歎美之不足者也。」上悅〔註62〕。

　　胡瑗藉助講學培養了大批人才，為沉悶的官場注入一股清新風氣，也成為此後王安石變法的強大牽制力量〔註63〕。

　　胡瑗治經篤實平正，今有《周易口義》和《洪範口義》傳世〔註64〕。胡瑗說《易》「以義理為宗」，「《朱子語類》亦稱胡安定《易》分曉正當，是書在宋時固以義理說《易》之宗也」〔註65〕。胡瑗治《易》注重其與現實政治的關係：

　　　　安定胡翼之，皇祐、至和間國子直講，朝廷命主太學時千餘士，日講《易》，余執經在諸生列。先生每引當世之事明之。至《小畜》以謂「畜，止也，以剛止君也已。」乃言及中令趙公相藝祖日，上令擇一諫臣。中令具名以聞，上卻之弗用。異日又問，中令復上前劄子，亦卻之。如此者三，仍碎其奏擲於地，中令輒懷歸。他日復問，中令仍補所碎劄子呈於上。上乃大悟，卒用其人〔註66〕。

　　胡瑗藉助經文「明體適用」，其解經並非僅僅拘泥於章句訓詁之學，而是將經義與現實政治結合起來，這也難怪程頤說「胡博士瑗講《易》，常有外來請聽者，多或至千數人」〔註67〕。胡瑗這種教法對二程影響深遠。程頤學於周敦頤，但作《易》傳，無一語及於周敦頤太極之說，倒是對胡瑗的《易》解多有引用。四庫館臣據此測度，二程在太學時必從而受業，「世知其從事濂溪，不知其講《易》，多本於翼之（胡瑗）也。」〔註68〕

　　胡瑗的《周易口義》對於傳統傳注多有突破，其講《尚書·洪範》則更是沿襲了這種理性精神。胡瑗說：「夫武王既勝殷殺受，乃立其子武庚為後，

〔註62〕　《五朝名臣言行錄》引李鷹某封書信（今佚），此處引文標點與《朱子全書》略有不同。

〔註63〕　余英時：《朱熹的歷史世界》，北京：讀書·生活·新知三聯書店，2004，頁305。

〔註64〕　《周易口義》係弟子倪天隱所記師說，《洪範口義》則由四庫館臣從《永樂大典》輯出。

〔註65〕　永瑢等：《四庫全書總目》卷二易類二《周易口義》條，北京：中華書局，1965，頁5中。

〔註66〕　王得臣：《麈史》卷一《忠讜》，《四庫全書》第862冊，頁606。

〔註67〕　程顥、程頤：《二程集·二程文集》卷八《論改學制事目》，北京：中華書局，2004年第2版，頁55。

〔註68〕　《四庫全書總目》卷二易類二《周易口義》條，頁5中。

遂以箕子歸武王，於是問以天道。箕子陳述天、地、人之常經，聖王治國之大法，無出於洪範，故作《洪範》之篇。」〔註69〕其對《洪範》的關注主要是治道層面。四庫館臣評價其《洪範口義》說：

> 伏生《大傳》以下，逮京房、劉向諸人，遽以陰陽、災異附合其文，劉知幾排之詳矣。宋儒又流爲象數之學，圖書同異之是辨，經義愈不能明。瑗生於北宋盛時，學問最爲篤實，故其說惟發明天人合一之旨，不務新奇，如謂天錫《洪範》，爲錫自帝堯，不取神龜負人之瑞；謂五行次第，爲箕子所陳，不辨《洛書》本文之多寡；謂五福、六極之應通於四海，不當指一身而言。俱駁正注疏，自抒心得，又詳引《周官》之法，推演八政，以經注經，特爲精確，其要皆歸於建中出治，定皇極爲九疇之本。辭雖平近，深得聖人立訓之要，非讖緯術數者流所可同日語也〔註70〕。

四庫館臣對宋人（尤其是道學家）經說往往動輒批評，對其《洪範口義》卻贊譽如此，也正是因爲胡瑗超脫了漢儒陰陽災異之附會，又未染宋儒象數圖書之穿鑿，以篤實的風格推究治道，深得《尚書‧洪範》之深旨。

三、孫復

孫復少時微賤〔註71〕，後得到范仲淹的資助而能問學。景祐元年（1034），孫復第四次舉進士不中，退居泰山，七年之中作《春秋尊王發微》、《易說》等書。孫復治《春秋》，不惑傳注，不爲曲說，其言簡易，明於諸侯大夫功罪，以時之盛衰而推見王道治亂，得於經之本義爲多。石介、張洞等人從遊於此，孫復之道益尊。孫復雖隱居江湖，但心懷天下。石介也藉助自己的影響爲之揚譽京師，說孫復「畜周孔之道於其身」，並非眞有意於隱居，只是苦於沒有踐道的機會：「有尼父之志，遭堯舜之盛，未得進用，姑盤桓於山谷以待時也，非隱者也」，「先生之道，無少於（傅）說，而過於公孫（弘）、（陽）城，它日聖君聘而用之，吾君軼高宗（武丁）而登舜

〔註69〕 胡瑗：《洪範口義》卷上，《四庫全書》第54冊，頁452。
〔註70〕 《四庫全書總目》卷一一書類一《洪範口義》條，頁90上。
〔註71〕 關於孫復傳略及其言行的述評以《春秋尊王發微》和《孫明復小集》爲基礎，另參以《歐陽修詩文集校箋‧文忠集》卷二七《孫明復先生墓誌銘》、朱子《五朝名臣言行錄》卷十之三《泰山孫先生》、徐洪興：《孫復論》，《孔子學刊》1990年第3期，頁54～60。

矣」〔註72〕。這樣的褒譽顯然言過其實，但這無疑會給孫復罩上一道光環，提升人們對他的期望值。

在萬眾期待之中，慶曆二年（1042），孫復因范仲淹、富弼薦，以布衣超擢國子監直講。孫復認為太學是「教化之本根，禮義之淵藪，王道之所由興，人倫之所由正，俊良之所由出」，仁宗車駕幸太學，孫復以此作為轉移太學風氣的契機而大加贊揚。他寄望於太學子弟上致君為舜、禹、文、武之君，下躋民為舜、禹、文、武之民〔註73〕。「致君堯舜上，再使風俗淳」（杜甫詩句）的宏大願望再次被明確提出來。程頤記述當時在國子監聽孫復講《春秋》時的盛況說：「孫殿丞復說《春秋》，初講旬日間，來者莫知其數，堂上不容，然後謝之，立聽戶外者甚眾。當時《春秋》之學為之一盛，至今數十年傳為美事。」孫復為人謹慎謙和，但他的仕途並不順利，甚至捲入孔直溫兵變事件中，以致遊宦四方，臨死之前纔被召回到太學官復原職〔註74〕。

孫復有感於隋唐以來專以辭賦取人，天下之士皆奔走致力於聲病對偶之間，探索聖學閫奧者卻百無一二，乃藉助講學的職責奮然力振儒道〔註75〕。對於儒家在當時與佛老鼎足而三的地位，孫復深覺恥辱，也深感憂慮。他作為儒家的衛道者，既繼承了韓愈《論佛骨表》的傳統，又以治《春秋》之故，其排拒佛老具有典型而濃厚的夷夏之辨色彩：

> 夫仁義禮樂，治世之本也，王道之所由興，人倫之所由正，捨其本則何所為哉？噫！儒者之辱，始於戰國，楊朱、墨翟亂之於前，申不害、韓非雜之於後。漢魏而下，則又甚焉。佛老之徒，橫乎中國，彼以死生、禍福、虛無、報應為事，千萬其端，紿我生民，絕滅仁義以塞天下之耳，屏棄禮樂以塗天下之目。天下之人愚眾賢寡，懼其死生、禍福、報應，人之若彼也，莫不爭舉而競趨之。觀其相與為群，紛紛擾擾，周乎天下，於是其教與儒齊驅並駕，峙而為三。吁，可怪也！且夫君臣、父子、夫婦，人倫之大端也，彼則去君臣之禮，絕父子之戚，滅夫婦之義。以之為國則亂矣，以之使人賊作

〔註72〕 石介：《徂徠石先生文集》卷九《明隱》，北京：中華書局，1984，頁95～96。
〔註73〕 《孫明復小集・寄范天章書一》，《四庫全書》第1090冊，頁169～170。
〔註74〕 徐洪興：《論孫復》，《孔子學刊》1990年第3期，頁55。
〔註75〕 《孫明復小集・寄范天章書一》，《四庫全書》第1090冊，頁170。

矣。儒者不以仁義禮樂爲心則已，若以爲心，則得不鳴鼓而攻之乎？凡今之人，與人爭詈，小有所不勝，則尚以爲辱，矧彼以夷狄、諸子之法亂我聖人之教耶？其爲辱也，大哉！噫，聖人不生，怪亂不平，故揚墨起而孟子辟之，申韓出而揚雄距之，佛老盛而韓文公排之，微三子，則天下之人胥而爲夷狄矣。惜夫三子道有餘而志不克就，力足去而用不克施。若使其志克就，其用克施，則芟夷蘊崇，絕其根本矣。嗚呼，後之章甫其冠，縫掖其衣，不知其辱，而反從而尊之者多矣，得不爲罪人乎？由漢魏而下，迨於茲千餘歲，其源流既深，根本既固，不得其位，不剪其類，其將奈何，其將奈何？故作《儒辱》〔註76〕。

　　爲排拒佛老、重振儒道，孫復對儒家的經典（尤其是《春秋》）進行了深入的研究。孫復治經勝過胡瑗，但不如胡瑗教養諸生有術〔註77〕，其經學的成就主要集中在《春秋尊王發微》一書。這部著作接續晚唐以來「疑經惑傳」的傳統，「本於陸淳而增新意」〔註78〕，暗採三傳而斷以己意，尤重春秋大義的發揮。《春秋尊王發微》體現孫復「己意」的地方主要在於他對《春秋》立意及其大義的闡發。孫復認爲，周平王死於魯隱公在位期間，其時綱紀崩壞，周道已絕，雖有天子，而名存實亡。孔子因當時「天下無王」而作《春秋》，其立意正是要「尊天子，黜諸侯」，所以《春秋》的大義微旨乃是通過對諸侯、大夫、陪臣等亂臣賊子大加撻伐來體現「尊王」的意圖〔註79〕。但是，有學者認爲這樣解《春秋》就有貶無褒，失之深刻，常秩譏之曰：「明復爲《春秋》，猶商鞅之法，棄灰於道者有刑，步過六尺者有誅。」胡安國亦以爲然〔註80〕。四庫館臣的言辭更爲激烈：

　　　　宋代諸儒喜爲苛議，顧相與推之，沿波不返，遂使孔庭筆削，
　　　　變爲羅織之經。夫知《春秋》者，莫如孟子，不過曰「《春秋》成，

〔註76〕　《孫明復小集‧儒辱》，《四庫全書》第 1090 冊，頁 176～177。

〔註77〕　《續資治通鑑長編》卷一八六嘉祐二年十一月「殿中丞、國子監直講孫復」條載「瑗治經不如復，其教養諸生過之」，頁 4495。

〔註78〕　《續資治通鑑長編》卷一三八慶曆二年十二月「甲申以泰山處士孫復」條，頁 3325。陸淳著有《春秋集傳纂例》、《春秋集傳微旨》、《春秋集傳辨疑》等書。

〔註79〕　徐洪興：《孫復論》，《孔子學刊》，1990 年第 3 期，頁 56。

〔註80〕　孫猛：《郡齋讀書志校證》卷三《春秋》類石介《春秋尊王發微》條，上海：上海古籍出版社，1990，頁 122。

而亂臣賊子懼」耳。使二百四十年中，無人非亂臣賊子，則復之説當矣；如不盡亂臣賊子，則聖人亦必有所節取，亦何至由天王以及諸侯、大夫，無一人、一事不加誅絕者乎？過於深求，而反失《春秋》之本旨者，實自復始。雖其間辨名分、別嫌疑於興亡治亂之機，亦時有所發明，統而核之，究所謂功不補患者也，以後來説《春秋》者深文鍛鍊之學，大抵用此書爲根柢，故特錄存之以著履霜之漸……〔註81〕

　　儘管《春秋尊王發微》的問題不在少數，但朱子依舊肯定《春秋尊王發微》是一部不世出的驚俗之作：「前輩做《春秋》義，言辭雖粗率，卻説得聖人大意出。……《春秋》本是嚴底文字，聖人此書之作，遏人欲於橫流，遂以二百四十二年行事寓其褒貶。恰如大辟罪人，事在款司，極是嚴緊，一字不敢胡亂下。使聖人作經，有今人巧曲意思，聖人亦不解作得。」〔註82〕由此可見，朱子對孫復的肯定依舊從推明治道的角度而展開。

四、石介

　　石介的剛健在宋初三先生中顯得尤爲突出〔註83〕。石介早年追慕柳開，贊譽他「事業過皋夔，才能堪相輔」、「述作慕仲淹，文章肩韓愈」（並其《過魏東郊》詩句）。藉助柳開，石介接續了韓愈、柳宗元文道相結合的傳統，與天聖以來穆修、尹洙、蘇舜欽、歐陽修領導的古文運動合流，奠定了其後恢復儒道、繼韓闢佛的基礎。

　　范仲淹主持應天府學時，石介來此問學，得到范仲淹的器重。天聖八年（1030），石介登進士第，解褐鄆州觀察推官，雖在下位，而心憂天下。景祐二年（1035），石介爲屢考不中而流落京師的孫復築室泰山，並率張洞北面而師之，訪問講解，日夕不怠。孫復行則從，升降拜，起則執杖履以從，於是學者始知有師弟子之禮。石介在孫復那裏受到了更爲直接和深遠的影響。

〔註81〕　《四庫全書總目》卷二六春秋類一《春秋尊王發微》條，頁214中、下。
〔註82〕　《朱子語類》卷八三《春秋》，頁2174。
〔註83〕　關於石介傳略及其言行的述評以《徂徠石先生文集》作爲最重要的依據，是書有陳植鍔先生點校本（北京：中華書局，1984）。陳先生在書前對石介作了非常高水平的綜合研究，書後另附有很多與石介有關的書信、誌傳、序跋、軼事等重要資料，爲後學提供了非常翔實的第一手資料，在此特向陳先生致敬。另外，參以《五朝名臣言行錄》卷十之四《徂徠石先生》，《朱子全書》第12冊，頁323～327。

石介因柳開而尊韓愈，爲文博辯雄偉，憂思深遠，與當時文壇流行的西崑體形成鮮明的對照。他讀韓愈《原道》，稱贊韓愈「惟箕子、周公、孔子、孟軻之功，則吏部不爲少矣」〔註84〕，「孟軻氏、荀況氏、揚雄氏、王通氏、韓愈氏五賢人，吏部爲賢人而卓。不知更幾千萬億年復有孔子，不知更幾千百數年復有吏部」〔註85〕。韓愈文以載道、破駢爲散、闢佛等觀念深深影響了石介。

景祐元年（1034），石介調任南京（應天府，今河南商丘）留守推官兼提舉應天府書院。知應天府劉隨視學，索觀釋氏畫像，以佛與老氏、孔子爲三教，又說「所謂佛者，則伏羲也，神農也，黃帝也，堯也，舜也」。石介不敢面折，乃致書劉隨，責備他言之太過：

> 夫道之盛，莫盛乎黃帝，而上幾千百君，獨伏羲、神農、黃帝爲稱首；德之崇，莫崇乎少昊，而下萬有餘祀，獨堯、舜爲聖人。禹、湯、文、武、周公，猶不及其號而爲王，後世能躋二帝三皇之懿者，其吾師乎？夫禹、湯、文、武、周公猶不能及，而佛，夷狄之人，乃過禹、湯、文、武、周公，與伏羲、神農、黃帝、堯、舜等，則是公欲引夷狄之人，加於二帝三王之上也；欲引夷狄之道，行於中國之內也。夫自伏羲、神農、黃帝、堯、舜、禹、湯、文、武、周公、孔子至於今，天下一君也，中國一教也，無他道也。今謂吾聖人與佛老爲三教，謂佛老與伏羲、神農、黃帝、堯、舜俱爲聖人，斯不亦駭矣〔註86〕！

劉隨後來不得不爲之折服，同意將釋老之書「宜悉去之，不可使學者讀之」，石介盛贊他「心可謂正矣」，乃毀去釋老之像：「所謂非聖人之書者，老與佛之書也。老與佛之書猶不可使學者見，況使學者見老與佛之像乎！」〔註87〕

與此前儒者多從經濟和社會倫理等角度批判佛老不同，石介繼承了韓愈、孫復從夷夏之防的角度批評佛老試圖以夷變夏。慶曆二年（1042），石介任國子監直講，主盟上庠，酷憤時文之弊，乃以韓、柳古文力振斯道。石介

〔註84〕 《徂徠石先生文集》卷七《讀原道》，頁78。
〔註85〕 《徂徠石先生文集》卷七《尊韓》，頁79～80。
〔註86〕 《徂徠石先生文集》卷十三《上劉工部書》，頁153～154。
〔註87〕 《徂徠石先生文集》卷十九《去二畫本記》，頁228。

深疾西崑、佛老害道，乃作為《怪說》二篇，上排佛老，下排楊億、劉筠〔註88〕。其排佛老曰：

> 夫君南面，臣北面，君臣之道也。父坐子立，父子之道也，而臣抗於君，子敵於父，可怪也。夫中國，聖人之所常治也，四民之所常居也，衣冠之所常聚也，而髠髮左衽，不士不農，不工不商，為夷者半中國，可怪也。夫中國，道德之所治也，禮樂之所施也，五常之所被也，而汙漫不經之教行焉，妖誕幻惑之說滿焉，可怪也。夫天子七廟，諸侯五廟，大夫三廟，士二廟，庶人祭於寢，所以不忘孝也，而忘而祖，廢而祭，去事夷狄之鬼，可怪也。夫法施於民則祀之，以死勤事則祀之，以勞定國則祀之，能禦大菑則祀之，能捍大患則祀之。棄殖百穀，祀以為稷；后土能平九州，祀以為社。帝嚳、堯、舜、禹、湯、文、武，有功烈於民者，及夫日月星辰，民所瞻仰也，山林、川谷、丘陵，民所取財也。非此族也，不在祀典。而老觀、佛寺徧滿天下，可怪也〔註89〕。

君君、臣臣、父父、子子是儒家倫理觀念中非常重要的對舉關係，這是歷千萬祀而不得改變的綱維。可是，佛老的興起使其發生巨變，「有老子生焉，然後仁義廢而禮教壞；有佛氏出焉，然後三綱棄而五常亂……老與佛，賊聖人之道者也，悖中國之治者也」〔註90〕，佛老嚴重衝擊了儒家的正統地位，造成了社會秩序的混亂。因此，為保持華夏文明的純粹性，佛老尤在排拒之列：

> 仰觀於天，則二十八舍在焉；俯察於地，則九州分野在焉；中觀於人，則君臣、父子、夫婦、兄弟、賓客、朋友之位在焉。非二十八舍、九州分野之內，非君臣、父子、夫婦、兄弟、賓客、朋友之位，皆夷狄也。二十八舍之外干乎二十八舍之內，是亂天常也；九州分野之外入乎九州分野之內，是易地理也；非君臣、父子、夫婦、兄弟、賓客、朋友之位，是悖人道也。苟天常亂於上，地理易於下，人道悖於中，國不為中國矣。

〔註88〕　朱子說「本朝士大夫好佛者，始初楊大年（億），後來張無盡（商英）」（《朱子語類》卷一二六《釋氏》，頁3037），這樣看來，石介排拒楊億並非僅僅體現在文學風氣上，更與其跟佛教淵源深厚有關。

〔註89〕　《徂徠石先生文集》卷五《怪說上》，頁60～61。

〔註90〕　《徂徠石先生文集》卷十九《去二畫本記》，頁228。

　　　　聞乃有巨人名曰「佛」，自西來入我中國；有龐眉曰「聃」，自

　　胡來入我中國〔註91〕。各以其人易中國之人，以其道易中國之道，

　　以其俗易中國之俗，以其書易中國之書，以其教易中國之教，以其

　　居廬易中國之居廬，以其禮樂易中國之禮樂，以其文章易中國之文

　　章，以其衣服易中國之衣服，以其飲食易中國之飲食，以其祭祀易

　　中國之祭祀〔註92〕。

　　石介認爲害道的並非只有佛老，當時文壇流行的西崑體也在很大程度上
加劇了當時頹靡的世風。宋初臺閣倡和，多宗李商隱。據《苕溪漁隱叢話》
載，「宋興，楊文公（億）始以文章蒞盟。然至於詩，專以李義山爲宗，以漁
獵掇拾爲博，以儷花鬥葉爲工，號稱西崑體。嫣然華靡，而氣骨不存。」〔註
93〕這與韓愈所倡導的文道結合觀念顯然風格迥異，故而亦在石介排拒之列：

　　　　昔楊翰林（億）欲以文章爲宗於天下，憂天下未盡信己之道，

　　於是盲天下人目，聾天下人耳，使天下人目盲，不見有周公、孔子、

　　孟軻、揚雄、文中子、韓吏部之道；使天下人耳聾，不聞有周公、

　　孔子、孟軻、揚雄、文中子、韓吏部之道。……周公、孔子、孟軻、

　　揚雄、文中子、韓吏部之道，堯、舜、禹、湯、文、武之道也，三

　　才、九疇、五常之道也，反厥常，則爲怪矣。……今楊億窮妍極態，

　　綴風月，弄花草，淫巧侈麗，浮華纂組，刓鎪聖人之經，破碎聖人

　　之言，離析聖人之意，蠹傷聖人之道，使天下不爲《書》之〈典〉、

　　〈謨〉、〈禹貢〉、〈洪範〉，《詩》之〈雅〉、〈頌〉，《春秋》之經，《易》

　　之〈繇〉、〈十翼〉，而爲楊億之窮妍極態，綴風月，弄花草，淫巧侈

　　麗，浮華纂組。其爲怪大矣〔註94〕。

〔註91〕　道教本是中國土生土長的宗教，其基本核心教義乃是中國本土的思想資源，
　　　　　並無外國傳入之實。石介說老聃「自胡來入我中國」，似是受西晉以來「老子
　　　　　化胡」說之影響。但即便依此說，老聃也並非胡人，乃是華夏之人。據《史
　　　　　記・老子韓非列傳》記載，老子西出函谷關而不知所終。晚至西晉，道士王
　　　　　浮僞作《老子化胡經》，始有老子經西域入天竺教化胡人之說。此後顧歡作《夷
　　　　　夏論》，繼續申明此說。因此，石介所說「有龐眉曰聃，自胡來入我中國」並
　　　　　非老聃其人，而是指老聃之教。根據歷史事實，石介以夷夏之防排拒道教，
　　　　　顯然存在明顯而巨大的知識性錯誤。
〔註92〕　《徂徠石先生文集》卷十《中國論》，頁116～117。
〔註93〕　胡仔：《苕溪漁隱叢話後集》卷八，北京：人民文學出版社，1962，頁58。
〔註94〕　《徂徠石先生文集》卷五《怪說中》，頁61～62。

　　石介不懼時俗，以萬軍不回之勇排拒佛老異端、西崑時文，頗有「雖千萬人，吾往矣」的豪壯：「吾亦有死而已，雖萬億千人之眾，又安能懼我也」〔註95〕。石介的努力取得顯著成效。據呂希哲《呂氏家塾記》所載，太學風氣為之一變：「於是新進後學，不敢為楊、劉體，亦不敢談佛老。」〔註96〕

　　石介的這種性格對他的從政經歷也產生很深刻的影響。歐陽修、余靖等薦石介為諫官，范仲淹以為不可，曰：「介剛正，天下所聞，然性亦好異，使為諫官，必以難行之事責人君以必行。少拂其意，則引裾折檻，叩頭流血，無所不為。主上富春秋，無失德，朝廷政事亦自修舉，安用如此諫官。」〔註97〕石介雖因此而不能為諫官，但後來卻直諫犯顏〔註98〕，抨擊仁宗好色荒寧。仁宗赫怒，石介禍在不測，幸有王曾解救得免。慶曆三年（1043），呂夷簡罷相，夏竦罷樞秘使，杜衍、章得象、晏殊、賈昌期、范仲淹、富弼、韓琦同時執政，歐陽修、余靖、王素、蔡襄並為諫官，天下莫不歡快。石介既以「誅貶姦邪為己任」〔註99〕，喜曰：「此盛事也！歌頌，吾職，其可已乎？」乃作《慶曆聖德詩》，大意略曰：「眾賢之進，如茅斯拔。大姦斯去，如距斯脫。」這組詩作當即流布天下，影響深遠，蘇軾總角入眉山鄉校，即能誦習〔註100〕。孫復卻說：「子禍始於此矣。」

　　《慶曆聖德詩》牽涉甚廣，以至於間接影響了「慶曆新政」的人事動向。「慶曆新政」的反對者藉此群起而攻之，導致新政迅速失敗，此詩實起了導火線的作用，這也無怪乎范仲淹拊股而歎道「為此怪鬼輩壞了」，惋惜之情無

〔註95〕　《徂徠石先生文集》卷五《怪說下》，頁64。
〔註96〕　朱熹：《五朝名臣言行錄》卷十之四《徂徠石先生》引文，《朱子全書》第12冊，頁325。
〔註97〕　《五朝名臣言行錄》卷七之二《參政范文正公》引《東軒筆錄》（此條不見於今本《東軒筆錄》），《朱子全書》第12冊，頁216。
〔註98〕　《續資治通鑑長編》卷一一五景祐元年八月「庚午天平節度使檢校太師同平章事王曾為吏部尚書同平章事樞密使」條引石介上王曾書曰：「正月以來，聞既廢郭皇后，寵幸尚美人，宮庭傳言，道路流布。或說聖人好近女室，漸有失德。自七月、八月來，所聞又甚，或言倡優日戲上前，婦人朋淫宮內，飲酒無時節，鐘鼓連晝夜。近有人說聖體因是嘗有不豫。……今聖嗣未立，聖德或虧，血氣未定，戒之在色，涵淫內荒，萬一成蠱惑之疾，社稷何所屬乎？天下安所歸乎？」頁2694～2695。陳植鍔先生據此以為石介抨擊仁宗荒寧酒色，故招致奇禍。見於《徂徠石先生文集·前言》，頁4～5。
〔註99〕　王辟之：《澠水燕談錄》卷三《奇節》語，北京：中華書局，1997，頁29。
〔註100〕　蘇軾《范文正公集敘》：「慶曆三年，軾始總角入鄉校，士有自京師來者，以魯人石守道所作《慶曆聖德詩》示鄉先生。軾從旁窺觀，則能誦習其詞。」

比沉痛〔註101〕。范仲淹是石介早年的伯樂，石介也是范仲淹「慶曆新政」的衷心擁護者，但由於石介的行事風格有十足的書生意氣，且缺乏具體的政治經驗，以至於連范仲淹都不免對他有所忌憚。

石介《慶曆聖德詩》傳布天下，夏竦始終對石介銜恨在心，據說他常設水陸齋醮，必爲石介立一牌位，上書「夙世冤家石介」〔註102〕。石介過世之後，夏竦讒言他受富弼指使，詐死逃入契丹以引兵攻宋。朝廷疑懼，欲破塚發棺以查驗虛實，幸得呂居簡等人勸止纔得幸免。

石介與歐陽修爲同年進士，兩人在當時多有往還。石介死後，歐陽修還爲他親作墓誌銘，盛贊石介的道德和功業：

> 先生貌厚而氣完，學篤而志大，雖在畎畝，不忘天下之憂。以謂時無不可爲，爲之無不至，不在其位，則行其言。吾言用，功利施於天下，不必出乎己；吾言不用，雖獲禍咎，至死而不悔。其遇事發憤，作爲文章，極陳古今治亂成敗，以指切當世。賢愚善惡，是是非非，無所諱忌。世俗頗駭其言，由是謗議喧然，而小人尤嫉惡之，相與出力必擠之死。先生安然，不惑不變，曰：「吾道固如是，吾勇過孟軻矣。」不幸遇疾以卒。……
>
> 先生自閒居徂徠，後官於南京，常以經術教授。及在太學，益以師道自居，門人弟子從之者甚眾，太學之興，自先生始。……其斥佛、老、時文，則有《怪說》、《中國論》，曰：「去此三者，然後可以有爲。」其戒姦臣、宦女，則有《唐鑑》，曰：「吾非爲一世監也。」其餘喜怒哀樂，必見於文。其辭博辯雄偉，而憂思深遠，其爲言曰：「學者學爲仁義也。惟忠能忘其身，惟篤於自信者，乃可以力行也。」以是行於己，亦以是教於人。所謂堯、舜、禹、湯、文、武、周公、孔子、孟軻、揚雄、韓愈氏者，未嘗一日不誦於口。思與天下之士皆爲周、孔之徒，以致其君爲堯舜之君，民爲堯舜之民，亦未嘗一日少忘於心。至其違世驚眾，人或笑之，則曰：「吾非狂癡者也。」是以君子察其行而信其言，推其用心而哀其志〔註103〕。

〔註101〕《徂徠石先生文集·前言》，頁8～9。

〔註102〕高晦叟：《珍席放談》卷下「夏文莊豪傑之流也」條，《四庫全書》第1037冊，頁543。

〔註103〕《歐陽修詩文集校箋·文忠集》卷三四《徂徠石先生墓誌銘》，頁896～897。

黃震說：「徂徠先生學正識卓，辟邪說，衛正道，上繼韓子以達於孟子，眞百世之師也。」〔註104〕石介講學徂徠，後又主盟上庠，以淩厲剛健的姿態批評佛老和時文，捍衛儒道，呼應了胡瑗、孫復復興儒學的積極努力，爲儒學的發展創造了良好的社會歷史條件。

柳開、胡瑗、孫復、石介作爲宋代承上啓下的一代學者，他們各自的經歷不盡相同，但他們身上卻呈現出驚人的相似性：他們官位卑微，但都很深地受到中、晚唐以來「古文運動」和「疑經惑傳」風氣之影響，他們通過長期篤實的經學研究，在一定程度上衝擊了漢唐經學傳統，爲儒學的復興創造了強大的聲勢，有力地排擊了佛老和時文，捍衛了儒道傳統的純粹性。他們還培養出一大批通經致用人才，影響了整個時代風氣。職是之故，朱子對他們贊許道：「本朝孫、石輩忽然出來，發明一箇平正底道理自好，前代亦無此等人。如韓退之已自五分來，只是說文章。若非後來關洛諸公出來，孫、石便是第一等人。」〔註105〕

不過，由於他們正處在學術風氣嬗變與轉型的重要時代，他們雖在很大程度上開創了新的學術風氣，但也不可避免地具有舊時代的影子，正如朱子評價胡瑗《周易口義》所說的那樣：「安定之傳，蓋不出於章句誦說，較之近世高明自得之學，其效遠不相逮。」實際上，在今天看來，柳開、胡瑗、孫復、石介等人著作的學術價值仍需探究（石介無解經著作傳世，且其整體的思想學說因受韓愈、柳開、孫復的影響過深而始終未走出他們的界域，因而石介的思想原創性在四人當中是最爲不足的），但各種因緣際會使得他們的思想觀念在衝擊漢唐以來的章句訓詁之學方面具有很高的歷史價值〔註106〕。概言之，柳開和宋初三先生的努力究其本源乃在於恢復了以儒學探究治道的傳統，而濂洛以來道學家「高明自得」之學則是在此基礎上進而爲治道尋找一種形而上的依據。

〔註104〕黃震：《黃氏日鈔》卷四五《讀諸儒書十二・石徂徠文集・妖說下》，《四庫全書》第 708 冊，頁 244。
〔註105〕《朱子語類》卷一二九《本朝三・自國初至熙寧人物》，頁 3091。
〔註106〕徐洪興：《孫復論》，《孔子學刊》1990 年第 3 期，頁 60。

第四節　宋代追跡三代的理想和實踐

一、宋儒對三代與漢唐的劃分

1. 從師法漢唐到追跡三代

盛唐的雄雄大國之風，一直是北宋初年極力效法的對象。不過，隨著文治環境的形成，尤其是隨著《新唐書》、《新五代史》、《唐鑑》等史籍的相繼問世，宋人開始重新審視他們所一直追法的盛唐。初唐「貞觀之治」和盛唐「開元盛世」在中國歷史上不過曇花一現，而伴隨晚唐、五季而來的「天地閉，賢人隱」更是令人驚懼的前車之鑑。

既然唐代不足取法，漢代就這樣逐漸取代唐代成爲宋代君臣模仿與追法的對象。早在宋太宗時期，張洎說漢文帝、景帝「巍巍功業，與三代比崇」，諫言太宗內修文德，「結好息民」〔註107〕，不要與契丹爭鋒。不過，張洎在這篇奏表之中，將大漢與大唐並提，未因贊譽「文景之治」而貶損「貞觀之治」或「開元盛世」。又如，仁宗天聖二年（1024），襄州進呈胡旦所著《漢春秋》，仁宗問近臣此書的撰述本末，王欽述其主旨說：「三代之後，獨漢得正統，（胡旦）因四百年行事立褒貶以擬《春秋》。」〔註108〕寶元二年（1039），賈昌朝向仁宗進言：「自三代而下，稱王業盛者，惟漢耳。」他藉此諫止仁宗停止奢靡浪費，效法漢文帝、景帝「省宰夫，減樂工，希文、景之風以厚儲蓄」，他們崇尚節儉，因而風俗厚、財用足，數百年間，四夷咸服〔註109〕。諸如此類的說法觸目可見，而這種說法多是就一時一事而發，其目的在於約束帝王的某些特定出格行爲，由此而給君王造成一種歷史與現實的壓力。但是，漢代的土崩瓦解與唐代沒有實質性的差異，漢唐分裂之後所帶來的持久動盪使得儒家學者對漢唐盛世多了很多批判視角，爲了避免再次出現這樣的悲劇，他們將目光轉向一直都比較虛幻縹緲的三代盛世。

宋代文治政策鞏固了天下安定的局面，「三代」逐漸成爲一個使用頻率很高的詞，它往往伴隨著朝臣對王朝的頌贊而出現，如仁宗嘉祐六年（1061），

〔註107〕《續資治通鑑長編》卷三一淳化元年六月「太僕少卿張洎上疏言邊防」條，頁703。

〔註108〕《續資治通鑑長編》卷一〇二天聖二年二月「襄州上將作監」條，頁2350。

〔註109〕《續資治通鑑長編》卷一二三寶元二年四月「癸卯司封員外郎」條，頁2905～2906。

司馬光說：「國家自平河東以來，八十餘年內外無事。然則三代以來，治平之世未有若今之盛者也。」〔註110〕又如，元祐二年（1087），王覿稱讚宋代的太平之業說：「以祖宗百有餘年，聖賢經綸，成就太平之業，自三代以來，未有如今日之治。」〔註111〕即便在山河破碎有如風中飄絮的南宋朝廷，李燾依舊不忘說「仰維祖宗之豐功盛德，當與唐虞三代比隆」〔註112〕。諸如此類的話語顯得肉麻，實際上，這不過是臣工的慣用伎倆（連韓愈這樣「忠犯人主之怒」的諍臣，對唐憲宗都不免說出「伏惟皇帝陛下，神聖英武，數千百年以來未有倫比」這樣的話），他們對王朝或君主的頌讚雖不免言過其實，卻希圖君主能夠以「三代」作為標杆，以堯舜作為榜樣，希望君主以此就範，稍有理性的君主就知道這其中的款曲。因此，更符合現實的情況是，回覆上古三代盛世在宋代中期具有了很高的熱情與可能，但要實現這一理想，不論是君主，還是臣工，都還有一段很艱難的路要走。

2. 宋儒論三代與漢唐之優劣

早在隋唐之際，王通就對三代與漢唐進行了優劣劃分：

> 不以三代之法統天下，終危邦也。如不得已，其兩漢之制乎。

> 不以兩漢之制輔天下者，誠亂也已〔註113〕。

王通肯定兩漢之制是在三代之法無以統治天下時退而求其次的選擇，因而兩漢也並非取法的首選。漢唐是歷史上有明確記載的盛世，而堯舜三代則更多地是出於儒者的附會想像，若追尋治道，當以何者為目標，則是比較現實的問題。宋初太祖、太宗、真宗三朝多以唐代為追法對象，並未形成追跡三代的自覺意識。到了真宗、仁宗之際，懷有治世理想的儒者希望皇帝能夠「憲章三代，取則六經」〔註114〕。儘管有人提出「三代兩漢之際，經禮雖著，而事遠難法，請以唐典明之」〔註115〕，但致君堯舜、追跡三代的主張得到越

〔註110〕　《續資治通鑑長編》卷一九四嘉祐六年八月「丁卯司馬光言」條，頁4703。

〔註111〕　《續資治通鑑長編》卷三九七元祐二年三月「右司諫王覿言」條，頁9688～9689。

〔註112〕　《續資治通鑑長編》卷一〇二天聖二年二月「襄州上將作監」條，頁2350。

〔註113〕　張沛：《中說校注》卷十「四民不分」章，北京：中華書局，2013，頁255～256。

〔註114〕　《續資治通鑑長編》卷六四景德三年十二月「壬午龍圖閣待制陳彭年上言」條，頁1436。

〔註115〕　《續資治通鑑長編》卷九九乾興元年十一月「翰林學士承旨李維等言」條，頁2300。此語雖是為議禮而言，但依舊能夠反應北宋早期追跡盛唐的傾向。

來越廣泛的認同。到了仁宗時代，這種願望更由民間而上達朝士，形成一股追跡三代的熱潮。

「致君堯舜上」的觀念始源自《孟子》。孟子說伊尹是「聖之任者」，孟子正是藉助伊尹之志深情地闡發了致君澤民的「公天下之心」：

> 伊尹耕於有莘之野，而樂堯舜之道焉。……湯使人以幣聘之，囂囂然曰：「我何以湯之聘幣爲哉？我豈若處畎畝之中，由是以樂堯舜之道哉？」湯三使往聘之，既而幡然改曰：「與我處畎畝之中，由是以樂堯舜之道，吾豈若使是君爲堯舜之君哉？吾豈若使是民爲堯舜之民哉？吾豈若於吾身親見之哉？天之生此民也，使先知覺後知，使先覺覺後覺也。予，天民之先覺者也；予將以斯道覺斯民也。非予覺之，而誰也？」思天下之民匹夫匹婦有不被堯舜之澤者，若己推而內之溝中。其自任以天下之重如此，故就湯而說之以伐夏救民。（《孟子・萬章上》）

孟子這段富於激情地描述，活脫脫地再現了儒者重塑三代盛世的宏遠理想。這樣的盛世雖已成爲遙遠的歷史風煙，與其僅僅作爲一種信念式的追懷，不如通過對君主的思想啓蒙和道德匡扶使這一理想眞正實現，使天下之民爲堯舜之民，皆被堯舜之澤。這種理想在杜甫筆下就成了「致君堯舜上，再使風俗淳」（《奉贈韋左丞丈二十二韻》），在周敦頤心中，就成了「志伊尹之所志，學顏子之所學」（《通書・志學》）。與周敦頤同時代的石介，亦欲「思與天下之士，皆爲周、孔之徒，以致其君爲堯舜」〔註116〕。朱子注解「聖之任者」的「任」字時引孔文仲曰「任者，以天下爲己責也」〔註117〕。孟子這樣的理想在宋代文治基本實現的前提下再次得到弘揚。宋代儒者開始尋找將「伊尹之志」變爲現實的具體路徑。

致君堯舜，就意味著要超越漢唐而追跡三代，正如劉安世所說「三代而下，漢唐不能仿佛萬一」〔註118〕，又如段少連向仁宗說「爲人臣者，思致君如堯舜，豈致君如漢武哉」〔註119〕，再如神宗時的李師中所言「臣知事君以

〔註116〕《歐陽修詩文校箋・文忠集》卷三四《徂徠石先生墓誌銘》，頁897。
〔註117〕《孟子集注・萬章下》「伯夷目不視惡色」章，頁320。
〔註118〕《續資治通鑑長編》卷二建隆二年六月甲午皇太后崩條李燾注引劉安世語，頁46。
〔註119〕《續資治通鑑長編》卷一一三明道二年「丙辰旦道輔等始至待漏院」條，頁2651。段少連此說雖是爲廢后事所發，但依舊能見出其整體的價值傾向。

道，直欲以伊尹致君之事爲師，不敢以近世有爲之君待陛下」〔註120〕。堯舜三代作爲一種理想主義的想像，糅合了儒家仁治盛世觀念，有很多想像的成分。宋代儒者則力圖將這種想像推而行之天下後世。

孟子「尊王賤霸」之觀念爲宋人師法三代抑或漢唐提供了非常確切的思想依據。早在孟子之先，《論語》中就收錄了孔子對堯、舜、禹、文王、周公等聖賢的贊頌之辭。宋代這些文臣的頌贊之辭多屬空泛而抽象，且未與儒家的治世理想和聖王功業結合在一起，並不能證明孔子的政治理想是古已有之的，但孔子的這些話卻給後人不少啓示：對文獻不足徵的古史，闡釋者可以按照當時的理解進行理想化的渲染。孟子正是按照這種啓示發展了孔子法先王的觀念〔註121〕：政治上的領袖應是成德的君子，發政施仁，成就天下治平的理想〔註122〕。與「尊王」相對應的是「賤霸」。孟子始則曰「仲尼之徒無道桓、文之事者」（《孟子·梁惠王上》），再則曰「管仲，曾西之所不爲也，而子爲我願之乎」（《孟子·公孫丑上》），「尊王」和「賤霸」正是孟子政治思想的一體兩面。

3. 士大夫追跡三代的思想合流

如果說段少連、李師中、劉安世等人都是有治世理想的朝士，那麼道學家群體則更爲堅定地發展了這一理想。程顥說「若三代之治，後世決可復。不以三代爲治者，終苟道也」〔註123〕。他將三代和兩漢之間劃分了一個明顯的界線：「三代之治，順理者也；兩漢以下，皆把持天下者也。」〔註124〕熙寧二年（1069），程顥上《論王霸箚子》，將孟子的王霸義利之辨進一步延伸，鼓勵神宗應追跡三代而非師法漢唐：

> 得天理之正，極人倫之至者，堯、舜之道也；用其私心，依仁義之偏者，霸者之事也。王道如砥，本乎人情，出乎禮義，若履大路而行，無復回曲。霸者崎嶇反側於曲徑之中，而卒不可與入堯、舜之道。故誠心而王則王矣，假之而霸則霸矣，二者其道不同，在審其初而已。……苟以霸者之心而求王道之成，是衒石以爲玉也。故仲尼之徒無道桓、文之事，而曾西恥比管仲者，義所不由也，況下於霸者哉？

〔註120〕《續資治通鑑長編》卷二五三熙寧七年五月「左司郎中天章閣待制」條，頁6187〜6188。
〔註121〕董洪利：《孟子研究》，南京：江蘇古籍出版社，1997，頁71。
〔註122〕黃俊傑：《孟子》，北京：生活·讀書·新知三聯書店，2013，頁76。
〔註123〕《二程集·河南程氏遺書》卷十一《明道先生語一》，頁129。
〔註124〕《二程集·河南程氏遺書》卷十一《明道先生語一》，頁127。

陛下躬堯、舜之資,處堯、舜之位,必以堯、舜之心自任,然後為能充其道。漢、唐之君,有可稱者,論其人則非先王之學,考其時則皆駁雜之政,乃以一曲之見,幸致小康,其創法垂統,非可繼於後世者,皆不足為也。然欲行仁政而不素講其具,使其道大明而後行,則或出或入,終莫有所至也。

夫事有大小,有先後。察其小,忽其大,先其所後,後其所先,皆不可以適治。且志不可慢,時不可失,惟陛下稽先聖之言,察人事之理,知堯、舜之道備於己,反身而誠之,推之以及四海,擇同心一德之臣,與之共成天下之務,⋯⋯今將救千古深錮之弊,為生民長久之計,非夫極聽覽之明,盡正邪之辨,致一而不二,其能勝之乎〔註125〕?

相比於傳說中的三代,漢唐盛世的輝煌要現實與真切得多,這是無論如何都無可否認的事實,三代與漢唐的治道是否存在差異,如何評價漢唐兩代所造就的盛世局面,是仍需進一步解答的問題。司馬光對程顥截然劃分三代與漢唐的做法很不以為然,他認為兩者其實並不存在嚴格的差異:

合天下而君之之謂王,王者必立三公。三公分天下而治之,曰二伯一公,處乎內皆王官也。周衰,二伯之職廢,齊桓、晉文糾合諸侯,以尊天子。天子因命之為侯伯,修舊職也。「伯」之語轉而為「霸」,「霸」之名自是興。自孟、荀氏而下,皆曰由王道而王,由伯道而霸,道豈有二哉?得之有淺深,成功有小大耳。譬諸水為畎,為澮,為谷,為谿,為川,為瀆,若所鍾,則海也。大夫、士,畎澮也;諸侯,谿谷也;州牧,川也;方伯,瀆也;天子,海也。小大雖殊,水之性奚以異哉〔註126〕?

司馬光雖也一再強調道德修養的重要性,同時也一再鼓勵人君追跡三代,而實際上他並未像道學家那樣認為三代與漢唐之間存在性質的截然不同,它們只是量的小與大的問題,正如江湖瀆海之間的水僅有多與少的分別,但其水性純然無異。司馬光作為一位深入研究歷史的政治家,他的這種理念或許與其疑孟思想以及歷史思維有關。這種理念犀利地道出了現實與理想之間的矛盾,相比於語焉不詳的三代盛世,他們更願意相信有明確歷史記載的

〔註125〕《二程集・河南程氏文集》卷一《論王霸劄子》,頁450～452。
〔註126〕司馬光:《傳家集》卷七四《迂書・道同》,《四庫全書》第1094冊,頁675。

真實歷史。儘管仍有不少士大夫追懷漢唐雄風，但追跡三代在這時已經成為一股不可逆轉的時代洪流，整個士大夫群體都被裹挾向前。

二、北宋中期追跡三代的實踐

1. 追跡三代理想的全面實踐

宋初「防弊之政」的弊端在宋代中期集中呈現，有識之士都意識到一場深入而廣泛的改革勢在必行。為了減少這些弊病，追跡三代變為一場轟轟烈烈的政治改革運動。在此期間，三代的禮制、軍制、取士、井田、考績等制度都成為朝野上下熱切討論的話題。從范仲淹主持的「慶曆新政」到王安石領導的「熙豐新法」，都是希冀以三代治道改變重重積弊的努力。

宋神宗是一位非常想有一番作為的皇帝。神宗問王安石本朝何以百年無事，王安石盛贊太祖至英宗歷朝皇帝的盛德說：「伏惟太祖……於出政發令之間，一以安利元元為事。太宗承之以聰武，真宗守之以謙仁，以至仁宗、英宗無有逸德，此所以享國百年而天下無事也。」王安石以大量筆墨描述了仁宗盛德所造就的太平盛世，但是他筆鋒一轉，指出這太平盛世的背後其實早已危機四伏，因而改革勢在必行：

> 本朝累世因循末俗之弊，而無親友群臣之議，人君朝夕與處，不過宦官女子，出而視事，又不過有司之細故，未嘗如古大有為之君，與學士大夫討論先王之法以措之天下也。一切因任自然之理勢，而精神之運有所不加，名實之間有所不察。君子非不見貴，然小人亦得廁其間；正論非不見容，然邪說亦有時而用。以詩賦記誦求天下之士，而無學校養成之法；以科名資歷敘朝廷之位，而無官司課試之方。監司無檢察之人，守將非選擇之吏；轉徙之亟，既難於考績；而遊談之眾，因得以亂真；交私養望者，多得顯官；獨立營職者，或見排沮。故上下偷惰，取容而已，雖有能者在職，亦無以異於庸人。農民壞於差役，而未嘗特見救恤，又不為之設官以修其水土之利；兵士雜於疲老，而未嘗申勅訓練，又不為之擇將而久其疆場之權。宿衛則聚卒伍無賴之人，而未有以變五代姑息羈縻之俗；宗室則無教訓選舉之實，而未有以合先王親疏隆殺之宜。其於理財，大抵無法，故雖儉約而民不富，雖憂勤而國不強。賴非強敵昌熾之時，又無堯湯水旱之變，故天下

無事，過於百年，雖曰人事，亦天助也。蓋累聖相繼，仰畏天，俯畏人，寬仁恭儉，忠恕誠慤，此其所以獲天助也。伏惟陛下躬上聖之質，承無窮之緒，知天助之不可常恃，知人事之不可怠終，則大有爲之時，正在今日〔註127〕。

王安石與宋神宗的第一次晤對就探討了三代與漢唐優劣的問題：

熙寧元年四月，（王安石）始造朝。入對，帝問爲治所先，對曰：「擇術爲先。」帝曰：「唐太宗何如？」曰：「陛下當法堯、舜，何以太宗爲哉？堯、舜之道，至簡而不煩，至要而不迂，至易而不難。但末世學者不能通知，以爲高不可及爾。」帝曰：「卿可謂責難於君，朕自視眇躬，恐無以副卿此意。可悉意輔朕，庶同濟此道。」

一日講席，群臣退，帝留安石坐，……安石曰：「陛下誠能爲堯、舜，則必有臯、夔、稷、卨；誠能爲高宗，則必有傅說。彼二子（魏徵、諸葛亮）皆有道者所羞，何足道哉？以天下之大，人民之衆，百年承平，學者不爲不多。然常患無人可以助治者，以陛下擇術未明，推誠未至，雖有臯、夔、稷、卨、傅說之賢，亦將爲小人所蔽，卷懷而去爾。」〔註128〕

爲改變這些狀況，宋神宗尊三代而陋漢唐，欣然認同了以王安石爲首的士大夫追跡三代的理想，「以聰明睿知，承累世丕平之世，思欲力致太平，復見三代之盛，以漢唐爲不足道也」〔註129〕。王安石諫言神宗擇取朝士言論時「專以堯、舜、三代爲法」〔註130〕，韓維議祧廟之制奏言「鄙絕漢唐之所行，而純行三代之制以爲法」〔註131〕，他們所有的這些努力不過是希望神宗「躋之堯、舜、三代之盛」〔註132〕。范仲淹未及開展即報失敗的新政反而開啓了神宗時代朝野上下革除舊弊、追跡三代的熱情。但是，王安石主導的新政雖

〔註127〕 王安石：《臨川先生文集》卷四一《本朝百年無事劄子》，《四部叢刊初編》影印明嘉靖三十九年撫州本，頁11B～12B。

〔註128〕 《宋史》卷三二七《王安石傳》，頁10543～10544。

〔註129〕 《續資治通鑑長編》卷四二三元祐四年三月甲申「是日中書侍郎」條，頁10240。

〔註130〕 《續資治通鑑長編》卷二二七熙寧四年十月「壬申前武昌軍節度推官」條，頁5531。

〔註131〕 《續資治通鑑長編》卷二四〇熙寧五年十一月「翰林學士韓維別議」條，頁5842。

〔註132〕 《續資治通鑑長編》卷二五二熙寧七年四月「先是監安上門」條，頁6153。

得以全面鋪開，不但沒有解決既有問題，反而帶來了更爲嚴重的問題，使得追跡三代的理想再次受挫。

宋神宗死後，追跡三代的願望並未隨著王安石新政的罷黜而改變。當時太皇太后當國，大臣依舊以此勉勵哲宗以三代爲法。比如，王覿向剛剛即位的哲宗敷陳一番政事之後，說道：「陛下惟能終始於此，則可以成太平極治之業，而無愧於堯、舜、三代之君也。」〔註133〕呂公著把自己編選的書籍進呈給哲宗，勉勵他「誠以堯舜三代爲法，則四海不勞而治」〔註134〕。劉安世諫言哲宗要「至誠虛己，首開言路」，因爲這是「粲然追跡於三代之隆」的重要途徑〔註135〕。神宗、哲宗、徽宗、欽宗四朝針對變法的存與廢引發了激烈的黨爭，北宋前期與中期打下的穩定局面被逐漸消磨殆盡，東北方向女眞的崛起更使其不堪一擊。天下板蕩之際，士大夫痛定思痛，重新尋找切合實際的治道和追跡三代的途徑。

2. 朱子對王安石影響的全面清算

北宋覆滅之後，南宋士大夫對王安石新法所帶來的禍端進行了全面而深入地清算。朱子對王安石的否定非常徹底，這固然有爲伊洛學術張本的目的，但「熙豐新法」對宋代士風所帶來的惡劣影響同樣無比深遠，因而要對其作一深入系統的反思。朱子讀閒樂陳公（陳師錫）遺帖、了齋陳公（陳瓘）表稿對王安石的評論而作《書兩陳諫議遺墨》，以推原王安石追跡三代受挫的「受病之原，遺禍之本」：

> 其始見神宗也，直以漢文帝、唐太宗之不足法者爲言，復以諸葛亮、魏玄成之不足爲者自任，⋯⋯然其爲人，質雖清介而器本偏狹，志雖高遠而學實凡近，其所論說，蓋特見聞億度之近似耳。顧乃挾以爲高，足己自聖，不復知以格物致知、克己復禮爲事，而勉求其所未至以增益其所不能。是以其於天下之事，每以躁率任意而失之於前，又以狠愎徇私而敗之於後。此其所以爲受病之原。⋯⋯若其所以遺禍之本，則自其得君之初而已有以中之，使之悅其高、駭其奇，而意斯人之不可無矣。及其任之以事而日聽其言，則又有

〔註133〕《續資治通鑑長編》卷三八七元祐元年九月「右正言王覿言」條，頁9425～9426。

〔註134〕《續資治通鑑長編》卷四〇五元祐二年九月庚午「呂公著言」條，頁9872。

〔註135〕《續資治通鑑長編》卷四〇八元祐三年二月「右正言劉安世言」條，頁9946。

以信夫斯人之果不可無也。於是爲之力拒群言而一聽其所爲，唯恐其一旦去我而無與成吾事也。及其討謨既久，漸涵透徹，則遂心融神會而與之爲一，以至於能掣其柄而自操之，則其運動弛張又已在我，而彼之用舍去留不足爲吾重輕矣。……是以凡安石之所爲，卒之得以附於陵廟之尊，託於謨訓之重，而天下之人愈不敢議，以至於魚爛河決而後已焉。此則安石所以遺禍之本，……〔註136〕。

王安石有此「受病之原」和「遺禍之本」，則其人、其政、其學俱無足觀：

從其人來看，儘管王安石變法不可謂非其時，其設心亦未失其正，但由於王安石躁率任意，過於自信，不能熟講精思，以爲百全無弊可久之計，以致天下之民不以爲便。一時元老故舊起而力爭，所論又往往出於其規模之下。王安石愈益自信，肆其狠愎，倒行逆施，以充其平日所以自任之本心。這正是新法之禍橫流天下而不可挽救的原因所在。

從其政來看，王安石雖號稱取法《周禮》，但僅取其附於己意者，只是借其名高以服眾口，並非眞有意於古。王安石於格君之本、親賢之務、養民之政、善俗之方這些「當先而宜急」的政策沒有留意，獨汲汲於財利兵刑，以致名是實非，先後之宜倒置錯亂，這種大本不正的稽古只能增添禍亂。王安石之政於道德性命有所不足，獨有得於刑名度數，故而乖事理、拂民情，禮樂文章教化之本不能一有所正，公事按問條法又皆繆戾煩碎而不即於人心。

從其學來看，王安石自處太高，又以佛老爲妙道，既不能於聖賢之言虛心靜慮以求其本意，又不能於諸儒之同異反覆詳密以辨其是非，只是穿鑿附麗，肆爲支蔓浮虛之說；至於天命人心、日用事物之所以然，又不能反求諸身以驗其實，一切舉而歸之於佛老。王安石闕於審重，輕爲論說，直廢大典，亂君臣之名分。其論先王之政，則騁私意，飾姦言，違眾自用，剝民興利，斥逐忠賢，杜塞公論。因此，現實的可悲之處正在於，「王氏之學正以其學不足以知道，而以老釋之所謂道者爲道，是以改之而其弊反甚於前日耳。……但不自知其不知道，而反以知道者爲不知道。」〔註137〕

在朱子看來，儘管各家對王安石多有批評，但由於多未切中肯綮，以致王安石的錯誤在近百年中沒有得到眞正的清算，追跡三代也始終迷於正途，

〔註136〕《晦庵集》卷七〇《讀兩陳諫議遺墨》，《朱子全書》第23冊，頁3380。
〔註137〕《晦庵集》卷三四《與東萊論白鹿書院記》，《朱子全書》第21冊，頁1498。

所以朱子說：「夫安石以其學術之誤，敗國殄民，至於如此，而起自熙豐，訖於宣靖，六十年間，誦說推明，按為國是，鄙儒俗生，隨風而靡者，既無足道有識之士，則孰有不寒心者？……是以至今又幾百年，而其是非之原，終未明白，往者雖不足論，而來者之監，亦學者之所不可不知也」〔註138〕。

　　追跡三代的理想並沒有隨著對王安石新法的覆敗而失去號召力，反而隨著伊洛之學的上行而變得更具影響力。道學家正是在追跡三代的過程中逐漸明晰其歷史使命的，而對這個使命最佳的表達方式就是所謂的「橫渠四句」。如果說范仲淹的「先天下之憂而憂，後天下之樂而樂」所側重的是儒者應有的胸懷，那麼「為天地立心，為生民立命，為往聖繼絕學，為萬世開太平」則更能代表宋儒的集體文化意識〔註139〕：「為天地立心」強調人對於天地宇宙的正確認識，所立之「心」乃是博愛濟眾、廓然大公的仁聖之心；「為生民立命」昭示了人類生活的基本規則，要使其成為「民胞物與」潛移默化的行為準則，就得依靠教化，解民之蔽、盡民之性，這樣纔能知天事天；「為往聖繼絕學」意在弘揚先秦儒學的道學傳統，拋開雜以陰陽讖緯近乎妖氛的漢儒之學和魏晉以來妨害治道的佛老之學，恢復孔孟以來的儒學真精神；「為萬世開太平」則是尋求人類共同生存發展的道路，更是儒者永恆的政治理想，使布在方冊的文武之道垂法於萬世〔註140〕。

三、追跡三代抑或師法漢唐：朱子與陳亮的王霸義利之辨

　　朱子生當南宋，他繼承了二程對三代與漢唐、王霸與義利的基本傾向。同時，他又用胡宏漢唐「暗合」之說解決了漢高祖、唐太宗等賢君依舊能開闢盛世的問題：

> 天理純而人欲消者，三代之興王是也。假天理以濟其人欲者，五霸是也。以人欲行而有暗與天理合者，自兩漢以至於五代之興王盛主是也。存一分之天理而居平世者，必不亡，行十分之人欲而當亂世者，必不存〔註141〕。

〔註138〕《晦庵集》卷七〇《讀兩陳諫議遺墨》，《朱子全書》第23冊，頁3384～3385。
〔註139〕此處「橫渠四句」的表述是依照《宋元學案》黃百家案語。見於《宋元學案》卷十八《橫渠學案下》，頁664。
〔註140〕綜合劉夢溪《「橫渠四句教」的文化理想》，《中華讀書報》2008年9月3日第12版；張岱年《試談「橫渠四句」》，《中國文化研究》1997年第1期，頁2～3。
〔註141〕胡宏：《胡宏集・與潘茂實書》，北京：中華書局，1987，頁124。

　　朱子吸收了胡宏的「暗合」之說，又在楊時影響下吸收了孟子的「詭遇」之說〔註142〕，這就比較巧妙地解決了五霸、漢唐雖不行王道，卻能創建輝煌功業的難題。「暗合」兩字有強烈的偶然性意味，其功業或有或無，或大或小，或久或暫，不一而足，但若純行天理則有著一種與之截然相反的必然性。陳亮則認爲三代與漢唐的區別不在於治道的不同，而在於所行天理的純與不純，所去人欲的盡與不盡。程顥、朱子等人的觀點被陳亮概括爲「三代專以天理行，漢唐專以人欲行」、「三代以道治天下，漢唐以智力把持天下」〔註143〕。

　　這就涉及到「王道」與「霸道」分際的問題。朱子和陳亮於此展開了非常激烈的辯論〔註144〕。朱子希望陳亮放棄「義利雙行，王霸並用」的觀念而作一醇儒，他提醒陳亮要留意思考漢高帝、唐太宗的用心：

> 老兄視漢高帝、唐太宗之所爲，而察其心果出於義耶，出於利耶？出於邪耶，出於正耶？若高帝，則私意分數猶未甚熾，然已不可謂之無。太宗之心，則吾恐其無一念之不出於人欲也。直以其能假仁借義以行其私，而當時與之爭者，才能知術既出其下，又不知有仁義之可借，是以彼善於此而得以成其功耳。若以其能建立國家、傳世久遠，便謂其得天理之正，此正是以成敗論是非，但取其獲禽之多而不羞其詭遇之不出於正也。千五百年之間，正坐如此，所以只是架漏牽補，過了時日。其間雖或不無小康，而堯舜、三王、周公、孔子所傳之道，未嘗一日得行於天下之間也〔註145〕。

　　漢唐之治出於私欲，正如詭遇而獲禽。朱子希望陳亮百尺竿頭更進一步，不作三代以下人物，也不要爲漢唐功業作無謂的解釋。陳亮自不能同意漢唐「架漏牽補過了時日」之說，他認爲「高祖、太宗及皇家太祖，蓋天地賴以

〔註142〕《孟子集注・滕文公下》「陳代曰不見諸侯」章：「吾爲之範我馳驅，終日不獲一；爲之詭遇，一朝而獲十。」朱子注曰：「詭遇，不正而與禽遇也。」頁269。

〔註143〕陳亮：《陳亮集》卷二十《甲辰秋答朱元晦書》，中華書局，1974，頁281。

〔註144〕關於這一部論題的論述當前已有非常成熟的研究，主要有鄧廣銘《陳龍川傳》第十七章《王霸義利之辨》和《宋史十講》第九講附二《朱陳論辯中陳亮王霸義利觀的確解》（此文最初發表於《北京大學學報》1990年第2期）、劉述先《朱子哲學思想的發展與完成》第七章《朱子與現實政治以及功利態度之對立》、束景南《朱子大傳》第十四章《全方位的文化論戰》等。因此，本文不再詳細討論朱子與陳亮的王霸義利之辨，只就朱子與陳亮的往來書劄而撮其大要，陳其要旨，以呈現二人對三代與漢唐的不同認識。

〔註145〕《晦庵集》卷三六《答陳同甫》（夏中朱同人歸），《朱子全書》第21冊，頁1583。

常運而不息，人紀賴以接續而不墜；而謂道之存亡非人之所能預，則過矣。漢、唐之賢君果無一毫氣力，則所謂卓然不泯滅者，果何物邪？」〔註146〕朱子認為陳亮「推尊漢唐，以為與三代不異；貶抑三代，以為與漢唐不殊」的觀念非常荒謬，朱子進而批駁道：

> 夫人只是這箇人，道只是這箇道，豈有三代、漢唐之別，但以
> 儒者之學不傳，而堯、舜、禹、湯、文、武以來轉相授受之心不明
> 於天下，故漢唐之君雖或不能無暗合之時，而其全體卻只在利欲上。
> 此其所以堯、舜、三代自堯、舜、三代，漢祖、唐宗自漢祖、唐宗，
> 終不能合而為一也。今若必欲撤去限隔，無古無今，則莫若深考堯、
> 舜相傳之心法，湯、武反之之工夫，以為準則而求諸身；卻就漢祖、
> 唐宗心術微處痛加繩削，取其偶合而察其所自來，黜其悖戾而究其
> 所從起，庶幾天地之常經、古今之通義有以得之於我；不當坐談既
> 往之跡，追飾已然之非，便指其偶同者以為全體，而謂其真不異於
> 古之聖賢也〔註147〕。

朱子談到，就像漢祖、唐宗不能與堯、舜相提並論一樣，漢、唐自不能跟三代等量齊觀，若就其始終而論，漢唐合於義理者常少、常小。後人常因根本工夫有所欠缺，故而不知其非而以為無害於理，其末流之弊不免「使義利之別不明，舜跖之塗不判，眩流俗之觀聽，壞學者之心術」〔註148〕，儒者所當追求的是「正其誼而不謀其利，明其道而不計其功」（董仲舒語）。面對朱子的回信，陳亮說：

> 某大概以為三代做得盡者也，漢、唐做不到盡者也，故曰：「心之
> 用有不盡而無常泯，法之文有不備而無常廢。」惟其做得盡，故當其
> 盛時，三光全而寒暑平，無一物之不得其生，無一人之不遂其性。惟
> 其做不到盡，故雖其盛時，三光明矣而不保其常全，寒暑運矣而不保
> 其常平，物得其生而亦有時而夭閼者，人遂其性亦有時而乖戾者。本
> 末感應，只是一理。使其田地根本無有是處，安得有來諭之所謂小康
> 者乎？只曰「獲禽之多」，而不曰「隨種而收」，恐未免於偏矣〔註149〕。

〔註146〕 《陳亮集》卷二十《乙巳春答與朱元晦秘書》之一，頁286～287。
〔註147〕 《晦庵集》卷三六《答陳同甫》（來教累紙），《朱子全書》第21冊，頁1588～1589。
〔註148〕 《晦庵集》卷三六《答陳同甫》（來教累紙），《朱子全書》第21冊，頁1590。
〔註149〕 《陳亮集》卷二十《乙巳春答與朱元晦秘書》之二，頁289。

陳亮其實是說，漢唐與三代只是做得「盡」與「不盡」的問題，而非性質上的根本差異。朱子對陳亮的這番陳述並不能認同：

> 區區鄙見，常竊以為亙古亙今只是一體，順之者成，逆之者敗，固非古之聖賢所能獨然，而後世之所謂英雄豪傑者，亦未有能舍此理而得有所建立成就者也。但古之聖賢，從本根上便有惟精惟一功夫，所以能執其中，徹頭徹尾無不盡善。後來所謂英雄，則未嘗有此工夫，但在利欲場中頭出頭沒，其資美者乃能有所暗合，而隨其分數之多少以有所立。然其或中或否，不能盡善則一而已。來喻所謂「三代做得盡，漢唐做得不盡」者，正謂此也。然但論其盡與不盡，而不論其所以盡與不盡，卻將聖人事業去就利欲場中比並較量，見有仿佛相似，便謂聖人樣子不過如此，則所謂毫釐之差、千里之繆者，其在此矣〔註150〕。

朱子認為問題不在於漢唐做得「盡與不盡」，而在於「所以盡與不盡」，這纔是這場爭論最為關鍵的所在，於此正可見出朱子是從目的而論漢唐不如三代之「過」，而陳亮則是以結果而肯定漢唐類似三代之「功」，這也無怪乎這樣的爭論最後會不了了之。朱子於此已經表達出不想再爭論下去的意願，希望陳亮「姑捨是事」，但陳亮對此不甘心，他再次回信申述自己的觀點：

> 亮大意以為，本領閎闊，工夫至到，便做得三代；有本領，無工夫，只做得漢、唐。……天地之間，何物非道：赫日當空，處處光明。閉眼之人，開眼即是，豈舉世皆盲，便不可與共此光明乎？眼盲者摸索得著，故謂之暗合，不應二千年之閒有眼皆盲也。亮以為，後世英雄豪傑之尤者，眼光如黑漆，有時閉眼胡做，遂為聖門之罪人；及其開眼運用，無往而非赫日之光明，天地賴以撐拄，人物賴以生育。今指其閉眼胡做時便以為盲，無一分眼光；指其開眼運用時只以為偶合，其實不離於盲。嗟乎，冤哉！彼直閉眼耳，眼光未嘗不如黑漆也。一念足以周天下者，豈非其眼光固如黑漆乎！天下之盲者能幾？赫日光明，未嘗不與有眼者共之。利欲泊之則閉，心平氣定，雖平平眼光亦會開得。況夫光如黑漆者，開則其正也，閉則霎時浮翳耳。仰首信眉，何處不是光明！使孔子在時，必持出

〔註150〕《晦庵集》卷三六《答陳同甫》（示諭縷縷），《朱子全書》第 21 冊，頁 1590。

其光明，以附於長長開眼者之後，則其利欲一時涴世界者，如浮翳盡洗而去之，天地清明，赫日長在，不亦恢廓瀟落，閎大而端正乎！今不欲天地清明，赫日長在，只是這些子殄滅不得者，便以爲古今秘寶，因吾眼之偶開，便以爲得不傳之絕學。三三兩兩，附耳而語，有同告密；畫界而立，一似結壇。盡絕一世之人於門外，而謂二千年之君子皆盲眼不可點洗，二千年之天地日月若有若無，世界皆是利欲，斯道之不絕者，僅如縷耳。此英雄豪傑所以自絕於門外，以爲立功建業，別是法門，這些好說話，且與留著妝景足矣。若知開眼只是箇中人，安得撰到此地位乎〔註151〕。

　　陳亮在這封回信中的語氣沉痛又堅定，正是其「寧鳴而死，不默而生」的個性使然。他並沒有因爲朱子苦口婆心的勸慰而稍稍改變其立場，也沒有回應朱子在上一封信中「所以盡與不盡」的問題。這或許是有意的忽略，陳亮這樣急切地表達自己的觀點，以致於並沒有真正地關切到兩個人真正交鋒的內容在於何處。職是之故，朱子屢屢抓住其要害，而陳亮因其立論的疏忽而疲於應付，往往招架不住，而有即將敗下陣來的架勢。同時，朱子也再次確信他與陳亮的論辯不會有結果，便不再與之爭論，就致信陳亮，以極短的文字結束了這場論爭，他提醒陳亮「但當窮理修身，學取聖賢事業，使窮而有以獨善其身，達而有以兼善天下，則庶幾不枉爲一世人耳」〔註152〕。陳傅良從旁觀者的角度評價雙方的爭論說：

　　　　功到成處，便是有德；事到濟處，便是有理，此老兄（陳亮）之說也。如此，則三代聖賢枉作工夫。功有適成，何必有德；事有偶濟，何必有理，此朱丈之說也。如此，則漢祖、唐宗賢於盜賊不遠。以三代聖賢枉作工夫，則是人力可以獨運；以漢祖、唐宗賢於盜賊不遠，則是天命可以苟得。謂人力可以獨運，其弊上無兢畏之君；謂天命可以苟得，其弊下有覬覦之臣。二君子立論，不免於爲驕君亂臣之地，竊所未安也之說也〔註153〕。

　　儘管陳傅良實際上與陳亮的學說有著不少相通之處，但他依舊試圖站在公允的立場對朱、陳二人進行客觀評價，在他看來，朱、陳各有偏頗且都遺

〔註151〕《陳亮集》卷二十《又乙巳秋書》（春夏之交），頁292～293。
〔註152〕《晦庵集》卷三六《答陳同甫》（誨諭縷縷甚荷不鄙），《朱子全書》第21冊，頁1593。
〔註153〕陳傅良：《止齋集》卷三六《答陳同甫三》，《四庫全書》第1150冊，頁782。

患無窮，因此立論不可不慎。在這場論爭中，朱子主張通過人性的復歸來拯救衰世，這種主張是道德主義的，他視人的社會行爲純粹地依賴於內在的價值觀；陳亮則主張通過人的主體性發揚來積極用世，這種主張是功利主義的，他把人的社會行爲視爲源於實際功利的外在追求。這兩種觀點在現實的遭遇都比較殘酷，朝野上下不會有人規規聽命於朱、陳爲他們設計的文化模式，相反他們都在極大地發展著這兩種單維文化觀念所產生的流弊，於是，家家談王說霸的潮流孕育了一批急功近利、好大喜功的冒進之人；談性說命的風氣也造就出大量「無事袖手談心性，臨危一死謝君王」的空頭儒生（顏元語）〔註154〕。

　　朱子在這場論辯中始終處於主導的優勢地位，雖然最後沒有論出勝負結果，但這無疑會使他對三代聖王之治充滿堅定的期待與嚮往。在與陳亮的論辯中，朱子的一句話值得關注：

> 惟聖盡倫，惟王盡制，固非常人所及。然立心之本，當以盡者爲法，而不當以不盡者爲準。故曰：「不以舜之所以事堯事君，不敬其君者也；不以堯之所以治民治民，賊其民者也。」……欺人者人亦欺之，罔人者人亦罔之，此漢唐之治所以雖極其盛，而人不心服，終不能無愧於三代之盛時也〔註155〕。

　　「惟聖盡倫，惟王盡制」，這就意味著若要追跡三代，必須是兼有「內聖」與「外王」的聖人纔能實現這一宏大的目標。儒學從韓愈以來就開始走向復興之路，到了朱子的時代已有三百餘年的積累，儒學逐漸吸收了佛老的精華，發展出了其獨具特色的道德性命之學，激揚起了追跡三代的偉大理想。王安石新法的失敗已經再次證明，追跡三代的理想唯有眞正的聖人纔能完成。那麼，何爲聖人，誰是聖人，如何成爲聖人等等一系列問題就會隨之而產生，下章將詳論之。

〔註154〕束景南：《朱子大傳》，福州：福建人民出版社，1992，頁576～578。
〔註155〕《晦庵集》卷三六《答陳同甫》〔來教累紙〕，《朱子全書》第21冊，頁1588。

第二章　徵　聖
——從「周孔」到「孔孟」的演變

第一節　早期聖人觀念的發展與轉型

一、「聖」字的形義演變考釋

　　李孝定、徐中舒等學者分析了甲骨文和金文不同時期的字形，認爲「聽」、「聲」、「聖」本爲一字，即从口、从耳的「耴」字〔註1〕。古代典籍中「聖」、「聽」、「聲」三字通用的情況比較常見，如《春秋公羊傳・文公十七年》「葬我小君聖姜」，陸德明《經典釋文》說「聖姜，二傳作聲姜」；《白虎通義・聖人》「聖，聲也」，段玉裁也說「聲、聖字古相叚借」〔註2〕，此「聖」、「聲」

〔註1〕 趙誠分析「𠮩」、「耴」說：「从口有所言，从耳有所聞，表示聽聞之義，即聽字之古文。……甲骨文作爲一般動詞，從後代的詞義觀念來看，有兩種意義：一，表示聽聞之義，近似於現代所說的聽見了甚麼，如「𢀕」（方亡耴——方國未曾聽說。……）二，表示聽治之義，是說在上的君主傾聽各種以處理政事，即後代所說的聽治，如「口𡈼𠂤𡆷」（丁卯卜，王耴隹出𡆷——商王聽治有患害……）從卜辭時代的詞義觀念來看，聽聞和聽治都是有所聽，對於消息、情況，就是聽聞；對於因聽取情況做出判斷以處理政事，就是聽治。」見於趙誠：《甲骨文簡明詞典——卜辭分類讀本》，北京：中華書局，2009 年第 2 版，頁 361。
〔註2〕 段玉裁：《説文解字注》耳部，上海：上海古籍出版社，1988 年第 2 版，頁 592。

相通之例;《尚書・無逸》「此厥不聽」,漢石經作「不聖」,此「聖」、「聽」相通之例。

　　就「聖」的字形演變來看,甲骨文（𦔮、𦔵）、金文（𦕃、𦕅、𦕇）一脈相承,字形結構基本相同（都可隸定爲耵）,其後「耳」下的結構逐漸由「𠂆」（如𦕅、𦕇等）演化「𠆢」（如𦕌、𦕍等）,進而演化爲「𡈼」（如𦕎、𦕏等）。唐蘭認爲,凡是人形常作「𠆢」或「𡈼」,都是象人站在地上之形,「𠆢」、「𡈼」都隸定爲「𡈼」〔註3〕。反過來也可以說,從「𠆢」、「𡈼」實爲從「𠂆」之字畫演變〔註4〕。「聖」這樣的字形即爲《說文》篆字「聖」之所本。許愼說「聖」字「從耳,呈聲」顯然是字形分析錯誤（唐蘭認爲當從口、𦔮〔註5〕,而「𦔮」則是以耳著於人首部強調耳之功用〔註6〕）。

　　從字義的發展與演化看,「耵」作爲會意字,其義分化至爲明顯:口有所言或鼓磬之音爲耳得之則爲「聲」,其得聲之動作則爲「聽」,聽覺之敏銳則爲「聖」。王筠認爲,耳部次第,至爲明瞭:自「耴」至「聊」皆耳之質,自「聖」至「聘」皆耳之用〔註7〕。恰好「聖」、「聽」、「聲」三字都在「耳之用」的區間。「聖」作爲形聲字,從「耵」,「𡈼」聲,僅於「耵」之初文附以聲符,既言其聽覺功能之精通,又謂其效果之明確,故其引申義訓通、訓明、訓賢,乃至以精通爲「聖」〔註8〕。趙誠認爲,「聖」在甲骨文中爲動詞,其義與「聞」（聽）相近,「聖」的本義乃是「聽聞」,後來纔發展出「聞聲知情的聖者」這個名詞義,這是因爲古人以爲聖者聞聲知情,通於天地,調暢萬物,所以用有所聽聞來表示〔註9〕。

　　「聖」與「聽」、「聲」的字義產生分化之後,其字義愈發轉精,然而亦有以上大致明晰的線索可尋。在含納「聽」、「聲」兩個早期原始字義的基礎上,「聖」的字義包含了聽的動作與聽的內容,將聽到的內容進行合理判斷與

〔註3〕　唐蘭:《古文字學導論》（增訂本）,濟南:齊魯書社,1981,頁237~238。

〔註4〕　周法高主編:《金文詁林》第1506字,香港:香港中文大學出版社,1975,頁6580。

〔註5〕　《古文字學導論》（增訂本）,頁238。

〔註6〕　徐中舒主編:《甲骨文字典》,成都:四川辭書出版社,2006,頁1287。

〔註7〕　王筠:《說文例釋》卷十九,北京:中華書局,1987,頁463~464。

〔註8〕　《甲骨文字集釋》卷九「庭」字、卷十二「聖」字,頁2945~2952,頁3519。徐中舒主編《甲骨文字典》,頁1287。

〔註9〕　《甲骨文簡明詞典——卜辭分類讀本》,頁361。

分析，使得外在事物與內在理性之間發生關聯，進而得出新知，這便自然演化出「聞聲知情」、「通達物理」之義〔註10〕，《說文》「聖，通也」的釋義當從聞聲知情演繹而來〔註11〕。能聞聲知情、通達物理者，自有聰明睿智，這即「聖」的「叡（睿）」義之由來，如《說文》：「叡，深明也，通也」〔註12〕。

二、春秋戰國時期聖人觀念的發展

　　朱駿聲《說文通訓定聲》說：「春秋以前所謂聖人者，通人也。……戰國以後所謂聖人，則尊崇之虛名也。」〔註13〕這段非常有識見的文字，正自說明春秋戰國時期是「聖人」觀念不斷豐富的關鍵時期。

　　商代末期至東周早期（甚至春秋早期）並未出現後世的聖人之義〔註14〕。儘管《詩》、《左傳》、《國語》等儒家典籍頻繁地出現「聖人」字眼，但這些所謂的「聖人」多是聰明人的意思，本無崇高玄虛之義，古人對於「聖」的理解沒有超乎尋常之處，「聖人」就像「哲人」一樣，往往與「愚人」相對舉（如《詩經・小雅・桑柔》：「維此聖人，瞻言百里。維彼愚人，復狂以喜」；又如《詩經・大雅・抑》：「其維哲人，告之話言，順德之行。其維愚人，復謂我僭」）。子夏在衛國見讀史志者云：「晉師伐秦，三豕渡河。」子夏曰：「非也，己亥耳。」問諸晉史，果然是己亥。衛人於是「以子夏爲聖」（《孔子家語・七十二弟子解》）。子夏不過是判別出史書的書寫錯誤，就被衛國視爲「聖人」，不知精於考據之學的清人會對此做何感想。後世儒家的聖人觀念伴隨著大一統願望而產生。東周以來的王綱解紐、禮崩樂壞加劇了諸侯間的兼併戰爭。被戰爭裏挾的民眾迫切希望有位偉大人物把諸侯間的兼併戰轉化爲天下

〔註10〕　如《尚書・洪範》「睿作聖」僞孔安國傳「於事無不通謂之聖」，《左傳・文公十八年》「齊聖廣淵」孔穎達疏「聖者，通也，博達眾務，庶事盡通也」，《禮記・鄉飲酒義》「仁義接，賓主有事，俎豆有數，曰聖」鄭玄注「聖者，通也，所以通賓主之義也」，《禮記・樂記》「作者之謂聖」孔穎達疏「聖者，通達物理」，諸如此類，不勝枚舉。

〔註11〕　顧頡剛：〈「聖」、「賢」觀念和字義的演變〉，收於《中國哲學》第1輯，北京：生活・讀書・新知三聯書店，1979，頁82。

〔註12〕　如《尚書・多方》「惟聖罔念作狂」孔穎達疏「聖者，通智之名」，《毛詩・邶風・凱風》「母氏聖善」毛傳「聖，叡也」，《大戴禮記・四代》「聖，知之華也」，《易・説卦》「昔者聖人之作易也」孔穎達疏「聰明叡知謂之聖人」，皆此類，亦不勝枚舉。

〔註13〕　朱駿聲：《說文通訓定聲》卷十七之耳部，北京：中華書局，1984，頁880。

〔註14〕　《甲骨文簡明詞典——卜辭分類讀本》，頁361。

大一統，開創歷史新局面。在當時人們心中，這位偉大人物就是聖人〔註15〕。

孔子對儒家聖人觀念的豐富內涵具有開創性意義。在孔子看來，成為聖人必須具備兩個條件：修己以具備崇高的德行，博施濟眾以安定百姓，「內聖」與「外王」相為表裏：「聖人至德」，其「南面而立，而天下大治。」（《禮記‧禮器》）魯哀公曾問孔子：「敢問何如可謂聖人矣？」孔子對曰：

> 所謂聖人者，知通乎大道，應變而不窮，能測萬物之情性者也。
> 大道者，所以變化而凝成萬物者也。情性也者，所以理然不然取舍
> 者也。故其事大，配乎天地，參乎日月，雜於雲蜺，總要萬物，穆
> 穆純純。其莫之能循，若天之司；莫之能職，百姓淡然不知其善。
> 若此，則可謂聖人矣。（《大戴禮記‧哀公問五義》）

孟子繼承和發展了孔子的「內聖外王」觀念（尤其是崇高的德行和大一統觀念），他在此基礎上提出了平凡人優遊聖域的途徑，這對後世影響極為深遠。在一定意義上可以說，後世儒家學者對聖人的討論就是在孔孟範疇之下進行的。

荀子和孟子的學說取徑不同，但都認為普通人可以成為聖人，而且也應當成為聖人。孟子說「聖人與我同類」，人生而具有仁、義、禮、智「四端」，只要充分發展這四端，就可以成為聖人。荀子說「學惡乎始？惡乎終？曰：其數則始乎誦經，終乎讀禮；其義則始乎為士，終乎為聖人」（《荀子‧勸學》），又說「塗之人可以為禹」（《荀子‧性惡》）。荀子認為，人生而具有實際的惡端，還有求利求樂的欲望，但由於人的智慧可使人向善，皆可以知仁、義、法、正之質，故而可以成為禹那樣的聖人〔註16〕。孟子和荀子恰好各自側重了程朱道學所特別強調的「仁」與「智」兩方面。荀子的「性惡論」雖被朱子嚴厲批判，但荀子對「智」的認同實際上也十分明顯地存在於朱子的學說當中。

儘管其他學派對聖人的理解不盡相同，但由於他們面對著共同的時代大背景和相似的社會問題，各家的聖人觀念也與儒家具有高度的相似性：德性高尚，有能力結束兼併戰爭，開創大一統的從古未有之局面。這是春秋戰國各家對聖人的一致期望〔註17〕。

〔註15〕 《「聖」、「賢」觀念和字義的演變》，頁82～86。
〔註16〕 馮友蘭：《中國哲學簡史》，《三松堂全集》第6冊，鄭州：河南人民出版社，2001，頁129。
〔註17〕 《「聖」、「賢」觀念和字義的演變》，頁87～90。

墨家認為，聖人「將為世除害，興師誅罰」（《墨子・非儒下》），「聖人以治天下為事者也，必知亂之所自起」（《墨子・兼愛上》），故其德總乎天地，若天之高，若地之普，若山之固，若日之光，若月之明，與天地同常。王公大人若欲王天下、正諸侯，必然要依靠德義〔註 18〕，有德義，則不必「挾威震彊」也能實現這一目標，否則必驅民於死而功業不成〔註 19〕。因而，墨家的聖人兼有德性與事功，但更強調其治國的智慧層面。

政治上主張「小國寡民」的道家學派雖然主張「絕聖棄智」、「絕仁棄義」，倡言「聖人不死，大盜不止」，但這並不妨礙他們提出自己獨特的聖人觀：「以天為宗，以德為本，以道為門，兆於變化，謂之聖人」（《莊子・天下篇》）。這樣的聖人「乘天地之正，而御六氣之變」，通過對「道」的體認實現「無為而無不為」。他們往往以消解問題的方式來解決問題〔註 20〕，道家聖人努力構建的理想社會消弭了戰爭，掙脫了束縛，甘其食，美其服，安其居，樂其俗，自然而然，民至老死不相往來。顧頡剛認為，這其實也是一種統一，不過不是後世政治上的大一統，而是從相反的方面來實現的原始社會形態上的統一〔註 21〕。

韓非作為法家的集大成者，其聖人觀念很具代表性。韓非認為，「聖人者，審於是非之實，察於治亂之情也。故其治國也，正明法，陳嚴刑，將以救群生之亂，去天下之禍，使強不陵弱，眾不暴寡，耆老得遂，幼孤得長，邊境不侵，君臣相親，父子相保，而無死亡係虜之患。此亦功之至厚者也。」（《韓非子・姦劫弒臣》）「聖人之於萬事也，盡如慈母之為弱子慮也」（《韓非子・解老》），這是法家同於儒、墨、道諸家的地方。韓非學於荀子，而其學術氣質更近道家，其聖人觀念與儒、道兩家有相通之處自是必然之事。不過，法家的聖人要實現其興利除害之目的，其途徑自不同於他家。韓非認為「能象天地，是謂聖人」（《韓非子・揚權》），天地高厚而無私，因而「聖人之治國也，賞不加於無功，而誅必行於有罪」（《韓非子・姦劫弒臣》）。這首先要依賴法的威嚴（聖人做法也正是為了「平不夷，矯不直」），而非儒家倡言的「仁

〔註 18〕 墨家對德義的理解較儒家為靈活，如《墨子・非儒下》，墨家批評儒家「君子勝不逐奔，揜函弗射，施則助之胥車」的觀念和做法會帶來更為深重的災難：「暴亂之人得活，天下害不除，是為群殘父母而深賤世也，不義莫大焉。」
〔註 19〕 綜合《墨子》的《尚賢中》、《兼愛下》等篇。
〔註 20〕 《中國哲學簡史》，《三松堂全集》第 6 冊，頁 103。
〔註 21〕 《「聖」「賢」觀念和字義的演變》，頁 89。

義惠愛」：「世之學術者說人主，不曰乘威嚴之勢以困姦邪之臣，而皆曰仁義惠愛而已矣。世主美仁義之名而不察其實，是以大者國亡身死，小者地削主卑……夫嚴刑者，民之所畏也；重罰者，民之所惡也。故聖人陳其所畏以禁其邪，設其所惡以防其姦，是以國安而暴亂不起。吾以是明仁義愛惠之不足用，而嚴刑重罰之可以治國也。」（《韓非子・姦劫弒臣》）

綜合各家情況來看，春秋戰國時期的聖人觀念雖具一定相似之處，但這個相似之處多體現在其目的的一致性方面。至於誰是聖人、聖人具有怎樣的特質、怎樣纔能成為聖人、聖人應憑藉怎樣的治術實現其目標、聖人的道與術如何傳遞等問題，各家均有不同的見解。

三、秦漢以後儒家聖人觀念的扭曲與調整

當大一統的目標在秦漢實現之後，集中的皇權得以建立，儒家的聖人觀念雖對先秦的探索有所繼承〔註 22〕，但並未取得新進展，反而因與皇權的貼近及對緯書的熱衷出現了嚴重的偏離。這種偏離一方面固然要歸因於儒生對皇權的諛頌，另一方面更要歸因於儒家聖人觀念在出現伊始就一直伴存的神秘因素〔註 23〕。將各種古今聖人進行脫離常情的神聖化、神秘化的風習〔註 24〕，在讖緯之書登峰造極，成為諂媚皇權、愚弄百姓、自欺欺人的把戲，其目的無非是彰顯皇權的天命攸在。

西漢哀、平之際，緯學大盛。孔子在緯書中是一位無所不通的神聖，有如《舊約》（*The Old Testament*）中摩西（Moses）、撒母耳（Samual）等具有神秘色彩的宗教先知。在這些記載中，孔子之母顏徵在因感黑龍（或黑帝）之精而生孔子，故稱孔子為玄聖。孔子神奇的身世使他具有超凡的異表：「孔子反宇，

〔註 22〕 如《論衡・宣漢篇》說「能致太平者，聖人也」，《春秋繁露・威德所生篇》說「行天德者，謂之聖人」，這是對先秦「內聖外王」之傳統的繼承。

〔註 23〕 關於孔子的不合常情之事在各類重要典籍中頗為多見，如《左傳・哀公三年》所記孔子斷言魯僖公、魯桓公廟火事，《國語・魯語下》所記季桓子穿井得羵羊事，《史記・孔子世家》所記孔子在陳斷言肅慎之矢事等。由於神秘因素的介入，這類事件顯然不是出於感情的因素而對孔子形象的維護。

〔註 24〕 如《白虎通義・聖人》：「聖者，通也，道也，聲也。道無所不通，明無所不照，聞聲知情，與天地合德，日月合明，四時合序，鬼神合吉凶」；又如《論衡・實知篇》：「夫無所師友，明達六藝，本不學書，得文能讀，此聖人也」。如果說前者吸收了《易・乾・文言》對「大人」的頌贊，仍是在儒家範圍之內，那麼後者顯然已經出離理性。

是謂尼丘，德澤所應，藏元通流」（《白虎通義・聖人》引《禮含文嘉》），「孔子長十尺，大九圍，坐如蹲龍，立如牽牛，就之如昂，望之如斗」（《太平御覽》卷三七七引《春秋演孔圖》）。魯哀公十四年（公元前 481 年），西狩獲麟。麟是舊王朝的災異，也是新王朝的符瑞。麟的出現意味著周的天命已改，不久當有新王繼天受命。孔子德才兼備，完全具有成爲帝王的可能，可是按照五德終始的觀念，孔子爲玄帝之後，屬水德，而周屬木德，所以孔子不能代周而王，只能將「玄聖素王之道」（《莊子・天道篇》）爲後世制憲立法，而漢代以火德正當其時。這樣，孔子的使命就是「顯天心」，後人爲此將孔子視爲「爲漢帝制法」的素王（《春秋公羊傳》隱公第一題疏引《春秋緯》）。西狩獲麟使孔子受到啓示，孔子作《春秋》和《孝經》爲漢立法：「欲觀我襃貶諸侯之志，在《春秋》；崇人倫之行，在《孝經》。」這就意味著，孔子在《春秋》寄託了微言大義，「一字之襃，榮於華袞；一字之貶，嚴於斧鉞」；在《孝經》中樹立了倫理道德的典範，所以漢代把孝作爲大經大法，以孝治天下。此外，孔門弟子也跟孔子一樣具有不平凡的神奇出身和超凡能力〔註25〕。這樣的孔子形象顯然已經遠遠違背了「子不語怪、力、亂、神」的理性傳統。

漢代之後，隨著社會文化的深度變革和急劇轉型，儒家的聖人觀念逐漸捨棄了緯書的怪誕因素，復歸於理性傳統。然而，佛教、道教逐漸壯大之後，儒家「六合之外，存而不論」的傳統反倒顯得迂闊不周。魏晉之際，天下大亂，南北分裂，經學進入中衰與分立的時代。在儒家學術的沉隱之際，佛教和道教正方興未艾。何晏、王弼等玄學健將對儒家典籍的研究不可避免地帶有很深的玄學氣象〔註26〕。何晏在《論語集解》中對孔子形象的詮釋尤其值得我們注意。在何晏看來，聖人的人格要從本體和現象兩個方面來看，但本體比現象要重要，孔子的人格被拔高到半人半神的程度，但這又與他試圖將孔子解釋得平易得像常人的形象相矛盾。何晏不像漢人那樣具有神學論目的，孔子成爲聖人，並非天生就「與天地合其德」，而是一個逐漸從現象上升

〔註25〕 鍾肇鵬：《讖緯論略》，瀋陽：遼寧教育出版社，1991，頁 99～115。

〔註26〕 如《論語・述而》「志於道，據於德，依於仁，游於藝」章，何晏集解曰「道不可體，故志之而已」，邢昺正義並沒突破這個解釋，而是以王弼的學說將其進一步明晰了：「道者，虛通無擁，自然之謂也。王弼曰『道者，無之稱也。無不通也，無不由也，況之曰道，寂然無體，不可爲象，是道不可體，故但志慕而已。』」《十三經注疏》，頁 2481。類似的情形在《周易》、《論語》的注解中很多見。

到本體的過程。在這個過程中，孔子有時甚至不能體道，以至於在五十知天命之後還要學《易》以求無過〔註27〕。

儒學之中融入的玄學因素雖改變了儒家原有學說的純粹性（如何晏試圖將道家的自然之道和儒家內聖外王之道結合在一起進行闡釋），但這在很大程度上卻掃蕩了漢儒以陰陽五行、讖緯迷信樹立聖人形象的風氣，加強了儒家學說的思辨性。無可置疑的是，這為宋儒重塑孔子形象樹立了很好的示範。

第二節　朱子聖人觀念面面觀

一、朱子對「聖人」概念的界定

朱子對「聖人」觀念的論述並未超出固有的「內聖外王」的整體趨向，同時他又以《四書章句集注》為基礎對「聖人」的內涵做了重新界定。

朱子對「聖」字的古義「睿」、「聰」有所留意。在他看來，聖人明睿所照，耳順心通。這是朱子對春秋戰國之前「聖人」觀念的關注：

> 胡問：「（顏）回『聞一知十』，是『明睿所照』，若孔子則如何？」
> 曰：「孔子又在明睿上去，耳順心通，無所限際。古者論聖人，都說聰明，如堯『聰明文思』，『惟天生聰明時乂』，『亶聰明作元后』，『聰明睿知足以有臨也』。聖人直是聰明！」〔註28〕

這不是朱子解讀「聖人」的核心要義，他對聖人的理解主要有兩個方面：

第一，聖人才德出眾，至誠無息，兼具「仁」與「智」，孔子是其典型代表。這種觀念始於《孟子》：

> 昔者子貢問於孔子曰：「夫子聖矣乎？」孔子曰：「聖則吾不能，我學不厭而教不倦也。」子貢曰：「學不厭，智也；教不倦，仁也。仁且智，夫子既聖矣！」（《孟子‧公孫丑上》）

朱子注釋這段文字說：「學不厭者，智之所以自明；教不倦者，仁之所以及物。」〔註29〕學可以啟智自明，是成己；教可以積仁及物，是成物，正如《中庸》說「誠者非自成己而已也，所以成物也。成己，仁也；成物，知也。」這樣的聖人首先成就了自己的德性，這是在「內聖」層面是對自

〔註27〕　余敦康：《魏晉玄學史》，北京：北京大學出版社，2016年第2版，頁96～104。
〔註28〕　《朱子語類》卷二八《論語十‧公冶長上》「子謂子貢曰」章，頁721。
〔註29〕　《孟子集注‧公孫丑上》「公孫丑問曰夫子加齊之卿相」章，頁1468。

我的完成；然後，聖人將這種德性推而及於天地萬物，親親而仁民，仁民而愛物，這是在「外王」層面對天地萬物的擔當。因此，成己和成物是聖人的一體兩面。

「智」並不僅是理智、智慧，更是對道德的覺解。在「仁且智」這兩個維度之中，「仁」是「心德之全而人道之備」〔註30〕，而「智」在成德之始具有無比重要的作用，因為惟有明於其始，才能成於其終。所以，孟子說「智，譬則巧也；聖，譬則力也。由射於百步之外也，其至，爾力也；其中，非爾力也。」（《孟子‧萬章下》）若以射箭為喻，「智」於此意味著方向的準確性，若要射中目標就不能出現任何方向性的偏差，而「聖」於此象徵的是實現目標的修為，但若方向出了問題，雖失之毫釐，卻會謬以千里，所以朱子注解此段說：

> 此復以射之巧力發明智、聖二字之義。見孔子巧力俱全，而聖智兼備，三子則力有餘而巧不足，是以一節雖至於聖，而智不足以及乎時中也。此章言三子之行各極其一偏；孔子之道兼全於眾理。所以偏者，由其蔽於始，是以缺於終；所以全者，由其知之至，是以行之盡〔註31〕。

孟子和朱子都特別看重「智」的因素，朱子甚至贊同成聖的緊要工夫全在「智」上：

> 又問：「『始條理者智之事，終條理者聖之事。』工夫緊要處，全在「智」字上。三子所以各極於一偏，緣他合下少卻致知工夫，看得道理有偏，故其終之成也亦各至於一偏之極。孔子合下盡得致知工夫，看得道理周遍精切，無所不盡，故其德之成也亦兼該畢備，而無一德一行之或闕。……使其合下工夫不倚於一偏，安知不如孔子也？」曰：「然。更子細看。」〔註32〕

> 問：「『集大成』章，以智比聖，智固未可以言聖。然孟子以智譬巧，以聖譬力，力既不及於巧，則是聖必由於智也，明矣。……其（程頤）意若曰，夫子所以能集三子而大成者，由其始焉知之之深也。蓋知之至，行之必至。三子之智，始焉知之未盡，故其後行

〔註30〕　《論語集注‧述而》「若聖與仁」章，頁101。
〔註31〕　《孟子集注‧萬章下》「伯夷目不視惡色」章，頁321。
〔註32〕　《朱子語類》卷五八《孟子八‧萬章下》「伯夷目不視惡色」章，頁1366～1367。

之雖各極其至，終未免各失於一偏。非終條理者未到，以其始條理
者已差之矣。不知伊川之意是如此否？」曰：「甚好。……非孟子知
德之奧，焉能語此！」〔註33〕

「智」在成聖之始所具有的重要性於此可見。「學不厭」傾向於智性，「教
不倦」傾向於德性，因此，朱子觀念中的聖人是「學」與「德」的並重，這
正是「尊德性而道問學」並重。實際上，朱子的聖人觀念以及整個哲學體系
即是從這個基本點得以充分展開的。因此，這段話看似簡短，實則對朱子整
個學術體系而言至關重要，朱子「仁」、「智」並重的治學思路，正自與陸九
淵、王陽明一派呈現出鮮明的學術特色。

第二，聖人是「人倫之至」（《孟子・離婁上》），舜是其典型代表。「人倫」
是指「父子有親，君臣有義，夫婦有別，長幼有序，朋友有信」（《孟子・滕
文公上》），聖人理想的治世是通過教化，使得「人倫明於上，小民親於下」（《孟
子・梁惠王上》）：

人之有道，言其皆有秉彝之性也〔註34〕。

規矩是方圓之極，聖人是人倫之極。蓋規矩便盡得方圓，聖人
便盡得人倫。故物之方圓者有未盡處，以規矩爲之便見；於人倫有
未盡處，以聖人觀之便見。惟聖人都盡，無一毫之不盡，故爲人倫
之至〔註35〕。

聖人正是在人倫方面做得毫無虧欠的偉大人格。孔子特別反對「欲潔其
身而亂大倫」，「出仕」正是爲了「行義」（《論語・微子》），所以他在道不可
行的大環境之下依舊尋找行道的機會，這也正是爲了盡其人之大倫，正如朱
子所說：

仕所以行君臣之義，故雖知道之不行而不可廢。然謂之義，則
事之可否，身之去就，亦自有不可茍者。是以雖不潔身以亂倫，亦
非忘義以殉祿也〔註36〕。

聖人在人倫關係中所表現出的淑世情懷是其「外王」層面的表現。「博濟
眾而廣施於人」是聖者的宏願（《論語・雍也》），伊尹「思天下之民匹夫匹婦

〔註33〕 《朱子語類》卷五八《孟子八・萬章下》「伯夷目不視惡色」章，頁1370。
〔註34〕 《孟子集注・滕文公上》「有爲神農之言許行者」章，頁263。
〔註35〕 《朱子語類》卷五六《孟子六・離婁上》「規矩方圓之至」章，頁1325。
〔註36〕 《論語集注・微子》「子路從而後」章，頁186。

有不與被堯舜之澤者，若己推而內之溝中」（《孟子・萬章上》），也正是聖人「親親而仁民，仁民而愛物」的廣闊心胸（《孟子・盡心上》）。聖人既是先知先覺者，也是以實際的功業救民於水火者，他們正是在這種意義上體現了「仁者，與萬物一」的情懷。這種情懷正是以人倫為起點而漸次展開的。張載《西銘》更將這種倫理關係上升為形而上的天理層面：

> 乾稱父，坤稱母；予茲藐焉，乃混然中處。故天地之塞，吾其體；天地之帥，吾其性。民吾同胞，物吾與也。大君者，吾父母宗子；其大臣，宗子之家相也。尊高年，所以長其長；慈孤弱，所以幼吾幼；聖其合德，賢其秀也。凡天下疲癃殘疾、惸獨鰥寡，皆吾兄弟之顛連而無告者也。于時保之，子之翼也；樂且不憂，純乎孝者也。違曰悖德，害仁曰賊；濟惡者不才，其踐形，唯肖者也。知化則善述其事，窮神則善繼其志。不愧屋漏為無忝，存心養性為匪懈。惡旨酒，崇伯子之顧養；育英才，潁封人之錫類。不弛勞而厎豫，舜其功也；無所逃而待烹，申生其恭也。體其受而歸全者，參乎！勇於從而順令者，伯奇也。富貴福澤，將厚吾之生也；貧賤憂戚，庸玉女於成也。存，吾順事；沒，吾寧也〔註37〕。

張載將天地萬物置於一種家庭化的比喻，把「民胞物與」的儒者情懷闡釋得淋漓盡致，對於天下萬事萬物，儒者都對其肩負著一種倫理意義上的責任，贊天地之化育，使得「天地位焉，萬物育焉」（《中庸》）。因此，朱子認為「修身養性與致君澤民只是一理」〔註38〕，「人之與人，又為同類而相親」〔註39〕。聖人是行仁政而王天下者，贊天地之化育，而與天地並立為三：「王者，謂聖人受命而興也」〔註40〕。他們「推其不忍之心，以行不忍之政」〔註41〕，「樂民之樂而民樂其樂，則樂以天下矣；憂民之憂而民憂其憂，則憂以天下矣。」〔註42〕在這個意義上極盡人倫的「聖人」，也是「內聖」與「外王」的合一。

〔註37〕 張載：《張載集》之《正蒙・乾稱》，北京：中華書局，1978，頁 62～63。
〔註38〕 《朱子語類》卷一三二《本朝六・中興至今日人物下》，頁 3181。
〔註39〕 《孟子集注・梁惠王上》「齊宣王問曰齊桓晉文之事可得聞歟」章，頁 209。
〔註40〕 《論語集注・子路》「如有王者」章，頁 145。
〔註41〕 《孟子集注・梁惠王上》「齊宣王問曰齊桓晉文之事可得聞歟」章，頁 212。
〔註42〕 《孟子集注・梁惠王下》「梁惠王見孟子於雪宮」章注，頁 216～217。

二、聖人的兩種類型：「誠者」與「誠之者」

孔子並未對聖人進行分類，《中庸》始將聖人分爲兩個大類：

> 誠者，天之道也；誠之者，人之道也。誠者不勉而中，不思而得，從容中道，聖人也。誠之者，擇善而固執之者也。(《中庸》傳第二十章)

> 自誠明，謂之性；自明誠，謂之教。誠則明矣，明則誠矣。

(《中庸》傳第二十一章)

朱子注釋這段文字說：

> 誠者，眞實無妄之謂，天理之本然也。誠之者，未能眞實無妄，而欲其眞實無妄之謂，人事之當然也。聖人之德，渾然天理，眞實無妄，不待思勉而從容中道，則亦天之道也。未至於聖，則不能無人欲之私，而其爲德不能皆實。故未能不思而得，則必擇善，然後可以明善；未能不勉而中，則必固執，然後可以誠身，此則所謂人之道也。不思而得，生知也。不勉而中，安行也。擇善，學知以下之事。固執，利行以下之事也〔註43〕。

> 德無不實而明無不照者，聖人之德。所性而有者也，天道也。先明乎善，而後能實其善者，賢人之學。由教而入者也，人道也。誠則無不明矣，明則可以至於誠矣〔註44〕。

「自誠明，謂之性」的「性」便是「性之」〔註45〕，「聖人」自誠明，生知安行，不思而得，不勉而中；「自明誠，謂之教」的「教」是「學之」、「充之」之意〔註46〕，「擇善而固執之者」自明誠，是學知利行之事。這兩型聖人的分別，其本質上乃是先驗與習得之異。

子思的這種劃分對孟子有深刻影響：

> 堯舜，性之也；湯武，身之也；……(《孟子·盡心上》)

> 堯舜，性者也；湯武，反之也。(《孟子·盡心下》)

> 孟子曰：「人之所以異於禽於獸者幾希，庶民去之，君子存之。舜明於庶物，察於人倫，由仁義行，非行仁義也。」(《孟子·離婁下》)

〔註43〕 《中庸章句》第二十章，頁31～32。
〔註44〕 《中庸章句》第二十一章，頁32～33。
〔註45〕 《朱子語類》卷六四《中庸三》第二十一章，頁1566。
〔註46〕 《朱子語類》卷六四《中庸三》第二十一章，頁1566。

朱子注釋這幾段文字說：

> 堯舜天性渾全，不假修習。湯武修身體道，以復其性。……尹
> 氏曰：「性之者，與道一也；身之者，履之也，及其成功則一也。」
> 〔註47〕

> 性者，得全於天，無所汙壞，不假修為，聖之至也。反之者，
> 修為以復其性，而至於聖人也。……呂氏曰：「無意而安行，性者也。
> 有意利行而至於無意，復性者也。堯舜不失其性，湯武善反其性，
> 及其成功則一也。」〔註48〕

> 物理固非度外，而人倫尤切於身，故其知之有詳略之異。在舜
> 則皆生而知之也。由仁義行，非行仁義，則仁義已根於心，而所行
> 皆從此出。非以仁義為美，而後勉強行之，所謂安而行之也。此則
> 聖人之事，不待存之，而無不存矣。尹氏曰：「存之者，君子也；存
> 者，聖人也。君子所存，存天理也。由仁義行，存者能之。」〔註49〕

在這裡，「誠者」、「性之」者、「性者」是天生的聖人，天理對他們而言
是「是自有底」〔註50〕，以堯、舜為代表；「誠之者」、「身之」者、「反之」
者「是從身上做得來」〔註51〕，通過後天的努力完成即凡而聖的過程，以湯、
武為代表。這兩者的區別主要是「性之」是「合下稟得，合下便得來受用」，
「是合下如此」。「反之」是「先失著了，反之而後得」，「身之」是「把來身
上做起，做到那田地」〔註52〕，「將這道理做成這箇渾身，將這渾身做出這道
理」〔註53〕。從根本上說，之所以會存在「誠者」與「誠之者」這兩類聖人，
乃是因為人先天的「稟資略有些子不相似處」〔註54〕。

這種看似沒有歷史與事實依據的劃分，其產生的影響卻非常深遠。這種
劃分使得「聖人」不再成為遙不可及的存在，尤其是湯、武的成聖經歷對普
通人有很大的借鑒意義。朱子在《中庸》、《孟子》的基礎上為普通人成為聖
人找到了最原始的依據，這無疑會激發普通人追跡往聖的熱情：

〔註47〕　《孟子集注·盡心上》「堯舜性之也」章，頁365。
〔註48〕　《孟子集注·盡心下》「堯舜性者也」章，頁381。
〔註49〕　《孟子集注·離婁下》「人之所以異於禽獸者幾稀」章，頁299。
〔註50〕　《朱子語類》卷二五《論語七·八佾》「子謂韶盡美矣」章，頁634。
〔註51〕　《朱子語類》卷二五《論語七·八佾》「子謂韶盡美矣」章，頁634～635。
〔註52〕　《朱子語類》卷六○《孟子十·盡心上》「堯舜性之也」章，頁1448。
〔註53〕　《朱子語類》卷六○《孟子十·盡心上》「堯舜性之也」章，頁1448。
〔註54〕　《朱子語類》卷二五《論語七·八佾》「子謂韶盡美矣」章，頁635。

曹交問曰：「人皆可以爲堯舜，有諸？」孟子曰：「然。」「交聞文王十尺，湯九尺，今交九尺四寸以長，食粟而已，如何則可？」曰：「奚有於是？亦爲之而已矣。……夫人豈以不勝爲患哉？弗爲耳。……堯舜之道，孝弟而已矣。子服堯之服，誦堯之言，行堯之行，是堯而已矣；子服桀之服，誦桀之言，行桀之行，是桀而已矣。」（《孟子・告子下》）

問：「『至誠無息』一章，自是聖人與天爲一處，廣大淵微，學者至此不免有望洋之歎。」曰：「亦不須如此，豈可便道自家終不到那田地！只是分別義理令分明，旋做將去。」〔註55〕

而今緊要且看聖人是如何，常人是如何，自家因甚便不似聖人，因甚便只似常人。就此理會得，自是超凡入聖〔註56〕！

顏子鑽仰前後，只得摸索不著意思。及至盡力以求之，則有所謂卓然矣。見聖人氣象，大概如此。然到此時工夫細密，從前篤學力行底粗工夫，全無所用。蓋當此時只有些子未安樂，但須涵養將去，自然到聖人地位也〔註57〕。

也正是基於這樣的劃分，朱子纔爲普通人成爲聖人找到了一種可能，因爲若聖人都是天生如此，那麼人後天的修爲則沒有意義。顏回說「舜何？人也；予何？人也。有爲者亦若是」（《孟子・滕文公上》引），孟子也有「聖人與我同類」之語（《孟子・告子上》），這兩句話有一個共同的指向，即每個平凡的普通人都有成爲聖賢的可能：

孟子曰：「舜生於諸馮，遷於負夏，卒於鳴條，東夷之人也。文王生於岐周，卒於畢郢，西夷之人也。地之相去也，千有餘里；世之相後也，千有餘歲。得志行乎中國，若合符節。先聖後聖，其揆一也。」（《孟子・離婁下》）

這些話語激發了宋儒的成聖理想，很多道學家都被成聖理想鼓舞著。二程「十四五時，便脫然欲學聖人」〔註58〕，程頤更以「學以至聖人之道」答

〔註55〕 《朱子語類》卷六四《中庸三》第二十六章，頁1582。
〔註56〕 《朱子語類》卷二九《論語十一・公冶長下》「顏淵季路侍」章，頁758～759。
〔註57〕 《朱子語類》卷三六《論語十八・子罕上》「顏淵喟然歎曰」章，頁964。
〔註58〕 脫脫：《宋史》卷四二七《道學傳・程顥傳》，北京：中華書局，1985，頁12720。

胡瑗「顏子所好何學」。謝良佐有「堯舜事業橫在胸中」之說〔註59〕，胡安國「強學力行，以聖人爲標的」〔註60〕，胡宏「力慕高遠，以聖人之道爲必可行，以聖人之政爲必可復，以天下之衰爲必可振」〔註61〕。張栻得到胡宏「聖門有人」的稱贊，益自奮厲，以古聖賢自期，作《希顏錄》〔註62〕。朱子也自言「某十數歲時讀《孟子》言『聖人與我同類者』，喜不可言。以爲聖人亦易做。」〔註63〕正是因爲宋儒被這種即凡而聖的先例所激發，朱子才鼓勵弟子「分明義理」，便可「旋將做去（聖人）」，完全不必望洋興嘆而以爲不可跂及，因爲即便是堯舜也「與人同」（《孟子・離婁下》）。這正自清晰呈現出朱子「即凡而聖」的豪邁與熱忱，而朱子對於成聖方法的探究，也正是在這些即凡而聖的群體之中尋找其共性。

三、朱子對人的層級劃分

孟子一再強調人與禽獸之別幾希，也肯定普通人成爲聖人具有充分可能，但人與聖人之間畢竟存在明顯的差異。朱子說「人多等級」〔註64〕，「聖賢等級自分明瞭」〔註65〕，這個「等級」不是基於財富、勢力、地域、種族等世俗標準，而是基於人在道德層面自我完成的差異，朱子說的「等級」應作如是觀。他對人的自我完成之層級劃分並沒有截然固定的標準，大概可以分爲以下三種：

其一，有基於孔子的四分：

> 夫子說「聖人、君子、善人、有恆」，等級甚分明〔註66〕。

> 聖人也只是這個道理。但是他理會得爛熟後，似較聖樣，其實只是這道理。君子是事事做得去，所謂「君子不器」。善人則又不及君子，只是知得有善有惡，肯爲善而不肯爲惡耳。有常者又不及善人，只是較依本分〔註67〕。

〔註59〕　《晦庵集》卷三五《答呂伯恭》（泰伯夷齊事）引文，《朱子全書》第21冊，頁1526。
〔註60〕　《宋史》卷四三五《儒林傳・胡安國傳》，頁12915。
〔註61〕　《胡宏集》卷二《上光堯皇帝書》，頁82。
〔註62〕　《宋史》卷四二九《道學傳・張栻傳》，頁12770。
〔註63〕　《朱子語類》卷一○四《朱子一・自論爲學工夫》，頁2611。
〔註64〕　《朱子語類》卷三四《論語十六・述而》「聖人吾不得而見之」章，頁896。
〔註65〕　《朱子語類》卷二九《論語十一・公冶長下》「顏淵季路侍」章，頁758。
〔註66〕　《朱子語類》卷三四《論語十六・述而》「葉公問孔子於子路」章，頁890。
〔註67〕　《朱子語類》卷三四《論語十六・述而》「聖人吾不得而見之」章，頁896。

這種「四分」未計入作爲普通人的「眾人」（即「有恆者」以下的這個層級），實際上是「五分」。

其二，有基於《孟子》「六謂」的調整與歸併，孟子說：

> 可欲之謂善，有諸己之謂信。充實之謂美，充實而有光輝之謂
> 大，大而化之之謂聖，聖而不可知之之謂神。（《孟子‧盡心下》）

孟子的六分法較之孔子的四分法稍詳，但也不包含「眾人」這個層級。朱子並未機械地將孟子的「六謂」劃分成爲「善人」、「信人」、「美人」之類，而是依照孔子的四分將其進行歸類，且否認了「神人」的存在，這就使得孟子的六分實則與孔子的四分在本質上沒有實質差異：

> 要見等級，只是孟子「六謂」之說。如「可欲之謂善」，便是那
> 善人；如「充實之謂美」等，便皆是那賢人事；如「大而化之」以
> 上，方是聖人事〔註68〕。

其三，朱子粗略的三分：

> 「聖」字便橫看，有眾人，有賢人，有聖人，便有節次〔註69〕……
>
> 賢人所以異於聖人，眾人所以異於賢人，亦只爭這些子境界……
> 〔註70〕
>
> 而今有三等：有聖人，有賢人，有眾人〔註71〕。

從《朱子語類》的相關材料來看，朱子對「層級」之論述並未執持單一標準，而是依據《論語》、《孟子》等經典隨文說義。綜合以上三種分法來看，人的層級若粗分則有眾人、賢人、聖人三種，若細分則有眾人、有恆者、善人、賢人、君子、聖人六種（這種細分與《大戴禮記‧哀公問五義》中庸人、士、君子、賢人、聖人五個層級相似）〔註72〕。「人多等級」可粗分，亦可細

〔註68〕 《朱子語類》卷三四《論語十六‧述而》「葉公問孔子於子路」章，頁890。
〔註69〕 《朱子語類》卷三三《論語十五‧雍也篇四》「子貢曰如有博施於民」章，頁842。
〔註70〕 《朱子語類》卷一一七《朱子十四‧訓門人五》，頁2823。
〔註71〕 《朱子語類》卷三三《論語十五‧雍也篇四》「子貢曰如有博施於民」章，頁842。
〔註72〕 《大戴禮記》卷一《哀公問五義》中，孔子說：「所謂庸人者，口不能道善言，而志不邑邑；不能選賢人善士而託身焉，以爲己憂；動行不知所務，止立不知所定；日選於物，不知所貴；從物而流，不知所歸；五鑿爲政，心從而壞。若此，則可謂庸人矣。」「所謂士者，雖不能盡道術，必有所由焉；雖不能盡善盡美，必有所處焉。是故知不務多，而務審其所知；行不務多，而務審其所由；言不務多，而務審其所謂；知既知之，行既由之，言既順之，若夫性

分，恰自說明這些等次間的區分度並不明顯，而且還存有相當的模糊性。

下面略述處在「眾人」與「聖人」間的四個層級。

1.「有恆者」與「善人」

有恆常是出離「眾人」的基本條件，也是成為聖賢的重要前提：

> 竇問：「……有恆者之去聖人，高下固懸絕矣。然未有不自有恆而能至於聖人者。天下事大概既是有恆，方做得成。嘗觀分水嶺之水，其初甚微；行一兩日，流漸大；至到建陽，遂成大溪。看來為學亦是有恆方可至於聖人。」曰：「最是古人斷機〔註73〕，譬喻最切。緣是斷時易，接時難，一斷了，便不可接。」〔註74〕

有恆常者脫離了道德的蒙昧狀態，循規蹈矩，有深刻的道德自覺，但並非「事事做得是」，只是「惟守恆分」，有志於善，而不肯為惡。善人較之有恆常者又進了一步。有恆者只是把捉得定，未到得善人自然好處。善人是天資渾然的好人，資質至善而無惡，「資質大故粹美，事事依本分」〔註75〕，不按書本去做也不至於惡，「雖不曾學古人已做底事，做得來也恁地好」〔註76〕。

善人「只循循自守，據見定，不會勇猛精進；循規蹈矩則有餘，責之以任道則不足」〔註77〕。善人心善，不假成法〔註78〕，雖已無惡，但由於無學而不入於道，也沒有以道自任的覺解，其對道的體認並不甚分明，「不踐跡，亦不入於室」（《論語·先進》）〔註79〕，不能到得聖人層次。善人是「未知學

命肌膚之不可易也。富貴不足以益，貧賤不足以損。若此，則可謂士矣。」「所謂君子者，躬行忠信，其心不賈；仁義在己，而不害不志；聞志廣博而色不伐，思慮明達而辭不爭。君子猶然如將可及也，而不可及也。如此可謂君子矣。」「所謂賢人者，好惡與民同情，取舍與民同統，行中矩繩而不傷於本，言足法於天下而不害於其身，躬為匹夫而願富貴，為諸侯而無財。如此則可謂賢人矣。」「所謂聖人者，知通乎大道，應變而不窮，能測萬物之情性者也。大道者，所以變化而凝成萬物者也。情性也者，所以理然不然取舍者也。故其事大，配乎天地，參乎日月，雜於雲蜺，總要萬物，穆穆純純，其莫之能循；若天之司，莫之能職，百姓淡然不知其善。若此則可謂聖人矣。」

〔註73〕「斷機」出自劉向《列女傳》所記孟母斷機教子典故。
〔註74〕《朱子語類》卷三四《論語十六·述而》「聖人吾不得而見之」章，頁897。
〔註75〕《朱子語類》卷三四《論語十六·述而》「聖人吾不得而見之」章，頁896。
〔註76〕《朱子語類》卷三九《論語二十一·先進上》「子張問善人之道」章，頁1020。
〔註77〕《朱子語類》卷四三《論語二十五·子路》「不得中行而與之」章，頁1110。
〔註78〕《朱子語類》卷四三《論語二十五·子路》「不得中行而與之」章，頁1109。
〔註79〕《朱子語類》卷三九《論語二十一·先進上》「子張問善人之道」章：「『踐跡』，跡是舊跡，前人所做過了底樣子，是成法也。善人雖不曾知得前人所做樣子，效他去做，但所為亦自與暗合，但未能到聖人深處。」頁1021。

問者」，他們之所以無惡，僅僅是因為「暗合」，「緣只是如此而無學，故不能入聖人闡室」〔註80〕，「不能加學，則亦不足以入聖人之室」〔註81〕，所以朱子說：

> 今只說善人只是一箇好底資質，不必踐元本子，亦未入於室。
> 須是要學，方入聖賢之域。惟橫渠云：「志於仁而無惡。」此句最盡〔註82〕。

所以，善人由於未嘗依書本而學，以致「未必能無失」，不能知「善」是所當然，唯有通過「學」纔能「眞知其善之當然」〔註83〕，使其實有於己而不失，纔可以無過無失。朱子「仁」、「智」並重的標準在這裡再次得到充分展現。

至於善人之功業，朱子是依據孔子對「善人」的論述繼而展開的：

> 子曰：「善人爲邦百年，亦可以勝殘去殺矣。誠哉是言也！」
> （《論語・子路》）
>
> 子曰：「善人教民七年，亦可以即戎矣。」（《論語・子路》）

朱子和弟子討論這兩段文字說：

> 善人是他做百年工夫，積累到此，自是能使人興善，人自是不陷於刑辟。如文景恁地，後來海內富庶，豈不是「勝殘去殺」。如漢循吏，許多人才循良，也便有效。如陳太丘、卓茂、魯恭只是縣令，也能如此。不成說你便不是聖人，如何做得這箇！只看他功效處，又何必較量道聖人之效是如此，善人之效是如彼？聖人比善人自是不同。且如「綏之斯來，動之斯和」；「殺之而不怨，利之而不庸，民日遷善而不知爲之」，善人定是未能到這田地。但是有這般見識，有這般心胸，積累做將去，亦須有效。且如而今寬刑薄賦，民亦自能興起而不陷於刑。聖人論功效亦是大概如此。只思量他所以致此效處如何便了，何必較他優劣。便理會得，也無甚切己處。」
> 〔註84〕

〔註80〕　《朱子語類》卷三九《論語二十一・先進上》「子張問善人之道」章，頁1020。

〔註81〕　《朱子語類》卷三九《論語二十一・先進上》「子張問善人之道」章，頁1021。

〔註82〕　《朱子語類》卷四三《論語二十一・先進》「子張問善人之道」章，頁1021。

〔註83〕　《朱子語類》卷六一《孟子十一・盡心下》「浩生不害問曰」章，頁1467。

〔註84〕　《朱子語類》卷四三《論語二十五・子路》「善人爲邦百年」章，頁1104～1105。

「善人」為邦百年也能成得聖人之功效，像漢文帝、漢景帝、漢代的循吏（如陳寔、卓茂、魯恭等）都是歷史上有名的「善人」。「善人」以「孝悌忠信、務農講武之法」教民〔註85〕，可以化民於善，措置刑罰；又能培養淳樸的風俗，使民即戎。因此，「善人」雖與「聖人」高下懸殊，但依舊能憑藉本善無惡的底子做出一番事業，化成一方風俗。若是聖人為邦，則不用如是之久，教民七年即可有成；其功效又不會僅止於「勝殘去殺」、「使民即戎」，所以尹焞說：「勝殘去殺，不為惡而已，善人之功如是。若夫聖人，則不待百年，其化亦不止此。」〔註86〕這又通過時間的長短和功業的大小而體現出「善人」與「聖人」之間的懸隔。

2.「賢人」和「君子」

孔子說伯夷、叔齊是「古之賢人」（《論語·述而》），而孟子則稱讚伯夷為「聖之清者」（《孟子·萬章下》），孔孟對同一人而有不同的稱譽，這實則說明「賢人」和「聖人」在春秋戰國時期是可混同的概念。在朱子與弟子的討論中，「賢人」和「君子」也是可以並提乃至混同的概念，如其謂「賢人君子有這般底多」〔註87〕，以「賢人」、「君子」為同義概念；其謂「若賢人資質次於聖人者」〔註88〕，更是直將「賢人」混同於「君子」：

> 《乾》九二，聖人之學，「可欲之善」屬焉。可欲之善，是自然道理，未到修為，故曰聖人之學。《坤》六二，賢人之學，「有諸己之信」屬焉。有諸己，便欲執持保守，依文按本做，故曰賢人之學〔註89〕。

這段文字所呈現的正是「賢人」與「君子」可互相通用之處。不過，若細細考究，則會發現，朱子認為「所謂賢人，如『君子而不仁者有矣』」〔註90〕，「賢人」實則是略遜於「君子」的層級，朱子認為君子「不器」，「事事有些，非若一善一行之可名也」，賢人則「器」，「獲此而失彼，長於此又短於彼」，所以「賢人不及君子，君子不及聖人」〔註91〕。所謂層級意義上的「君子」是才德出眾之名，而不僅僅偏於德行，具有聖人之體用〔註92〕；其所以如此

〔註85〕　《朱子語類》卷四三《論語二十五·子路》「善人教民七年」章，頁1113。
〔註86〕　《論語集注·子路》「善人為邦百年」章引，頁145。
〔註87〕　《朱子語類》卷七二《易八·遯》，頁1823。
〔註88〕　《朱子語類》卷一一六《朱子十三·訓門人四》，頁2800。
〔註89〕　《朱子語類》卷六一《孟子十一·盡心下》「浩生不害問曰」章，頁1471。
〔註90〕　《朱子語類》卷三四《論語十六·述而》「冉有曰夫子為衛君乎」章，頁880。
〔註91〕　《朱子語類》卷二四《論語六·為政下》「君子不器」章，頁578。
〔註92〕　《朱子語類》卷二四《論語六·為政下》「君子不器」章，頁578。

者，乃是因為「君子」以「力學」充其「性」，「有以化其氣稟之性」〔註93〕，
這正是朱子對「仁」與「智」兩方面的看重：

> 人心至靈，均具萬理，是以無所往而不知。然而仁義禮智之性，
> 苟以學力充之，則無所施而不通，謂之不器可也。至於人之才具，
> 分明是各局於氣稟，有能有不能〔註94〕。

「君子」在《論語》中往往作為「小人」的對立面出現，如「君子周而
不比，小人比而不周」（《論語‧為政》），「君子懷德，小人懷土；君子懷刑，
小人懷惠」（《論語‧里仁》），「君子坦蕩蕩，小人長戚戚」（《論語‧述而》），
諸如此類的對舉還有很多。這樣的「君子」更多地是指有德者。但是，「君子」
作為優於「賢人」、稍遜「聖人」的這一層級概念，則明顯不同於《論語》中
與「小人」對舉的「君子」，因為與「小人」對舉的「君子」實則模糊地涵納
了「聖人」、「賢人」。但是，要將作為層級觀念中的「君子」與作為跟「小人」
對舉的「君子」單獨分別開來，則又顯得困難重重。不過，經過梳理文獻則
可發現，朱子更多地是依據「君子不器」（《論語‧為政》）、「聖人吾不得而見
之，得見君子斯可矣」（《論語‧述而》）等章節來討論這種層級意義上的「君
子」：

> 「『君子不器』，君子是何等人？」曰：「此通上下而言。有一般
> 對小人而言底君子，便是小底君子。至如『聖人吾不得而見之，得
> 見君子斯可矣』，便說大底君子，便是聖人之次者。」問：「不器，
> 是那箇君子？」曰：「此是成德全才之君子，不可一偏看他。」
> 〔註95〕

> 君子者，成德之名也。所貴乎君子者，有以化其氣稟之性耳。
> 不然，何足以言君子。《中庸》言「雖愚必明，雖柔必強」處，正是
> 此意〔註96〕。

若依照「才德出眾」這個標準來衡量，就算聰明如子貢也算不得「君子」，
而伯夷、叔齊、柳下惠、伊尹等人的成就雖有所偏，只能勉強算得上「不器」
〔註97〕。

〔註93〕 《朱子語類》卷二四《論語六‧為政下》「君子不器」章，頁 578。
〔註94〕 《朱子語類》卷二四《論語六‧為政下》「君子不器」章，頁 578。
〔註95〕 《朱子語類》卷二四《論語六‧為政下》「君子不器」章，頁 579。
〔註96〕 《朱子語類》卷二四《論語六‧為政下》「君子不器」章，頁 578。
〔註97〕 《朱子語類》卷二四《論語六‧為政下》「君子不器」章，頁 580。

需要特別指出的是，儘管孔子對「聖人」和「君子」做了某種區分，如「聖人，吾不得而見之矣；得見君子者，斯可矣」（《論語・述而》），但這種區分相對模糊，彼此之間並不存在非常嚴格的層級界線。孔子所謂的「君子」除了指在位者之義外，更偏重於指那些才德出眾、德業顯赫的人，在這種意義上，「君子」與「聖人」實則有相同之處。在孟子的時代，「聖人」與「君子」之間的劃分已益發模糊，《孟子・盡心下》說「夫君子所過者化，所存者神，上下與天地同流」，朱子意識到這樣的「君子」已非《論語》中普遍意義上的「君子」，顯然已達到「聖人」境界：

> 君子，聖人之通稱也。所過者化，身所經歷之處，即人無不化，如舜之耕歷山而田者遜畔，陶河濱而器不苦窳也。所存者神，心所存主處便神妙不測，如孔子之立斯立、道斯行、綏斯來、動斯和，莫知其所以然而然也。是其德業之盛，乃與天地之化同運並行，舉一世而甄陶之，……此則王道之所以為大，而學者所當盡心也。〔註98〕

這樣的「君子」正是「內聖外王」的典型代表，因此，《四書章句集注》原文中多處的「君子」被朱子解釋為「內聖外王」的聖人，如其釋《中庸》「君子賢其賢而親其親」，則曰「君子，謂其後賢後王」〔註99〕；又如其釋「君子哉蘧伯玉」，則曰「伯玉出處，合於聖人之道，故曰君子」〔註100〕。

四、聖人境界和聖賢氣象

即凡而聖、優遊聖域是儒者的最高追求。這種境界顯然與佛教的成佛和道教的升仙不同，它在根本上凸顯了德性的光輝和智識的明睿。聖人的境界實則是一種天理流行、人欲都盡，心與理一的天地境界〔註101〕。宋人喜歡用「鳶飛魚躍」來形容這種天理「化育流行，上下昭著，莫非此理之用」的超然境界。

處於這種境界中的人，其行為是「事天」的，他們瞭解社會和宇宙的「全體大用」，對人之所以為人的「所以然」有一種超乎尋常的覺解，又將人之所

〔註98〕　《孟子集注・盡心上》「霸者之民驩虞如也」章，頁359～360。
〔註99〕　《中庸章句》傳第三章，頁6。
〔註100〕　《論語集注・衛靈公》「直哉史魚」章，頁164。
〔註101〕　《朱子語類》卷二九《論語十一・公冶長下》「顏淵季路侍」章：「若聖人，分明是天地氣象！」頁749～750。此處「境界」與「氣象」雖不同，卻正自相關，因為處於天地境界中的聖人，自然會呈現出一種與之相符的天地氣象。

以爲人的「所當然」踐行到極致，因此，聖人不僅是社會中的一份子，更是宇宙中的一份子〔註102〕。他們至誠無息，既盡人之性，又盡物之性，贊天地之化育，與天地並立爲三。《中庸》將這種聖人境界描繪爲：

> 唯天下至聖，爲能聰明睿知，足以有臨也；寬裕溫柔，足以有容也；發強剛毅，足以有執也；齊莊中正，足以有敬也；文理密察，足以有別也。溥博淵泉，而時出之。溥博如天，淵泉如淵。見而民莫不敬，言而民莫不信，行而民莫不説。是以聲名洋溢乎中國，施及蠻貊，舟車所至，人力所通，天之所覆，地之所載，日月所照，霜露所隊，凡有血氣者，莫不尊親，故曰配天。……唯天下至誠，爲能經綸天下之大經，立天下之大本，知天地之化育。……肫肫其仁！淵淵其淵！浩浩其天！苟不固聰明聖知達天德者，其孰能知之？（《中庸》第三十一、三十二章）

聖人以渺渺之身而與天地並立，這乃是其自我的完成。這樣的聖人具有一種宗教意義上的神秘感，恰如孟子所説的「大而化之之謂聖，聖而不可知之之謂神」（《孟子·盡心下》）。朱子對這兩句話的注釋在根本上承認了聖人剛健篤實的光輝：

> 蓋天地萬物本吾一體，吾之心正，則天地之心亦正矣，吾之氣順，則天地之氣亦順矣。……此學問之極功、聖人之能事〔註103〕……

宋儒講求爲學以「變化氣質」，而存養於中則有以發見於外，達到聖人境界的人自有一種呈現在外的聖賢氣象。宋儒往往以「孔顏之樂」來描述這種聖賢氣象。追尋「孔顏之樂」正是宋代道學的重要論題。程顥説：「昔受學於周茂叔，每令尋仲尼顏子樂處，所樂何事？」道學家爲了解決這個問題，付出了很多切實的工夫。

道學家所謂「孔顏之樂」主要是基於以下幾則文獻：

> 子曰：「飯蔬食飲水，曲肱而枕之，樂亦在其中矣。不義而富且貴，於我如浮雲。」（《論語·述而》）

> 子曰：「富而可求也，雖執鞭之士，吾亦爲之。如不可求，從吾所好。」（《論語·述而》）

〔註102〕馮友蘭：《新原人》第三章《境界》，《三松堂全集》第4冊，頁500。
〔註103〕《中庸章句》第一章，頁18。

子曰：「賢哉，回也！一簞食，一瓢飲，在陋巷。人不堪其憂，回也不改其樂。賢哉，回也！」（《論語・雍也》）

二程對「孔顏之樂」在於何處，並未給出明確的答案。朱子雖說「今亦不敢妄爲之說」，但他提醒學者「當從事於博文約禮之誨，以至於欲罷不能而竭其才，則庶乎有以得之矣」〔註104〕。朱子爲學者提供了思考的大方向，所以儘管他並沒有給出確切的解釋，但當弟子問他「孔顏之樂，只是私意淨盡，天理照融，自然無一毫繫累」時，他依舊給出了肯定的答案〔註105〕。朱子注釋上述幾段文字時，特別強調孔子、顏回因爲對天道的體認已到極致，有安然樂道之心，故能處之泰然，不爲富貴權勢所移以害其樂，不以貧窶累其心而改其樂，故能心寬體胖，安於義理：

聖人之心，渾然天理，雖處困極，而樂亦無不在焉。其視不義之富貴，如浮雲之無有，漠然無所動於其中也。程子曰：「非樂蔬食飲水也，雖蔬食飲水，不能改其樂也。不義之富貴，視之輕如浮雲然。」〔註106〕

聖人之樂，且粗言之，人之生，各具此理。但是人不見此理，這裏都黑窣窣地。如貓子狗兒相似，飢便求食，困便思睡。一得富貴，便極聲色之娛，窮四體之奉；一遇貧賤，則憂戚無聊。所謂樂者，非其所可樂；所謂憂者，非其所可憂也。聖人之心，直是表裏精粗，無不昭徹，方其有所思，都是這裏流出，所謂德盛仁熟，「從心所欲，不踰矩」，莊子所謂「人貌而天」。蓋形骸雖是人，其實是一塊天理，又焉得而不樂！又曰：「聖人便是一片赤骨立底天理。顏子早是有箇物包裹了，但其皮薄，剝去容易。聖人一爲指出這是天理，這是人欲，他便洞然都得了。」〔註107〕

聖賢氣象在不同學者那裏有不同的解讀，如謂「樂天是聖人氣象，畏天是賢人氣象」〔註108〕，又如程顥說「公孫碩膚，赤舃几几」是周公氣象〔註109〕，「孔子，天地也；顏子，和風慶雲也；孟子，泰山巖巖之氣象也」〔註110〕。

〔註104〕《論語集注・雍也》「賢哉回也」章，頁87。
〔註105〕《朱子語類》卷三一《論語十三・雍也二》「賢哉回也」章，頁798。
〔註106〕《論語集注・述而》「飯蔬食飲水」章，頁97。
〔註107〕《朱子語類》卷三一《論語十三・雍也二》「賢哉回也」章，頁797。
〔註108〕《朱子語類》卷五一《孟子一・梁惠王下》「問交鄰國有道」章，頁1226。
〔註109〕《二程集・河南程氏遺書》卷二上《二先生語二上》，頁17。
〔註110〕《二程集・河南程氏遺書》卷五《二先生語五》，頁76。

聖賢氣象雖有別，但都會給人啓發與激勵。這正是周敦頤要二程兄弟尋找「孔顏之樂」樂在何處的根本目的。

朱子的聖賢譜系之中，能夠稱得上「聖賢」的畢竟在少數，因此胸襟灑落的高貴品格亦值得學者涵養：

> 「伊川令學者看聖賢氣象」。曰：「要看聖賢氣象則甚？且如看子路氣象，見其輕財重義如此，則其胸中鄙吝消了幾多。看顏子氣象，見其『無伐善，無施勞』如此，則其胸中好施之心消了幾多。……聖人氣象雖非常人之所可能，然其如天底氣象，亦須知常以是涵養於胸中。」〔註111〕

> 只觀孔子晚年方得箇曾子，曾子得子思，子思得孟子，此諸聖賢都是如此剛果決烈，方能傳得這個道理。若慈善柔弱底，終不濟事。如曾子之爲人，《語》、《孟》中諸語可見。子思亦是如此。……孟子亦是如此，所以皆做得成。學聖人之道者，須是有膽志。其決烈勇猛，於世間禍福利害得喪不足以動其心，方能立得腳住。若不如此，都靠不得。況當世衰道微之時，尤用硬著脊樑，無所屈撓方得。然其工夫只在自反常直，仰不愧天，俯不怍人，則自然如此，不在他求也。……如今人多將顏子做箇柔善底人看。殊不知顏子乃是大勇，反是他剛果得來細密，不發露。如箇有大氣力底人，都不使出，只是無人抵得他。孟子則攘臂扼腕，盡發於外。論其氣象，則孟子粗似顏子，顏子較小如孔子。孔子則渾然無跡，顏子微有跡，孟子，其跡盡見。然學者則須自粗以入細，須見剛硬有所卓立，然後漸漸加工，如顏子、聖人也〔註112〕。

這正如孟子所說「聖人，百世之師也，……聞伯夷之風者，頑夫廉，懦夫有立志；聞柳下惠之風者，薄夫敦，鄙夫寬。奮乎百世之上。百世之下，聞者莫不興起也。」（《孟子‧盡心下》）聖賢對社會風氣的影響直接而又深遠。

「孔顏之樂」外，朱子討論比較多的是「曾點氣象」。朱子認爲，曾點言志有「堯舜氣象」。曾點「浴乎沂，風乎舞雩，詠而歸」的灑落（《論語‧先進》），實際上正自體現了「人欲盡處，天理流行，隨處充滿，無少欠闕」的灑落從容

〔註111〕 《朱子語類》卷二九《論語十一‧公冶長下》「顏淵季路侍」章，頁758。
〔註112〕 《朱子語類》卷五二《孟子二‧公孫丑上之上》「夫子加齊之卿相」章，頁1243～1244。

氣象〔註113〕，孔子見「莫春時物態舒暢如此，曾點情思又如此，便是各逐其性處」，遂有「與點」之嘆。曾點從容灑落的闊大氣象，使萬物各逐其性，「洋洋乎發育萬物，峻極於天」（《中庸》）〔註114〕。因此，雖然曾點未能至於聖者，但學者若知得曾點何以見得如此，「自然見得他做得堯舜事業處」〔註115〕。

第三節　即凡而聖的前提與途徑

一、成聖的前提：人性善

1. 孟子「性善論」及其缺憾

「性善」始見於「孟子道性善，言必稱堯舜」（《孟子‧滕文公上》），朱子注解說：

> 性者，人所稟於天以生之理也，渾然至善，未嘗有惡。人與堯舜初無少異，但眾人汨於私欲而失之，堯舜則無私欲之蔽，而能充其性爾。故孟子與世子言，每道性善，而必稱堯舜以實之。欲其知仁義不假外求，聖人可學而至，而不懈於用力也〔註116〕。

孟子認爲人之所以「性善」，乃是因爲人具有惻隱、羞惡、辭讓、是非「四端」：

> 人皆有不忍人之心……今人乍見孺子將入於井，皆有怵惕惻隱之心。非所以內交於孺子之父母也，非所以要譽於鄉黨朋友也，非惡其聲而然也。由是觀之，無惻隱之心，非人也；無羞惡之心，非人也；無辭讓之心，非人也；無是非之心，非人也。惻隱之心，仁之端也；羞惡之心，義之端也；辭讓之心，禮之端也；是非之心，智之端也。人之有是四端也，猶其有四體也。有是四端而自謂不能者，自賊者也；謂其君不能者，賊其君者也。凡有四端於我者，知皆擴而充之矣，若火之始然，泉之始達。苟能充之，足以保四海；苟不充之，不足以事父母。（《孟子‧公孫丑上》）

〔註113〕　《論語集注‧先進》「子路曾皙冉有公西華侍坐」章，頁131。
〔註114〕　《朱子語類》卷四○《論語二十二‧先進下》「子路曾皙冉有公西華侍坐」章，頁1034。
〔註115〕　《朱子語類》卷四○《論語二十二‧先進下》「子路曾皙冉有公西華侍坐」章，頁1036。
〔註116〕　《孟子集注‧滕文公上》「滕文公爲世子」章，頁254。

　　孟子把人善性視爲先驗的，但現實世界卻存在著善與惡的截然分別，這是因爲每個人在後天的自我選擇不同，亦即擴充與不擴充、存養與不存養。不過，這種與生俱來的善性並非完美的道德，只是「性善」的萌芽。孟子此論類似於西方經院哲學所說的自由意志（Free will）。要使「性善」的萌芽茁壯成長，就必須加以精心培育，注重「擴充」的工夫〔註117〕。朱子注解上述文字時正是強調了這一點：

> 四端在我，隨處發見。知皆即此推廣，而充滿其本然之量，則其日新又新，將有不能自己者矣。能由此而遂充之，則四海雖遠，亦吾度內，無難保者……人之性情，心之體用，本然全具，而各有條理如此。學者於此，反求默識而擴充之，則天之所以與我者，可以無不盡矣〔註118〕。

　　按照孟子這種說法，由「情」之美而可以見出「性」之善〔註119〕。不過，也正是因爲孟子是以「情」之美來見「性」之善，纔顯示出其「性善論」的不完備，因爲若追問下去，則不免會提出這樣的疑問：此「情」何以爲「善」，由「情」之善能否得出「性」之善這個結論，在「性」之上有沒有一種終極性的根源使其「善」無可置疑等諸如此類的問題。所以，儘管《孟子》有很多討論「性善」的章節，但孟子在這些辯論中終究是靠雄辯取勝，自然免不了詭辯的嫌疑。因此，朱子認爲孟子的「性善論」依舊存在理論上的缺憾，這不但使其學說不夠周密，而且「不能杜絕荀揚之口」〔註120〕，啓出了荀子、揚雄、韓愈等人論性的分歧繁雜。朱子說「孟子亦只是大概說性善。至於性之所以善處，也少得說」〔註121〕，「不曾推原原頭，不曾說上面一截」〔註122〕，這是因爲「門人不能悉記其辭，而撮其大旨如此」〔註123〕。這樣說顯然是爲孟子回護。不過，道學家已經普遍認識到，「性善」作爲即凡而聖最重要的前提，應該具有一種終極的形而上意義的「所以然」。

〔註117〕董洪利：《孟子說略》，《十三經說略》，頁198～199。

〔註118〕《孟子集注・公孫丑上》「人皆有不忍人之心」章，頁240。

〔註119〕最早將「性」和「情」作以區分的是《禮記・樂記》，這篇文獻尤其提到了「性」爲外物所動的情況：「人生而靜，天之性也。感於物而動，性之欲也。物至知知，然後好惡形焉。好惡無節於內，知誘於外，不能反躬，天理滅矣」。

〔註120〕《朱子語類》卷五九《孟子九・告子上》「性無善舞不善」章，頁1388。

〔註121〕《朱子語類》卷二八《論語十・公冶長上》「子貢曰夫子之文章」章，頁726。

〔註122〕《朱子語類》卷四《性理一・人物之性氣質之性》，頁70。

〔註123〕《孟子集注・滕文公上》「滕文公爲世子」章，頁254。

2. 朱子對性善論的發展與完善

朱子的「性善論」是在《孟子》的基礎之上發展起來的，但並不能等同於孟子的「性善論」，因為它較之《孟子》更為完備：

> 程子曰：「論性不論氣，不備；論氣不論性，不明。」此皆前所未發。如夫子言「性相近」，若無「習相遠」一句，便說不行。如「人生而靜」，靜固是性，只著一「生」字，便是帶著氣質言了，但未嘗明說著「氣」字。惟周子《太極圖》卻有氣質底意思。程子之論，又自《太極圖》中見出來也。〔註124〕

> 夔孫問云：「孔子只說『一陰一陽之謂道，繼之者善，成之者性』，都不會分別出性是如何。孟子乃分別出，說是有此四者，然又只是以理言。到周先生說方始盡，方始見得人必有是四者，這四者亦有所附著。」先生曰：「孔子說得細膩，說不曾了。孟子說得粗，疏略，只是說『成之者性』，不曾從原頭推說來。然其界分，自孟子方說得分曉。」〔註125〕

由此可見，朱子的「性善論」實則綜合了孔子、孟子、周敦頤、程頤等人對人性的討論，並非原原本本地照搬孟子「性善論」。他對孟子「性善論」的彌合主要是依據《周易》、《太極圖說》和二程等人的相關學說，下面詳論之。

《周易‧繫辭上》中曾討論過「性」與「善」的問題：

> 一陰一陽之謂道，繼之者善也，成之者性也。

這句話顯然並未直接將「性」與「善」表達為「性善」，但它卻啟發了道學家藉助陰陽關係及其互動來探討道、性、善：

> 此「性」字為稟於天者言。若太極，只當說理，自是移易不得。
> 《易》言「一陰一陽之謂道」，繼之者則謂之「善」，至於成之者方謂之「性」。此謂天所賦於人物，人物所受於天者也〔註126〕。

朱子認為「性」與「善」是一體並非二物，但「陰陽」只是氣，而並不屬於「性」的「原頭」，因為「氣」有清濁，這使得人有善惡之別，惟有上升到「理」之層面的「性」纔是純乎善的。周敦頤《太極圖》正是要「明天理之根源，究萬物之終始」：

〔註124〕《朱子語類》卷一三七《戰國漢唐諸子》，頁3272。
〔註125〕《朱子語類》卷一一六《朱子十三‧訓門人四》，頁2797。
〔註126〕《朱子語類》卷九四《周子之書‧太極圖》，頁2372。

　　無極而太極。太極動而生陽，動極而靜，靜而生陰。靜極復動。
一動一靜，互爲其根；分陰分陽，兩儀立焉。陽變陰合，而生水、
火、木、金、土。五氣順布，四時行焉。五行一陰陽也，陰陽一太
極也，太極本無極也。五行之生也，各一其性。無極之眞，二五之
精，妙合而凝。乾道成男，坤道成女，二氣交感，化生萬物。萬物
生生，而變化無窮焉。惟人也，得其秀而最靈。形既生矣，神發知
矣，五性感動，而善惡分，萬事出矣。聖人定之以中正仁義（自注：
聖人之道，仁義中正而已矣。）而主靜（自注：無欲故靜），立人極
焉。故「聖人與天地合其德，日月合其明，四時合其序，鬼神合其
吉凶」。君子修之吉，小人悖之凶。故曰：「立天之道，曰陰與陽；
立地之道，曰柔與剛；立人之道，曰仁與義。」又曰：「原始反終，
故知死生之說。」大哉易也，斯其至矣〔註127〕！

　　周敦頤解釋《太極圖》的《太極圖說》混合了形上學及宇宙論成分，又
將價值論問題置於此混合系統下進行處理。他以「五行」爲仁、義、禮、智、
信不同的「五性」，又以二氣之交感解釋萬物之化生。朱子對周敦頤的《太極
圖說》評價很高，但這並不意味著他對「性善」的論述已經完成。周敦頤《太
極圖說》所涉及的都是「是如此」，而非「應如此」〔註128〕，周敦頤並沒有解
決「性」與「善」之間的必然聯繫：

　　夫善之與性，不可謂有二物明矣。……周子之意，亦豈直指善
爲陽，而性爲陰哉？但語其分，則以爲當屬之此耳〔註129〕。

　　朱子認爲《太極圖說》雖未明言以善爲陽、以性爲陰，但其言語之際則
似能推出這樣的結論。這種觀念依舊停留在形而下的層面，好在張載和程頤
之說可以彌補這個缺憾：

　　惻隱、羞惡、辭讓、是非，情也。仁、義、禮、智，性也。心，
統性情者也。……因其情之發，而性之本然可得而見，猶有物在中
而緒見於外也〔註130〕。

〔註127〕周敦頤：《周敦頤集》卷一《太極圖說》，北京：中華書局，2009，頁3～7。
〔註128〕勞思光：《新編中國思想史》卷三上，北京：讀書・生活・新知三聯書店，2015，頁72～81。
〔註129〕《太極圖說解》，《朱子全書》第13冊，頁77。
〔註130〕《孟子集注・公孫丑上》「人皆有不忍人之心」章，頁239。

　　　程子曰：「性即理也，理則堯舜至於塗人一也。才稟於氣，氣有
　　清濁，稟其清者爲賢，稟其濁者爲愚。學而知之，則氣無清濁，皆
　　可至於善而復性之本，湯武身之是也。孔子所言下愚不移者，則自
　　暴自棄之人也。」又曰：「論性不論氣，不備；論氣不論性，不明。
　　二之則不是。」張子曰：「形而後有氣質之性，善反之則天地之性存
　　焉。故氣質之性，君子有弗性者焉。」愚按：程子此說才字，與孟
　　子本文小異。蓋孟子專指其發於性者言之，故以爲才無不善；程子
　　兼指其稟於氣者言之，則人之才固有昏明強弱之不同矣，張子所謂
　　氣質之性是也。二說雖殊，各有所當，然以事理考之，程子爲密。
　　蓋氣質所稟雖有不善，而不害性之本善；性雖本善，而不可以無省
　　察矯揉之功，學者所當深玩也〔註131〕。

　　朱子的「性善論」於此簡明扼要地和盤托出，其實質乃是將程頤「性即
理」、張載「心統性情」說進行了巧妙的結合，所以他說：「伊川『性即理也』，
橫渠『心統性情』二句，顛撲不破！」〔註132〕「性」與「氣」的結合比較理
想地解決了孟子「性善論」存在的問題，「性即理」使得「性」上升到形而上
的「原頭」層面，這「理」無有不善，是純乎善的，而「人之所以有善有不
善，只緣氣質之稟各有清濁」〔註133〕。

　　張載的「心統性情」之說正自解釋了孟子所論的「四端」能見出人之「性
善」。朱子認爲張載「心統性情」之說「說得最精密」〔註134〕、「最爲穩當」
〔註135〕，「乃不易之論」〔註136〕。所謂「統」，乃是「兼」之意〔註137〕。不
寧惟此，「心統性情」之說更將《中庸》的「未發」、「已發」和道學家所談論
的理、心、性、情等內容貫穿在一起，形成一個縝密的整體：

　　　　心之全體湛然虛明，萬理具足，無一毫私欲之間；其流行該遍，
　　貫乎動靜，而妙用又無不在焉。故以其未發而全體者言之，則性也；
　　以其已發而妙用者言之，則情也。然「心統性情」，只就渾淪一物之

〔註131〕　《孟子集注・告子上》「公都子曰告子曰」章，頁335。
〔註132〕　《朱子語類》卷五《性理二・性情心意等名義》，頁93。
〔註133〕　《朱子語類》卷四《性理一・人物之性氣質之性》，頁68。
〔註134〕　《朱子語類》卷十六《大學三・傳五章釋格物致知》，頁323。
〔註135〕　《朱子語類》卷六〇《孟子九・告子上》「性無善無不善」章，頁1385。
〔註136〕　《朱子語類》卷一〇〇《邵子之書》，頁2550。
〔註137〕　《朱子語類》卷九八《張子之書一》，頁2513。

中，指其已發、未發而爲言爾；非是性是一箇地頭，心是一箇地頭，情又是一箇地頭，如此懸隔也〔註138〕。

性即理也。天下之理，原其所自，未有不善。喜、怒、哀、樂未發，何嘗不善。發而中節，即無往而不善；發不中節，然後爲不善〔註139〕。

某嘗謂孟子論「四端」處，說得最詳盡，裏面事事有，心、性、情都說盡。心是包得這兩箇物事。性是心之體，情是心之用；性是根，情是那芽子。惻隱、羞惡、辭遜、是非皆是情〔註140〕。

朱子說「在天爲命，稟於人爲性，既發爲情」〔註141〕，「理者，天之體；命者，理之用。性是人之所受。情是性之用」〔註142〕，彼此相連又相關，「性善」在天理上得有所歸，性「之所以善」的問題於此就得到解決。

3.「性善論」對即凡而聖的意義

既然性善的「所以然」已明瞭，那下一步就該踐行其「所當然」。儘管人之所稟於氣者有清濁之不齊，以致有善與不善之別，但既然天命之性純乎善，如果人能將其善端擴而充之，那依舊可以成爲聖人。因此，雖然人之所以異於禽獸者幾希，但聖人又與我同類，那麼人就當以聖賢爲目標以復其性，正如朱子說：

今人爲學，彼善於此，隨分做箇好人，亦自足矣，何須必要做聖賢？只爲天之所以與我者，不可不復得；若不復得，終是不了，所以須要講論。學以聖賢爲準，故問學須要復性命之本然，求造聖賢之極，方是學問〔註143〕。

「凡人須以聖賢爲己任。世人多以聖賢爲高，而自視爲卑，故不肯進。……然聖賢稟性與常人一同。既與常人一同，又安得不以聖賢爲己任？自開闢以來，生多少人，求其盡己者，千萬人中無一二，只是袞同枉過一世！……人性本善，只爲嗜慾所迷，利害所逐，一齊昏了。聖賢能盡其性，故耳極天下之聰，目極天下之明，爲子

〔註138〕 《朱子語類》卷五《性理二‧性情心意等名義》，頁94。
〔註139〕 《孟子集注‧滕文公上》「滕文公爲世子」章引程頤說，頁254。
〔註140〕 《朱子語類》卷一一九《朱子十六‧訓門人七》，頁2867。
〔註141〕 《朱子語類》卷五《性理二‧性情心意等名義》，頁90。
〔註142〕 《朱子語類》卷五《性理二‧性情心意等名義》，頁82。
〔註143〕 《朱子語類》卷一一八《朱子十五‧訓門人六》，頁2844。

極孝，爲臣極其忠。」某問：「明性須以敬爲先？」曰：「固是。但
敬亦不可混淪說，須是每事上檢點。論其大要，只是不放過耳。……
聖賢千言萬語，只是使人反其固有而復其性耳。」〔註144〕

至此，「復性」和「成聖」就因爲「性善」而縮結在一起：「性善」是復
性的前提，而後天的修爲使天命之性純乎其善則能使人「成聖」。在這種意義
上來說，「成聖」之路即是「復性」之路。「虞廷十六字」心訣說「人心惟危，
道心微微，惟精惟一，允執厥中」，所謂「復性」也正是使「人心」聽命於「道
心」的過程，「不被人心勝了道心」〔註145〕。因此，朱子對「成聖」方法的論
述也是圍繞「復性」這個基本前提而展開的。

二、即凡而聖的兩翼：尊德性而道問學

子貢論聖人是「仁且智」的，孟子又引而述之，朱子更依此而論聖人，
聖人的兩個典型人物舜和孔子莫不是「仁且智」的。因此，要成爲聖人就必
須在「仁」與「智」兩方面俱有所完成。在這種意義上來看，「仁」和「智」
既是聖人的特性，也是入聖的途徑。

朱子認爲《中庸》「尊德性而道問學，致廣大而盡精微，極高明而道中庸。
溫故而知新，敦厚以崇禮」幾句，正是在「仁」和「智」這兩個方面即凡而
聖的入德之方：

> 尊德性，所以存心而極乎道體之大也。道問學，所以致知而盡
> 乎道體之細也。二者修德凝道之大端也。不以一毫私意自蔽，不以
> 一毫私欲自累，涵泳乎其所已知，敦篤乎其所已能，此皆存心之屬
> 也。析理則不使有毫釐之差，處事則不使有過不及之謬，理義則日
> 知其所未知，節文則日謹其所未謹，此皆致知之屬也。蓋非存心無
> 以致知，而存心者又不可以不致知。故此五句，大小相資，首尾相
> 應，聖賢所示入德之方，莫詳於此，學者宜盡心焉〔註146〕。

「尊德性」是主一無適、涵養德性，是「仁」的實現；「道問學」是致知
窮理、培育智識，是「智」的實現。「尊德性」是「道問學」的目的和依歸，
「道問學」是「尊德性」的方向和途徑，能「尊德性」便能「道問學」〔註147〕：

〔註144〕 《朱子語類》卷八《學二·總論爲學之方》，頁133。
〔註145〕 《朱子語類》卷三一《論語十三·雍也》「賢哉回也」章，頁800。
〔註146〕 《中庸章句》第二十七章，頁36。
〔註147〕 《朱子語類》卷六四《中庸三》第二十七章，頁1588～1589。

為學纖毫絲忽，不可不察。若小者分明，大者越分明。如《中
庸》說「發育萬物，峻極于天」，大也；「禮儀三百，威儀三千」，細
也。「尊德性、致廣大、極高明、溫故、敦厚」，此是大者五事；「道
問學、盡精微、道中庸、知新、崇禮」，此是小者五事。然不先立得
大者，不能盡得小者。此理愈說愈無窮，言不可盡，如「小德川流，
大德敦化」，亦此理。千蹊萬徑，所流不同，各是一川，須是知得，
然其理則一〔註148〕。

此本是兩事，細分則有十事。其實只兩事，兩事又只一事。只
是箇「尊德性」，卻將箇「尊德性」來「道問學」，所以說「尊德性
而道問學」也〔註149〕。

「尊德性」雖是「道問學」的統率，但「尊德性」因「道問學」而分明，
「道問學」因「尊德性」而得其依歸，這兩者互相促進，甚至互為條件，不
存在不可逾越的鴻溝〔註150〕。

「四書」經朱子整理之後，很多原本看似孤立的文句便都與「尊德性而
道問學」有著實質的精神聯繫。在不同的經典中，「尊德性而道問學」有著不
同的表述方式：

聖賢立言垂教，無非著實。如「博我以文，約我以禮」；如「尊
德性而道問學，致廣大而盡精微，極高明而道中庸，溫故而知新，
敦厚以崇禮」；如「博學之，審問之，慎思之，明辨之，篤行之」；
如「君子食無求飽，居無求安，敏於事而慎於言，就有道而正焉」
等類，皆一意也〔註151〕。

朱子說：「聖人之教學者，不過博文約禮兩事爾。『博文』，是『道問學』
之事，於天下事物之理，皆欲知之；『約禮』，是『尊德性』之事，於吾心固

〔註148〕《朱子語類》卷六四《中庸三》第二十七章，頁1588。
〔註149〕《朱子語類》卷六四《中庸三》第二十七章，頁1589。
〔註150〕如黃宗羲謂：「先生（陸九淵）之學，以尊德性為主，謂『先立乎其大，而後
天之所以與我者，不為小者所奪。夫苟本體不明，而徒致功於外索，是無源
之水也。』同時紫陽（朱子）之學，則以道問學為主，謂『格物窮理，乃吾
入聖之階梯。夫苟信心自是，而惟從事於覃思，是師心之用也。』……考二
先生之生平自治，先生（陸九淵）之尊德性，何嘗不加功於學古篤行；紫陽
之道問學，何嘗不致力於反身修德，特以示學者之入門各有先後，曰『此其
所以異耳』。」《宋元學案》卷五八《象山學案》，頁1185～1186。
〔註151〕《朱子語類》卷一一七《朱子十四‧訓門人五》，頁2820。

有之理，無一息而不存。」〔註152〕同時，堯、舜、禹所傳的「惟精惟一」心法，實際上也是「博文約禮」事：「夫子教顏子，只是博文、約禮兩事。自堯舜以來，便自如此說。『惟精』便是博文，『惟一』便是約禮。」〔註153〕因此，不論是「惟精惟一」，還是「博我以文，約我以禮」，實際上都歸之於「尊德性」和「道問學」兩事。

朱子說：「程夫子之言曰：『涵養需是敬，進學則在致知。』此二言者，實學者立身進步之要。而二者之功，蓋未嘗不交相發也。」〔註154〕所謂「交相發」就是「存養與窮理工夫皆要到。然存養中便有窮理工夫，窮理中便有存養工夫。窮理便是窮那存得底，存養便是養那窮得底。」〔註155〕朱子之意蓋以涵養致知、居敬窮理爲兩輪齊轉、兩翼齊飛，如此纔是聖人的全體大用工夫〔註156〕，「仁」、「智」並進纔能優遊聖域。

1. 道問學：學以入聖的方向與前提

「道問學」的「道」字乃「行」、「由」之義〔註157〕，而朱子對「學」字的釋義注重了以「先覺」爲效法對象的「復性」努力：「學之爲言效也。人性皆善，而覺有先後，後覺者必效先覺之所爲，乃可以明善而復其初也。」〔註158〕朱子注解「博學之，審問之，慎思之，明辨之，篤行之」曰：「學、問、思、辨，所以擇善而爲知，學而知也。篤行，所以固執而爲仁，利而行也。程子曰『五者廢其一，非學也。』」〔註159〕學、問、思、辨、行都是講知識對於德性的重要性。因此，所謂「道問學」亦即在讀書的基礎上，效法先聖先賢，尊其所聞，行其所知，以復其純乎善的天命之性。

〔註152〕《朱子語類》卷二四《論語六‧爲政下》「吾與回言終日」章，頁569。
〔註153〕《朱子語類》卷三六《論語十八‧子罕上》「顏淵喟然嘆曰」章，頁962～963。
〔註154〕《晦庵集》卷五六《答陳師德》（熹愚不肖），《朱子全書》第23冊，頁2671。
〔註155〕《朱子語類》卷六三《中庸二》第十二章，頁1539。
〔註156〕錢穆：《朱子新學案》第二冊，北京：九州出版社，2011，頁306。
〔註157〕《中庸章句》第二十七章：「道，由也。」頁36。又，《朱子語類》卷一一八《朱子十五‧訓門人六》：「時先生手中持一扇，因舉扇而言：『且如這一柄扇，自家不會做，去問人扇如何做。人教之以如何做，如何做，既聽得了，須是去做這扇，便得。如此，方是道問學。若只問得去，卻掉下不去做，如此，便不是道問學。』曰：『如先生之言，「道」字莫只是訓「行」否？』先生領之。」頁2861。
〔註158〕《論語集注‧學而第一》「學而時習之」章，頁47。據大槻信良考證，朱子的這個釋義引自《尚書大傳‧周傳‧洛誥篇》、《廣雅‧釋詁》，見於《朱子四書集注典據考》，頁3。
〔註159〕《中庸章句》第二十章，頁32。

朱子重視「道問學」，乃是因爲這是「學以入聖」的必要保障。「學以入聖」本是程頤藉助「顏子所好何學論」而衍伸出來的重要話題：

> 或（胡瑗）曰：「《詩》、《書》六藝，七十子非不習而通也，而夫子獨稱顏子爲好學。顏子之所好，果何學歟？」程子曰：「學以至乎聖人之道也。」「學之道奈何？」曰：「天地儲精，得五行之秀者爲人。其本也眞而靜。其未發也五性具焉，曰仁、義、禮、智、信。形既生矣，外物觸其形而動於中矣。其中動而七情出焉，曰喜、怒、哀、懼、愛、惡、欲。情既熾而益蕩，其性鑿矣。故學者約其情使合於中，正其心，養其性而已。然必先明諸心，知所往，然後力行以求至焉。若顏子之非禮勿視、聽、言、動，不遷怒貳過者，則其好之篤而學之得其道也。然其未至於聖人者，守之也，非化之也。假之以年，則不日而化矣。今人乃謂聖本生知，非學可至，而所以爲學者，不過記誦文辭之間，其亦異乎顏子之學矣。」〔註160〕

程頤這段話正是在詮釋「道問學」何以使「學以入聖」成爲可能。呂大臨繼續發揚了這種觀念：

> 君子所以學者，爲能變化氣質而已。德勝氣質，則愚者可進於明，柔者可進於強。不能勝之，則雖有志於學，亦愚不能明，柔不能立而已矣。蓋均善而無惡者，性也，人所同也；昏明強弱之稟不齊者，才也，人所異也。誠之者，所以反其同而變其異也。夫以不美之質，求變而美，非百倍其功，不足以致之。今以鹵莽滅裂之學，或作或輟，以變其不美之質，及不能變，則曰天質不美，非學所能變。是果於自棄，其爲不仁甚矣〔註161〕！

「道問學」是變化氣質之性爲天命之性。這是超凡入聖的根基，也是即凡而聖的必由之路。職是之故，朱子往往對弟子說「學者大要立志。所謂志者，……只是直截要學堯舜」〔註162〕，「纔學，便要做聖人是也」〔註163〕，「爲學大端在於立志必爲聖賢」〔註164〕，「爲學，須思所以超凡入聖」〔註165〕。

〔註160〕《論語集注·雍也》「哀公問弟子孰爲好學」章引，頁84。
〔註161〕《中庸章句》第二十章，頁32。
〔註162〕《朱子語類》卷八《學二·總論爲學之方》，頁133。
〔註163〕《朱子語類》卷八《學二·總論爲學之方》，頁134。
〔註164〕《朱子語類》卷一一八《朱子十五·訓門人六》，頁2846。

　　雖然先聖先賢的流風餘韻因時代的隔閡而漸行漸遠，但「文武之道，布在方策」（《中庸》），「未墜於地，在人」（《論語・子張》），那麼，讀書問學自然是欣樂聖人之道最好的途徑。所以，朱子纔說「道問學」，就與讀書問學聯繫在一起。他注解「伊尹樂堯舜之道」這句說：「誦其詩，讀其書，而欣慕愛樂之也」〔註166〕，可見爲學正是藉助誦讀詩書而追跡堯舜的過程，也是欣慕愛樂堯舜之道的「不二法門」：

　　　　吾儒見得都是實……然求所以識那切實處，則莫切於聖人之書。聖人之書，便是箇引導人底物事。若舍此而它求，則亦別無門路矣〔註167〕。

　　相比於「尊德性」，「道問學」是必所當先之事，因爲它是「尊德性」的正途：

　　　　今看顏子說：「夫子循循然善誘人，博我以文，約我以禮。」……博文又是前一段事。博文須是窮究得箇事理都明，方解去「克己復禮」。若不博文，則自家行得是與不是，皆不知。……今若不博文，只要撮箇尖底，也不解說得親切，也只是大概綽得，終不的當〔註168〕。

　　　　若學者當求無邪思，而於正心、誠意處著力。然不先致知，則正心、誠意之功何所施；所謂敬者，何處頓放。今人但守一箇「敬」字，全不去擇義，所以應事接物處皆顚倒了。《中庸》「博學之，審問之，慎思之，明辨之，篤行之」；孟子「博學而詳說之，將以反說約也」；顏子「博我以文，約我以禮」；從上聖賢教人，未有不先自致知始〔註169〕。

　　朱子特別反對只說「治心」、「修身」而不讀書問學，因爲若不通過讀書問學來「見」這道理，治心、修身便無所附麗和依憑，惟「終始典於學，則其德不知不覺自進」〔註170〕。同時，朱子認爲「學而時習」雖離不開《詩》、

〔註165〕　《朱子語類》卷八《學二・總論爲學之方》，頁135。
〔註166〕　《孟子集注・萬章上》「人有言伊尹以割烹要湯」章，頁315。
〔註167〕　《朱子語類》卷一二六《釋氏》，頁3017。
〔註168〕　《朱子語類》卷四一《論語二十三・顏淵上》「顏淵問仁」章，頁3017。
〔註169〕　《朱子語類》卷二三《論語五・爲政上》「詩三百」章，頁545。
〔註170〕　《朱子語類》卷九《學三・論知行》，而另一位弟子對這次對話的記錄更能揭示朱子對讀書問學的重視：「人如何不博學得！若不博學，說道修身行己，也

《書》禮樂，但又不僅僅是《詩》、《書》禮樂，入聖之學與世間俗學的差別也正在於「聖賢教人讀書，只要知所以爲學之道。俗學讀書，便只是讀書，更不理會爲學之道是如何」〔註171〕。朱子說：

> 聖賢所謂博學，無所不學也。自吾身所謂大經、大本，以至天下之事事物物，甚而一字半字之義，莫不在所當窮，而未始有不消理會者。雖曰不能盡究，然亦只得隨吾聰明力量理會將去，久久須有所至，豈不勝全不理會者乎！若截然不理會者，雖物過乎前，不識其名，彼亦不管，豈窮理之學哉〔註172〕！

在這樣的層面來看，讀書並不是爲了追逐世俗功利，而在於復其純乎善的天性。道學家所重視的「知」在實質上乃是關於社會人倫的道德知識，「格物窮理」主要是考究「所以然」和「所當然」之理，將存在與價值問題會歸爲一〔註173〕。朱子認爲「爲學之道，莫先於窮理；窮理之要必在於讀書」〔註174〕。讀書、窮理、爲學實際上都是爲了明瞭德性的所以然，而行其所當然。孔子說「下學而上達」（《論語・憲問》），這正是他「自言其反己自修，循序漸進耳，無以甚異於人而致其知也」，因此，程頤說「蓋凡下學人事，便是上達天理」〔註175〕。

孔子說「吾十有五而志于學」（《論語・爲政》），其所謂「學」乃「大學之道」〔註176〕。《大學》「八目」以格物、致知爲起點，而以治國、平天下爲其完成，這實質上依舊強調了知識與德性的關係。在這種意義上，「道問學」就與「格物致知」存在著一致性，正如《周易・說卦》所說的「窮理盡性以至於命」，這實則是在完成德性的過程中肯定了知識的重要性，惟有通過「窮理」獲得知識，纔能實現德性的完備〔註177〕。

猛撞做不得。《大學》『誠意』，只是説『如好好色，如惡惡臭』。及到説修身處時，已自寬了。到後面也自無甚事。其大本只是理會致知、格物。若是不致知、格物，便要誠意、正心、修身；氣質純底，將來只便成一箇無見識底獸人。」頁153。

〔註171〕《朱子語類》卷二十《論語二・學而上》「學而時習之」章，頁447。
〔註172〕《朱子語類》卷六四《中庸三》第二十七章，頁1589。
〔註173〕蒙培元：《朱熹哲學十論》，北京：中國人民大學出版社，2010，頁124、134。
〔註174〕《晦庵集》卷十四《甲寅行宮便殿奏劄二》，《朱子全書》第20冊，頁668。
〔註175〕《論語集注・憲問》「莫我知也夫」章，頁158～159。
〔註176〕《論語集注・爲政》「吾十有五而志於學」章朱子注，頁54。
〔註177〕《朱熹哲學十論》，頁126。

《禮記・大學》原文與「三綱八目」不能一一對應，「格物致知」的內容更是無所附著。因此，朱子只好依據程頤之意對原文另作補充，是為「格物補傳」。朱子「格物補傳」實質上綜合了孔子「下學而上達」（《論語・憲問》）、禪宗南北兩宗的頓、漸之說，修證之過程顯然是有次第的，而其對「理」的解悟則是頓入的：

> 所謂致知在格物者，言欲致吾之知，在即物而窮其理也。蓋人心之靈莫不有知，而天下之物莫不有理，惟於理有未窮，故其知有不盡也。是以《大學》始教，必使學者即凡天下之物，莫不因其已知之理而益窮之，以求至乎其極。至於用力之久，而一旦豁然貫通焉，則眾物之表裏精粗無不到，而吾心之全體大用無不明矣。此謂物格，此謂知之至也〔註178〕。

朱子教育學者立志務求遠大，氣象務求恢宏，而工夫必須切己踏實，積累日久，而後天地事物之理、修齊治平之道莫不貫通。這正是由近及遠、下學上達之功，並非禪宗一超直悟，直捷簡易之說可比〔註179〕。因為「格物補傳」的「一旦」並非禪宗所講的「忽然」，而是一朝或他日，所謂「豁然」也只是程頤所說的「脫然」和李侗所說的「融釋脫落」〔註180〕，因此學者的用力之方應著眼於現實世界：「或考之事為之著，或察之念慮之微，或求之文字之中，或索之講論之際，使於身心性情之德，人倫日用之常，以至天地鬼神之變，鳥獸草木之宜，自其一物之中，莫不有以見其所當然而不容已，與其所以然而不可易者，必其表裏精粗無所不盡，而又益推其類以通之」〔註181〕。

朱子很早就注重對知識的積累，即便李侗也未能糾正朱子對章句的喜好，他始終堅持對章句訓詁的研究。李侗總是以各種方式告誡朱子要注重

〔註178〕《大學章句》格物補傳，頁7。

〔註179〕陳鍾凡：《兩宋思想述評》，北京：東方出版社，1996，頁247。禪宗有「南頓北漸」之說，所謂「頓」，即發心頓入佛慧，單刀直入，直了見性，與佛不二，並不假其它方便；所謂「漸」，即專念以息想，極力以攝心，「趣定之前，萬緣盡閉。發慧之後，一切皆如」，通過有層次的進修才能悟入。從根機的利頓說，直捷的開示悟入是「頓」，須種種方便、漸次修學而悟入的是「漸」。佛教大乘經義從來都是「悟理必頓」，因此不論南宗還是北宗，都有「頓悟」之說。「頓」與「漸」其實是修證者根機利頓的問題，而不是「法」的不同。頓根累劫漸修，等到悟入，還是一樣的「自性般若」。綜合釋印順：《中國禪宗史》相關部份，北京：中華書局，2010，頁293～298。

〔註180〕陳榮捷：《朱熹》，頁72。

〔註181〕《四書或問》卷下，《朱子全書》第6冊，頁527～528。

涵養，而朱子總是請教李侗關於《論語》、《孟子》等書解義的問題。這種涵養本源與章句解讀之間的矛盾實際上也是「尊德性」與「道問學」的矛盾。〔註182〕。

2. 尊德性：即凡而聖的存養之功

「尊德性」是成聖的涵養之功，朱子解釋「尊德性」說：

> 尊者，恭敬奉持之意。德性者，吾所受於天之正理〔註183〕。

> 只是「尊德性」工夫，卻不在紙上，在人自做。⋯⋯尊德性工夫甚簡約。且如伊川只說一箇「主一之謂敬，無適之謂一」。只是如此，別更無事〔註184〕。

「尊德性」就是「將這德性做一件重事，莫輕忽他，只此是尊」〔註185〕，亦即以敬畏之心摒除私欲，涵養純乎善的天理。「敬」向來被儒者輕易放過，至程顥方始拈出，程頤又將其益之爲「涵養需用敬，進學則在致知」兩語。朱子又將程頤釋「敬」之義融匯爲「敬者，主一無適之謂」〔註186〕，這樣，「敬」就成爲求仁之方：

> 學者當知孔門所指求仁之方，日用之間，以敬爲主。不論感與未感，平日常是如此涵養，則善端之發，自然明著。少有間斷，而察識存養，擴而充之，皆不難乎爲力矣。造次顛沛，無時不習。此心之全體皆貫乎動靜語默之間，而無一息之間斷，其所謂仁乎！
> 〔註187〕

「四書」中有不少文句實則都是對「敬」的不同表述：

> 聖賢言語，大約似乎不同，然未始不貫。只如夫子言非禮勿視聽言動，「出門如見大賓，使民如承大祭」，「言忠信，行篤敬」，這是一副當說話。到孟子又卻說「求放心」，「存心養性」。《大學》則又有所謂格物，致知，正心，誠意。至程先生又專一發明一箇「敬」字。若只恁看，似乎參錯不齊，千頭萬緒，其實只一理〔註188〕。

〔註182〕陳來：《中國近世思想史研究》，北京：商務印書館，2003，頁133。
〔註183〕《中庸章句》第二十七章，頁36。
〔註184〕《朱子語類》卷六四《中庸三》第二十七章，頁1587。
〔註185〕《朱子語類》卷一一八《朱子十五·訓門人六》，頁2861。
〔註186〕《論語集注·學而》「道千乘之國」章注，頁49。
〔註187〕《朱子語類》卷十二《學六·持守》，頁213。
〔註188〕《朱子語類》卷十二《學六·持守》，頁207。

綜合「四書」文獻來看，朱子認爲「『敬』之一字，眞聖學之綱領，存養之要法」，「『敬』字工夫，乃聖門第一義，徹頭徹尾，不可頃刻間斷」〔註189〕。因此，主敬即是「先立乎其大者」〔註190〕，這是「尊德性」的根本工夫。若這個根本不立，則其它零碎工夫都無湊泊處：

> 聖賢千言萬語，只是教人明天理，滅人欲。天理明，自不消講學。人性本明，如寶珠沉溷水中，明不可見；去了溷水，則寶珠依舊自明。自家若得知是人欲蔽了，便是明處。只是這上便緊緊著力主定，一面格物。今日格一物，明日格一物，正如遊兵攻圍拔守，人欲自消鑠去。所以程先生說「敬」字，只是謂我自有一箇明底物事在這裏。把箇「敬」字抵敵，常常存箇敬在這裏，則人欲自然來不得。夫子曰：「爲仁由己，而由人乎哉！」緊要處正在這裏〔註191〕！

「敬」在這裡成爲使「人心」聽命於「道心」的心法，是涵養德性的統帥，也是存天理、滅人欲的利器。這種意義上的「敬」字就成爲「惟精惟一」的另一種表達。朱子說：「敬非別是一事，常喚醒此心便是。人每日只鶻鶻突突過了，心都不曾收拾得在裏面。」人常恭敬，則心常光明，自能做得此身主宰〔註192〕。聖賢千言萬語只是要人不失其本心，心在，群妄自然退聽，收斂得心在此身。

> 致知、敬、克己，此三事，以一家譬之：敬是守門戶之人，克己則是拒盜，致知卻是去推察自家與外來底事。伊川言：「涵養須用敬，進學則在致知。」不言克己。蓋敬勝百邪，便自有克，如誠則便不消言閑邪之意。猶善守門戶，則與拒盜便是一等事，不消更言別有拒盜底。若以涵養對克己言之，則各作一事亦可。涵養，則譬如將息；克己，則譬如服藥去病。蓋將息不到，然後服藥。將息則自無病，何消服藥。能純於敬，則自無邪僻，何用克己。若有邪僻，只是敬心不純，只可責敬。故敬則無己可克，乃敬之效。若初學，則須是工夫都到，無所不用其極〔註193〕。

〔註189〕《朱子語類》卷十二《學六・持守》，頁210。

〔註190〕《朱子語類》卷十二《學六・持守》，頁210。

〔註191〕《朱子語類》卷十二《學六・持守》，頁207。

〔註192〕《朱子語類》卷十二《學六・持守》，頁210。

〔註193〕《朱子語類》卷九《學三・論知行》，頁151。

因此，所謂「存心」、「收放心」、「克己」不過是以「敬」喚醒內心自具的純乎善的德性〔註 194〕，這樣，「主敬」和「存心」在又因「求仁」得到統一：

> 百行萬善，固是都合著力，然如何件件去理會得！百行萬善總於五常，五常又總於仁，所以孔孟只教人求仁。求仁只是「主敬」，「求放心」，若能如此，道理便在這裏〔註195〕。

> 主敬者存心之要，而致知者進學之功。二者交相發焉，則知日益明，守日益固，而舊習之非自將日改月化於冥冥之中矣〔註196〕。

在朱子的視域之中，「敬」除了有與「求放心」相關的「收斂」、「克己」之義，還有「畏」義〔註197〕：「《中庸》戒慎恐懼，皆敬之意」〔註198〕。因此，心中對人欲之私常存戒慎恐懼的「慎獨」，也是涵養德性的方式。《大學》和《中庸》都談到「慎獨」。《中庸》首章以「慎獨」爲「存養省察之要」：

> 道也者，不可須臾離也，可離非道也。是故君子戒慎乎其所不睹，恐懼乎其所不聞。莫見乎隱，莫顯乎微，故君子慎其獨也。（《中庸》第一章）

朱子注解說：

> 獨者，人所不知而己所獨知之地也。言幽暗之中，細微之事，跡雖未形而幾則已動，人雖不知而己獨知之，則是天下之事無有著見明顯而過於此者。是以君子既常戒懼，而於此尤加謹焉，所以過人欲於將萌，而不使其滋長於隱微之中，以至離道之遠也〔註199〕。

朱子的注解文字所強調的正是在幽微之地對天理心存敬畏，這樣纔能存天理，滅人欲，而無過與不及之差。這是在「未發」之際的涵養省察，所以「學者但要識得此心，存主在敬，四端漸會擴充」〔註200〕。

《大學》更是以「慎獨」貫穿「誠意」章之始終：

〔註194〕 《朱子語類》卷十二《學六‧持守》，頁 201～202。

〔註195〕 《朱子語類》卷六《性理三‧仁義禮智等名義》，頁 113。

〔註196〕 《晦庵集》卷三八《答徐元敏》，《朱子全書》第 21 冊，頁 1718～1719。

〔註197〕 朱子說：「敬是不放肆底意思，誠是不欺妄底意思」，「誠只是一箇實，敬只是一箇畏」，諸如此類的還有很多。《朱子語類》卷六《性理三‧仁義禮智等名義》，頁 30。

〔註198〕 《朱子語類》卷三五《論語十七‧泰伯》「曾子有疾謂門弟子」，頁 913。

〔註199〕 《中庸章句》第一章注，頁 17～18。

〔註200〕 《朱子語類》卷《孟子三‧公孫丑上之下》「人皆有不忍人之心」章，頁 1285。

　　所謂誠其意者，毋自欺也，如惡惡臭，如好好色，此之謂自謙，故君子必愼其獨也！小人閒居爲不善，無所不至，見君子而後厭然，揜其不善，而著其善。人之視己，如見其肺肝然，則何益矣。此謂誠於中，形於外，故君子必愼其獨也。曾子曰：「十目所視，十手所指，其嚴乎！」富潤屋，德潤身，心廣體胖，故君子必誠其意。

　　（《大學章句》傳第六章）

朱子注解說：

　　誠其意者，自修之首也。……獨者，人所不知而己所獨知之地也。言欲自修者知爲善以去其惡，則當實用其力，而禁止其自欺。使其惡惡則如惡惡臭，好善則如好好色，皆務決去，而求必得之，以自快足於己，不可徒苟且以殉外而爲人也。然其實與不實，蓋有他人所不及知而己獨知之者，故必謹之於此以審其幾焉。……小人陰爲不善，而陽欲揜之，則是非不知善之當爲與惡之當去也；但不能實用其力以至此耳。然欲揜其惡而卒不可揜，欲詐爲善而卒不可詐，則亦何益之有哉！此君子所以重以爲戒，而必謹其獨也。……雖幽獨之中，而其善惡之不可揜如此。可畏之甚也。……富則能潤屋矣，德則能潤身矣，故心無愧怍，則廣大寬平，而體常舒泰，德之潤身者然也[註201]。

　　「誠意」是自修之首，誠於中、形於外正是「敬以直內」的效驗。朱子於道德涵養言必稱「正心誠意」，卻以「涵養需是敬」爲其進德之方，也正是由於「敬」統攝了「收放心」和「戒愼恐懼」兩個義項，這兩者正是成就德性的關鍵。

　　在實踐當中，以「敬」爲核心的「尊德性」就體現在存養「浩然之氣」上。所謂「浩然之氣」正是孟子所說：「其爲氣也，至大至剛，以直養而無害，則塞于天地之閒。其爲氣也，配義與道；無是，餒也。是集義所生者，非義襲而取之也。行有不慊於心，則餒矣。」（《孟子・公孫丑上》）朱子注解說：

　　蓋天地之正氣，而人得以生者，其體段本如是也。惟其自反而縮，則得其所養；而又無所作爲以害之，則其本體不虧而充塞無間矣。程子曰：「天人一也，更不分別。浩然之氣，乃吾氣也。養而無

─────────────────

[註201]　《大學章句》傳第六章注，頁7～8。

害，則塞乎天地；一爲私意所蔽，則欿然而餒，卻甚小也。」謝氏曰：「浩然之氣，須於心得其正時識取。」又曰：「浩然是無虧欠時。」〔註202〕

養氣必以集義爲事，事事合於義理而無所虧欠，浩然之氣繞能沛然充盈。氣有未充，則不能預期其效以助其長，日日從事於其所事，無時而不用力於其間，則人欲漸滅，天理復行，自能神清氣定。「養氣」最佳的實踐方式是「養夜氣」。存養夜氣正是「敬以直內」的存心之法：

> 人之良心雖已放失，然其日夜之間，亦必有所生長。故平旦未與物接，其氣清明之際，良心猶必有發見者。但其發見至微，而旦晝所爲之不善，又已隨而梏亡之，……晝之所爲，既有以害其夜之所息；夜之所息，又不能勝其晝之所爲，是以展轉相害。至於夜氣之生，日以寖薄，而不足以存其仁義之良心，則平旦之氣亦不能清，而所好惡遂與人遠矣……愚聞之師曰：「人，理義之心未嘗無，惟持守之即在爾。若於旦晝之間，不至梏亡，則夜氣愈清。夜氣清，則平旦未與物接之時，湛然虛明氣象，自可見矣。」孟子發此夜氣之說，於學者極有利，宜熟玩而深省之也〔註203〕。

「養夜氣」正是要存養省察，使義理之心勝其私欲之心。靜坐是「養夜氣」的最佳方式。靜坐之法實得之於佛教，道學家將其作爲「養氣」、「存心」、「主敬」的體驗和獲得方式。程頤見人靜坐便歎其善學，程顥、李侗也教學者靜坐，朱子受其影響，更將「靜坐」視爲學者的始學工夫：

> 當靜坐涵養時，正要體察思繹道理，只此便是涵養，不是說喚醒提撕，將道理去卻那邪思妄念。只自家思量道理時，自然邪念不作。「言忠信，行篤敬」，「立則見其參於前，在輿則見其倚於衡」，只是常常見這忠信篤敬在眼前，自然邪妄無自而入，非是要存這忠信篤敬，去除那不忠不敬底心。今人之病，正在於靜坐讀書時二者工夫不一，所以差。〔註204〕

靜坐時的養氣活動，使得「尊德性」不僅是內心的涵養與省察，更成爲現實生活中的修習活動，這便儼然有了類似於宗教的莊嚴肅穆。

〔註202〕《孟子集注・公孫丑上》「夫子加齊之卿相」章，頁232～233。
〔註203〕《孟子集注・告子上》「牛山之木嘗美矣」章，頁337。
〔註204〕《朱子語類》卷十二《學六・持守》，頁217。

綜上所述,「尊德性」是成就德性(爲仁)的途徑,而其所以尊之者在「敬」。朱子和陸象山對「尊德性」和「道問學」的先後存有爭議,這是宋代理學的經典問題。在朱子而言,「道問學」要在邏輯上要先於「尊德性」,但這並不意味著朱子於「尊德性」不重視。余英時說:「所有宋、明儒家,都是尊德性。……象山雖然並不主張完全廢書不觀,但他畢竟認爲讀書對於成德的工夫而言,只是在外的,不是直接相干的。……朱子當然也是尊德性的。但是他特別強調在尊德性下也大有事在,不是祇肯定了尊德性就一切都夠了。……朱子喜歡研究學問,注重知識一方面。」〔註205〕朱子之所以執持這樣的觀念,在根本上是因爲他認爲「仁」和「智」是入聖的兩翼與兩輪。朱子正是嘗試藉助「尊德性而道問學」爲即凡而聖找到一條明確的路徑。

第四節　聖人的兩個典型代表

在朱子的話語當中,舜和孔子是被討論最多的「聖人」。如果能夠釐清朱子視域之下舜和孔子的基本形象,那麼就能明晰朱子在普遍意義上的聖人品格和入聖之塗。

一、舜:人倫之至

儒家對舜的尊崇有著非常悠久的歷史。舜是最早被儒家認同的聖人之一,所以《漢書‧藝文志》說儒家「祖述堯舜,憲章文武」。這句話實則來自《中庸》,朱子注解說:「祖述者,遠宗其道。憲章者,近守其法。」〔註206〕堯之盛世有《擊壤歌》、《康衢歌》歌頌其盛德之治,堯將禪舜,則有《卿雲歌》:「卿雲爛兮,糺縵縵兮。日月光華,旦復旦兮」;八伯和歌:「明明上天,爛然星陳。日月光華,弘於一人」。舜之爲治,則有《南風歌》:「南風之薰兮,可以解吾民之慍兮。南風之時兮,可以阜吾民之財兮。」〔註207〕這些都是儒者所稱道的盛世之極致。

《尚書》對舜的記載主要集中於道德和功績〔註208〕,但對其具體的生平

〔註205〕余英時:《歷史與思想》,台北:聯經出版事業公司,1976,頁127～128。

〔註206〕《中庸章句》第三十章,頁38。

〔註207〕所引詩歌文句俱出自沈德潛:《古詩源》,北京:中華書局,2006年第2版,頁2～3。

〔註208〕關於舜早年的記載,早於《孟子》者主要是《尚書》中的〈堯典〉、〈舜典〉兩篇。〈堯典〉:「帝曰:『咨!四岳:朕在位七十載,汝能庸命,巽朕位?』」……

經歷則多語焉不詳。關於舜的討論，至《孟子》而始詳（或許有比《孟子》更早的文獻記錄了舜的事蹟，但在司馬遷的時代或已亡佚）。司馬遷作《五帝本紀》，其於舜的敘述基本取材於《孟子》和《尚書》，茲以《五帝本紀》述舜的出處行事：

> 虞舜者，……舜父瞽叟盲，而舜母死，瞽叟更娶妻而生象，象傲。瞽叟愛後妻子，常欲殺舜，舜避逃；及有小過，則受罪。順事父及後母與弟，日以篤謹，匪有解。……舜父瞽叟頑，母嚚，弟象傲，皆欲殺舜。舜順適不失子道，兄弟孝慈。欲殺，不可得；即求，嘗在側。舜年二十以孝聞。三十而帝堯問可用者，四嶽咸薦虞舜，曰可。於是堯乃以二女妻舜以觀其內，使九男與處以觀其外。舜居嬀汭，內行彌謹。堯二女不敢以貴驕事舜親戚，甚有婦道。堯九男皆益篤。……堯乃賜舜絺衣，與琴，爲築倉廩，予牛羊。瞽叟尚復欲殺之，使舜上塗廩，瞽叟從下縱火焚廩。舜乃以兩笠自扞而下，去，得不死。後瞽叟又使舜穿井，舜穿井爲匿空旁出。舜既入深，瞽叟與象共下土實井，舜從匿空出，去。瞽叟、象喜，以舜爲已死。象曰：「本謀者象。」象與其父母分，於是曰：「舜妻堯二女，與琴，象取之。牛羊倉廩予父母。」象乃止舜宮居，鼓其琴。舜往見之。象鄂不懌，曰：「我思舜正鬱陶！」舜曰：「然，爾其庶矣！」舜復事瞽叟，愛弟彌謹。於是堯乃試舜五典百官，皆治……舜入于大麓，烈風雷雨不迷，堯乃知舜之足授天下。堯老，使舜攝行天子政，巡狩。舜得舉用事二十年，而堯使攝政。攝政八年而堯崩。三年喪畢，……天下歸舜。……於是舜乃至於文祖……命十二牧論帝德，行厚德，遠佞人，則蠻夷率服〔註209〕。

師錫帝曰：『有鰥在下，曰虞舜。』帝曰：『俞，予聞。如何？』岳曰：『瞽子，父頑，母嚚，象傲。克諧以孝烝烝，乂不格姦。』帝曰：『我其試哉！』女于時，觀厥刑于二女。釐降二女于嬀汭，嬪于虞。帝曰：『欽哉！』〈舜典〉：「濬哲文明，溫恭允塞。玄德升聞，乃命以位。慎徽五典，五典克從。納于百揆，百揆時敘。賓于四門，四門穆穆。納于大麓，烈風雷雨弗迷。」

〔註209〕 司馬遷：《史記》（三家注）卷一《五帝本紀》，北京：中華書局，1982年第2版，頁31～44。引用這段文字乃是因爲它主要取材於《孟子》，但較《孟子》連貫而翔實，省去重新整合之煩。同時，朱子也正是藉助《史記·五帝本紀》來連綴舜的出處行事的，如其注《孟子·萬章上》「萬章問曰舜往於田」章、「萬章問曰詩云」章，都有大段文字引自《史記·五帝本紀》。

　　舜的這些出處行事雖難免夾雜小說家言，但由於出自《尚書》和《孟子》，其真實性已由朱子辨明（詳見本書相關章節）。不過，朱子對舜的論述不同於六經（尤其是《尚書》）對舜「外王」方面的記載，他是以《孟子》和《中庸》為依據而展開的。具體而言，朱子是從「仁」和「智」兩個維度來重新描繪舜的形象的。其中，《孟子》側重舜的「人倫之至」，這屬於「仁」的層面；《中庸》側重於描述舜的大智，這屬於「智」的層面。這樣的舜跟孔子一樣，是一位「仁且智」的聖人。

1. 舜在人倫關係中的極致表現

　　孟子基於舜而提出「聖人，人倫之至」這個著名論斷：

> 欲為君盡君道，欲為臣盡臣道，二者皆法堯舜而已矣。不以舜之所以事堯事君，不敬其君者也；不以堯之所以治民治民，賊其民者也。（《孟子·離婁上》）

　　舜有天下之位而不以為樂，以不順乎親之心為憂，所以年屆五十而猶慕父母，可謂盡心，可謂大孝〔註210〕。正見其不失本心而能盡其性，「不以得眾人之所欲為己樂，而以不順乎親之心為己憂」〔註211〕。舜的「大孝」在《中庸》和《孟子》中都有提及：

> 子曰：「舜其大孝也與！德為聖人，尊為天子，富有四海之內。宗廟饗之，子孫保之。故大德必得其位，必得其祿，必得其名，必得其壽。故天之生物，必因其材而篤焉。故栽者培之，傾者覆之，《詩》曰：『嘉樂君子，憲憲令德！宜民宜人，受祿於天；保佑命之，自天申之！』故大德者必受命。」（《中庸》第十七章）

> 孟子曰：「天下大悅而將歸己。視天下悅而歸己，猶草芥也，惟舜為然。不得乎親，不可以為人；不順乎親，不可以為子。舜盡事親之道而瞽瞍底豫，瞽瞍底豫而天下化，瞽瞍底豫而天下之為父子者定，此之謂大孝。」（《孟子·離婁上》）

　　孟子說：「堯舜之道，孝悌而已矣。」（《孟子·告子下》）舜在處理瞽瞍和象的這兩重關係時，盡其心力，做到極致。相比於天子之位，舜更在意的是得於父母兄弟之心：「人悅之、好色、富貴，無足以解憂者，惟順於父母，

〔註210〕　《孟子集注·萬章上》「萬章問曰舜往於田」章，頁307～308。

〔註211〕　《論語集注·泰伯》：「子曰：『巍巍乎！舜禹之有天下也，而不與焉。』」朱子注曰：「不與，猶言不相關，言其不以位為樂也。」頁107。

可以解憂。」（《孟子・萬章上》）因此，舜「視棄天下，猶棄敝蹝也」（《孟子・盡心上》），年五十猶慕父母，「爲不順於父母，如窮人無所歸」（《孟子・萬章上》）。若瞽瞍殺人，舜必「竊負而逃，遵海濱而處，終身訢然，樂而忘天下」（《孟子・盡心上》）。朱子對舜的心跡有一番精彩的闡發：

> 聖人一身渾然天理，故極天下之至樂，不足以動其事親之心；極天下之至苦，不足以害其事親之心。一心所慕，惟知有親。看是甚麼物事，皆是至輕。施於兄弟亦然。但知我是兄，合當友愛其弟，更不問如何。且如父母使之完廩，待上去，又捐階焚廩，到得免死下來，當如何？父母教他去浚井，待他入井，又從而揜之，到得免死出來，又當如何？若是以下等人處此，定是喫不過。非獨以下人，雖平日極知當孝其親者，到父母以此施於己，此心亦喫不過，定是動了。象爲弟，「日以殺舜爲事」。若是別人，如何也須與他理會，也須喫不過。舜只知我是兄，惟知友愛其弟，那許多不好景象都自不見了。這道理，非獨舜有之，人皆有之；非獨舜能爲，人人皆可爲。所以《大學》只要窮理。舜「明於庶物，察於人倫」，唯是於許多道理見得極盡，無有些子未盡。但舜是生知，不待窮索〔註212〕。

舜處人倫之變的得體表現也正是其作爲生知之聖而以仁德推以及人的最好詮釋。

2. 舜正以其大智完成其道德的純粹

仁、智、勇是完成「人倫之至」的三達德：

> 天下之達道五，所以行之者三：曰君臣也，父子也，夫婦也，昆弟也，朋友之交也：五者天下之達道也。知、仁、勇三者，天下之達德也，所以行之者一也。（《中庸章句》第二十章）

朱子注釋這段文字說：

> 達道者，天下古今所共由之路，即《書》所謂「五典」，孟子所謂「父子有親、君臣有義、夫婦有別、長幼有序、朋友有信」是也。知，所以知此也；仁，所以體此也；勇，所以強此也；謂之達德者，天下古今所同得之理也。一則誠而已矣。達道雖人所共由，然無是

〔註212〕《朱子語類》卷五八《孟子八・萬章上》「問舜往於田」章並下章，頁 1357～1358。

三德，則無以行之；達德雖人所同得，然一有不誠，則人欲間之，而德非其德矣〔註213〕。

《中庸》正是以知、仁、勇三達德爲入道之門，故而在其前面的篇幅以大舜、顏淵、子路之事明之。其中，「舜，知也；顏淵，仁也；子路，勇也」，三者廢其一，則無以造道而成德〔註214〕。舜於「三達德」之中是「智」的代表，正如《中庸》所說：

子曰：「舜其大知也與！舜好問而好察邇言，隱惡而揚善，執其兩端，用其中於民，其斯以爲舜乎！」（《中庸》第六章）

朱子注解說：

舜之所以爲大知者，以其不自用而取諸人也。……淺近之言，猶必察焉，其無遺善可知。然於其言之未善者則隱而不宣，其善者則播而不匿，其廣大光明又如此，則人孰不樂告以善哉。……於善之中又執其兩端，而量度以取中，然後用之，則其擇之審而行之至矣。然非在我之權度精切不差，何以與此。此知之所以無過不及，而道之所以行也〔註215〕。

舜有大智乃是因爲他不剛愎自用而能博採眾長，這正是孟子所說的舜「善與人同。舍己從人，樂取於人以爲善」（《孟子・公孫丑上》）。所以，舜能公天下之善而不爲私，己未善則無所繫吝而舍己從人，人有善則不待勉強而取之於己，故能聞善言，見善行，一有所觸，便沛然若決江河而莫之能禦〔註216〕。

若更進一步推之，舜之所以能博採眾長、善與人同，具此湛然氣象，乃是因爲他能執中行權，通權達變，而無過與不及之差。《孟子》通過舜「不告而娶」來體現舜的這種中庸之德：

孟子曰：「不孝有三，無後爲大。舜不告而娶，爲無後也，君子以爲猶告也。」（《孟子・離婁上》）

萬章問曰：「《詩》云：『娶妻如之何？必告父母。』信斯言也，宜莫如舜。舜之不告而娶，何也？」孟子曰：「告則不得娶。男女居室，人之大倫也。如告，則廢人之大倫，以懟父母，是以不告也。」

〔註213〕《中庸章句》第二十章，頁29。
〔註214〕《中庸章句》第十一章，頁22。
〔註215〕《中庸章句》第六章，頁20。
〔註216〕《孟子集注・公孫丑上》「子路人告之以有過則喜」章，頁241。

萬章曰：「舜之不告而娶，則吾既得聞命矣；帝之妻舜而不告，何也？」

曰：「帝亦知告焉則不得妻也。」（《孟子·萬章上》）

「權」就是衡器的要件稱錘，「稱物輕重而往來以取中」〔註217〕。「執中行權」正是中庸的精義所在，「道之所貴者中，中之所貴者權」〔註218〕，「執中而無權，則膠於一定之中而不知變，是亦執一而已矣」〔註219〕。由於特殊的家庭背景，舜「不告而娶」不但沒有違背禮法，反而通過適當的權變而保全了人之大倫，各得所宜。所以，舜遭人倫之變，又不失天理之常，權而得中，不離其正〔註220〕。通權達變是實現中庸的重要手段，但只有舜這樣的「體道者」纔能恰如其分的運用自如：

范氏（祖禹）曰：「天下之道，有正有權。正者萬世之常，權者一時之用。常道人皆可守，權非體道者不能用也。蓋權出於不得已者也，若父非瞽瞍，子非大舜，而欲不告而娶，則天下之罪人也。」
〔註221〕

舜「大孝」又「大知」，仁、智兼濟，所以能以此內聖之德，成就顯赫的外王之業。舜作為聖王的功績在《尚書》、《史記·五帝本紀》中有詳細的記載：

舜曰：「嗟！女二十有二人，敬哉，惟時相天事。」三歲一考功，三考絀陟，遠近眾功咸興。分北三苗。此二十二人咸成厥功：皋陶為大理，平，民各伏得其實；伯夷主禮，上下咸讓；垂主工師，百工致功；益主虞，山澤辟；弃主稷，百穀時茂；契主司徒，百姓親和；龍主賓客，遠人至；十二牧行而九州莫敢辟違；唯禹之功為大，披九山，通九澤，決九河，定九州，各以其職來貢，不失厥宜。方五千里，至于荒服。南撫交阯、北發，西戎、析枝、渠廋、氐、羌，北山戎、發、息慎，東長、鳥夷，四海之內咸戴帝舜之功。於是禹乃興《九招》之樂，致異物，鳳皇來翔。天下明德皆自虞帝始。

（《史記·五帝本紀》）

〔註217〕 《孟子集注·離婁上》「淳于髡曰男女授受不親」章，頁289。
〔註218〕 《孟子集注·盡心上》「楊子取為我」章，頁364。
〔註219〕 《孟子集注·盡心上》「楊子取為我」章，頁364。
〔註220〕 《孟子集注·萬章上》「萬章問曰詩雲」章，頁310。
〔註221〕 《孟子集注·離婁上》「不孝有三」章，頁292。

孔子說「無為而治者，其舜也與？夫何為哉，恭己正南面而已矣」（《論語·衛靈公》），這是對舜最好的讚譽。

綜上所述，舜本是「生於諸馮，遷於負夏，卒於鳴條」的東夷人（《孟子·離婁下》），他「居深山之中，與木石居，與鹿豕遊」（《孟子·盡心上》），「飯糗茹草也，若將終身焉」（《孟子·盡心下》），這時的舜「所以異於深山之野人者幾希」（《孟子·盡心上》）。但是，舜「明於庶物，察於人倫，由仁義行，非行仁義」（《孟子·離婁下》），以其「大孝」和「大知」實現了自我的完成，這樣的舜是「性之」的生知之聖。儘管堯、舜都是生知之聖，但孟子往往藉助他們（尤其是舜）來論證聖人與普通人同類的觀點，如其所謂「君子所以異於人者，以其存心也」，「舜人也，我亦人也。舜為法於天下，可傳於後世，我由未免為鄉人也，是則可憂也。憂之如何？如舜而已矣。若夫君子所患則亡矣。非仁無為也，非禮無行也。如有一朝之患，則君子不患矣。」（《孟子·離婁下》）普通人要成為堯舜那樣的聖人，還是要成為跖那樣的大盜，完全取決於他自己的選擇，而舜正自具有召喚普通人即凡而聖的偉大人格。

二、孔子：仁且智，夫子既聖矣

孔子說他很難見到聖人，對別人視他為聖者的說法也一再謙遜，如其謂「若聖與仁，則吾豈敢」（《論語·述而》），「聖則吾不能，我學不厭而教不倦也」（《孟子·公孫丑上》）。孔子死後，弟子們卻違背了他的這個初衷，一再將他視為聖人。在他們（尤其是子貢）看來，孔子門牆數仞，不得其門則無以登堂入室，夫子宛如天上的太陽，即使被人詆毀也不會有絲毫損傷。孔子的不可及之處，就像天不可「階而升」，是眾人無法逾越的〔註222〕。宰我、子貢、有若頌贊孔子說：

> 宰我曰：「以予觀於夫子，賢於堯舜遠矣。」子貢曰：「見其禮而知其政，聞其樂而知其德。由百世之後，等百世之王，莫之能違也。自生民以來，未有夫子也。」有若曰：「豈惟民哉？麒麟之於走獸，鳳凰之於飛鳥，太山之於丘垤，河海之於行潦，類也。聖人之

〔註222〕《論語·子張》記述子貢維護孔子形象的有三章，每章各有一個經典的譬喻，如「夫子之牆數仞」，「他人之賢者，丘陵也，猶可逾也；仲尼，日月也，無得而逾焉。人雖欲自絕，其何傷於日月乎」，「夫子之不可及也，猶天之不可階而升也」。

於民，亦類也。出於其類，拔乎其萃，自生民以來，未有盛於孔子也。」(《孟子・公孫丑上》)

弟子視孔子爲自生民以來而未有者，而孟子以孔子集諸聖之大成：

孟子曰：「伯夷，聖之清者也；伊尹，聖之任者也；柳下惠，聖之和者也；孔子，聖之時者也。孔子之謂集大成。集大成也者，金聲而玉振之也。金聲也者，始條理也；玉振之也者，終條理也。始條理者，智之事也；終條理者，聖之事也。……」(《孟子・萬章下》)

司馬遷始以孔子爲「至聖」〔註223〕：

天下君王至于賢人衆矣，當時則榮，沒則已焉。孔子布衣，傳十餘世，學者宗之。自天子王侯，中國言六藝者折中於夫子，可謂至聖矣！(《史記・孔子世家》)

漢武帝獨尊儒術以來，歷代帝王對孔子多有封贈〔註224〕，以表彰孔子人文化成的偉大功績。朱子對孔子形象的論述基本捨棄了這些世俗皇權給予孔子的名分，而是依據《論語》、《孟子》等儒家基本典籍來展開，即孔子是聖人之「集大成」的說法。

朱子對孔子的贊譽簡直無以附加，在他的文集、語錄之中，「聖人」幾乎成爲孔子的代名詞。儘管《論語》對孔子言行有著非常詳細的記載，朱子還是和孟子一樣，從「智」與「聖」(「仁」、「德」)兩個維度來論證孔子的「集大成」，這也正驗證了「仁且智，夫子既聖矣」正是其成聖的兩翼：

智者，知之所及；聖者，德之所就也。蓋樂有八音，……八音之中，金石爲重，故特爲衆音之綱紀。……宣以始之，收以終之。二者之間，脈絡通貫，無所不備，則合衆小成而爲一大成，猶孔子之知無不盡而德無不全也。……孔子巧力俱全，而聖智兼備，三子

〔註223〕「至聖」一詞雖在《中庸》中出現過(第三十二章「唯天下至聖，爲能聰明睿知」)，但直接將孔子與「至聖」聯繫在一起的是司馬遷《史記・孔子世家》。

〔註224〕西漢元始元年(1)，封孔子爲「褒成宣尼公」，此後各代均有封贈。隋開皇元年(581)，稱孔子爲「先師尼父」。唐貞觀二年(628)，改稱孔子爲「先聖」；開元二十七年(739)，追贈孔子爲「文宣王」。宋大中祥符元年(1008)，追贈孔子爲「玄聖文宣王」，大中祥符五年(1012)，改爲「至聖文宣王」，元大德十一年(1307)，追贈孔子爲「大成至聖文宣王」。明嘉靖九年(1530)，改稱「至聖先師」。清順治二年(1645)，改稱「大成至聖先師」，順治十四年(1657)改稱「至聖先師」。這段文字主要參考了維基百科「孔子」詞條中諸代對孔子的封贈部份，參考日期爲2016年8月7日。

則力有餘而巧不足，是以一節雖至於聖，而智不足以及乎時中也。

此章言三子之行，各極其一偏；孔子之道，兼全於眾理。所以偏者，由其蔽於始，是以缺於終；所以全者，由其知之至，是以行之盡。

〔註225〕

「知無不盡而德無不全」，正是朱子論述孔子形象的總綱。

1.「發憤忘食，樂以忘憂」的好學者

孔子是一位好學者，這是他完成知性的重要途徑，這也使得孔子在一開始就把握了非常準確的「成聖」方向。《論語》中記載孔子志學、好學、論學的章節很多，下就綜合朱子對這些章節的注解來談孔子成就「智」的途徑。

孔子十五而志於學，而學無常師〔註226〕，對大學之道念念在心而爲之不厭。孔子本來生知安行，但他總是謙遜地說自己是由學而至，他希望以此爲學者立法，勉進後人，一以示學者當優遊涵泳，不可躐等而進；二以示學者當日就月將，盈科而後進，不可半途而廢〔註227〕。孔子進學有日新之德，「學如不及，猶恐失之」（《論語·泰伯》），晚年學業有成，依舊好學甚篤，如其所謂「加我數年，五十以學《易》，可以無大過矣」（《論語·述而》）。孔子學《易》，韋編三絕，正是其黽勉勤奮的眞實寫照。有人稱贊他「博學而無所成名」（《論語·子罕》），實際上孔子雖看似博學，而實則以「忠恕」之道一以貫之。孔子曾非常自信地說：「十室之邑，必有忠信如丘者焉，不如丘之好學也。」（《論語·公冶長》）其言下之意正是「美質易得，至道難聞，學之至則可以爲聖人，不學則不免爲鄉人而已」〔註228〕。孔子氣質清明，義理昭著，本不待學而後知，其好學如此，卻一直有謙而又謙的美德：「默而識之，學而不厭，誨人不倦，何有於我哉？」（《論語·述而》）「我非生而知之者，好古，敏以求之者也」（《論語·述而》）。這並非僅是爲了勉勵後知後覺，而是因爲「蓋生而可知者義理爾，若夫禮樂名物，古今事變，亦必待學而後有以驗其實也。」〔註229〕

〔註225〕 《孟子集注·萬章下》「伯夷目不視惡色」章，頁320～321。

〔註226〕 《論語集注·子張》「衛公孫朝問於子貢」章：「夫子……亦何常師之有？」頁193。

〔註227〕 《論語集注·爲政》「吾十有五而志於學」章引程頤、胡寅及自說新義，頁54～55。

〔註228〕 《論語集注·公冶長》「十室之邑」章，頁83。

〔註229〕 《論語集注·述而》「我非生而知之者」章，頁98。

　　孔子對自己的評價是「發憤忘食，樂以忘憂，不知老之將至」（《論語‧述而》）。朱子認爲這句話是孔子「自言其好學之篤」：「未得，則發憤而忘食；已得，則樂之而忘憂。以是二者俛焉日有孳孳，而不知年數之不足」，於此可見孔子「全體至極，純亦不已之妙，有非聖人不能及者」〔註230〕。孔子學習並非是爲了求祿，而是爲了求道，所以他說「耕也，餒在其中矣；學也，祿在其中矣。君子憂道不憂貧」（《論語‧衛靈公》），「三年學，不至於穀，不易得也」（《論語‧泰伯》）。

　　孔子特別強調「學」與「思」的關係，他談及自己的經歷時說：「吾嘗終日不食，終夜不寢，以思，無益，不如學也。」（《論語‧衛靈公》）所以，「學」與「思」應該是互相促進的，否則「學而不思則罔，思而不學則殆」（《論語‧爲政》），因爲「不求諸心，故昏而無得。不習其事，故危而不安」，「博學、審問、愼思、明辨、篤行五者廢其一，非學也。」〔註231〕

　　職是之故，孔子教導弟子除了道德修養和日常踐履之外，還要「行有餘力，則以學文」（《論語‧學而》），因爲「力行而不學文，則無以考聖賢之成法，識事理之當然，而所行或出於私意，非但失之於野而已」〔註232〕。孔子對弟子重踐履而輕學文的做法持一貫的批評態度：

　　　　子路使子羔爲費宰，子曰：「賊夫人之子。」子路曰：「有民人焉，有社稷焉。何必讀書，然後爲學？」子曰：「是故惡夫佞者。」
　　（《論語‧先進》）

　　子路認爲治民、事神皆所以爲學，而孔子認爲必學之已成，纔可以仕而行其所學。如果未嘗學習，就以仕爲學，猝然臨之以事神、治民之事，鮮有不至於慢神、虐民境地的，正如范祖禹說：「古者學而後入政，未聞以政學者也。蓋道之本在於修身，而後及於治人，其說具於方冊，讀而知之，然後能行。何可以不讀書也？子路乃欲使子羔以政爲學，失先後本末之序矣。不知其過而以口給禦人，故夫子惡其佞也。」〔註233〕爲學之效在於「君子學道則愛人，小人學道則易使」（《論語‧陽貨》），子路勇於爲善，其所失之處恰在於未能好學以明之，若徒好之而不學理以明之，則各有所蔽〔註234〕。

〔註230〕《論語集注‧述而》「葉公問孔子於子路」章，頁98。
〔註231〕《論語集注‧爲政》「學而不思則罔」章引程頤說，頁57。
〔註232〕《論語集注‧學而》「弟子入則孝」章，頁49。
〔註233〕《論語集注‧先進》「子路使子羔爲費宰」章，頁130。
〔註234〕《論語集注‧陽貨》「由也女聞六言六蔽矣乎」章，頁179。

如果說學與不學是一回事，而所學正與不正又是另外一回事：

> 樊遲請學稼，子曰：「吾不如老農。」請學爲圃。曰：「吾不如
> 老圃。」樊遲出。子曰：「小人哉，樊須也！上好禮，則民莫敢不敬；
> 上好義，則民莫敢不服；上好信，則民莫敢不用情。夫如是，則四
> 方之民繈負其子而至矣，焉用稼？」（《論語・子路》）

楊時說：

> 樊須遊聖人之門，而問稼圃，志則陋矣，辭而闢之可也。待其
> 出而後言其非，何也？蓋於其問也，自謂農圃之不如，則拒之者至
> 矣。須之學疑不及此而不能問，不能以三隅反矣，故不復。及其既
> 出，則懼其終不喻也，求老農老圃而學焉，則其失愈遠矣。故復言
> 之，使知前所言者意有在也〔註235〕。

實際上，孔子於稼圃之事應當是熟悉的，因爲他只是「不如老農」、「不
如老圃」，「不如」並非「不知」，且說「吾少也賤，故多能鄙事」（《論語・子
罕》），其於稼圃之事肯定也很在行，但他並不以此教樊遲，因爲有比稼圃更
值得學習的東西。樊遲在聖門而學稼圃，正與許行「君民並耕」之類相似〔註
236〕，其所學自有不正，所以孔子在樊遲離開後纔強調其所當修習的應是禮、
義、信等與修身相關的德性。對學者來說，《詩》和禮可以完成這樣的使命。
所以，孔子跟弟子說：「小子！何莫學夫《詩》？《詩》，可以興，可以觀，
可以群，可以怨。邇之事父，遠之事君。多識於鳥獸草木之名。」（《論語・
陽貨》）他教育孔鯉也不過是「不學《詩》，無以言」，「不學禮，無以立」，課
子與授徒並無二致，所以陳亢感慨說「聞君子之遠其子」（《論語・季氏》）。

2. 流浪的君子：天將以夫子為木鐸

仁是「愛之理，心之德」〔註237〕，是一種由此及彼的德性修養。朱子注
解《孟子》「教不倦，仁也」說「教不倦者，仁之所以及物」〔註238〕。「仁」
的外在表現是「親親而仁民，仁民而愛物」（《孟子・盡心上》），所以，程頤
說：「仁，推己及人，如老吾老以及人之老，……統而言之則皆仁，分而言之
則有序。」〔註239〕這樣，仁是根，惻隱是萌芽，親親、仁民、愛物，便是推

〔註235〕　《論語集注・子路》「樊遲請學稼」章，頁144。
〔註236〕　《朱子語類》卷四三《論語二十五・子路》「樊遲請學稼」章，頁1102。
〔註237〕　《論語集注・學而》「子夏曰賢賢易色」章，頁48。
〔註238〕　《孟子集注・公孫丑上》「夫子加齊之卿相」章，頁235。
〔註239〕　《孟子集注・盡心上》「君子之於物也」章，頁270。

廣到枝葉處〔註240〕；仁如水之源，孝悌是水流的第一坎，仁民是第二坎，愛物則三坎〔註241〕，「爲仁」就是「推行仁愛以及物」〔註242〕。

　　要考察朱子視域中具有「仁」性的孔子，最好的辦法是考察孔子如何將這種高貴的德性推以及人。從孔子的生平經歷來看，最能體現這一點的莫過於孔子周遊列國、遊說諸侯的十多年經歷。朱子依照《史記・孔子世家》對這段經歷做了非常簡明扼要的概述：

> 　　（魯定公）十四年乙巳，孔子年五十六，攝行相事，誅少正卯，與聞國政。三月，魯國大治。齊人歸女樂以沮之，季桓子受之。郊又不致膰俎於大夫，孔子行。適衛，主於子路妻兄顏濁鄒家。適陳，過匡，匡人以爲陽虎而拘之。既解，還衛，主蘧伯玉家，見南子。去，適宋，司馬桓魋欲殺之。又去，適陳，主司城貞子家。居三歲而反于衛，靈公不能用。晉趙氏家臣佛肸以中牟畔，召孔子，孔子欲往，亦不果。將西見趙簡子，至河而反，又主蘧伯玉家。靈公問陳，不對而行，復如陳。季桓子卒，遺言謂康子必召孔子，其臣止之，康子乃召冉求。孔子如蔡及葉。楚昭王將以書社地封孔子，令尹子西不可，乃止。又反乎衛，時靈公已卒，衛君輒欲得孔子爲政。而冉求爲季氏將，與齊戰有功，康子乃召孔子，而孔子歸魯，實哀公之十一年丁巳，而孔子年六十八矣。然魯終不能用孔子，孔子亦不求仕，乃敘《書傳》《禮記》。刪《詩》正《樂》，序《易》〈彖〉、〈繫〉、〈象〉、〈說卦〉、〈文言〉。弟子蓋三千焉，身通六藝者七十二人。十四年庚申，魯西狩獲麟，孔子作《春秋》。明年辛酉，子路死於衛。十六年壬戌四月己丑，孔子卒，年七十三，葬魯城北泗上〔註243〕。

　　不論是司馬遷，還是朱子，他們都以道之行否來論述孔子的仕之進退。孔子周遊列國的十多年並無今日周遊世界的浪漫，倒是充滿了旅途的顛簸和凶險，「累累若喪家之狗」（《史記・孔子世家》）。在這漫長的旅途中，孔子所遇到的主要是兩類人，第一種是其所干求的列國君主，第二種是不期而遇的隱者。對於這兩類人，孔子俱有所期待，於前者，他希望國君或賢人能行其道；於後者，他希望這些隱士能夠與他一同改善天下洶洶的局面。

〔註240〕　《朱子語類》卷六《性理三・仁義禮智等名義》，頁118。
〔註241〕　《朱子語類》卷二〇《論語二・學而上》「有子曰其爲人也孝悌」章，頁463。
〔註242〕　《朱子語類》卷二〇《論語二・學而上》「有子曰其爲人也孝悌」章，頁478。
〔註243〕　《論語集注・論語序說》，頁42～44。

　　孔子在漫長的干謁生涯中，最期望與賢君或賢人行其道，興周道於東方〔註244〕，所以他「三月無君，則皇皇如也，出疆必載質」（《孟子·滕文公下》）。就連公山弗擾、佛肸這樣的叛臣召孔子，他都有一種躍躍欲試的衝動，而改變了其早年「篤信好學，守死善道。危邦不入，亂邦不居。天下有道則見，無道則隱」的法則（《論語·泰伯》）。這是因為孔子認為天下無不可為之人，亦無不可為之時，只要有合適的機會他都願意嘗試。即使與這些叛臣共事，孔子也不會改變其本色，正如孔子自陳：「不曰堅乎，磨而不磷；不曰白乎，涅而不緇。吾豈匏瓜也哉？焉能繫而不食？」（《論語·陽貨》）不過，孔子畢竟沒有去。張栻說，對於這些亂臣賊子的徵召，孔子欲往乃是其「生物之仁」，其卒不往乃是其「知人之智」〔註245〕。

　　當時王綱解紐，禮崩樂壞，諸侯想要透過孔子瞭解「軍旅之事」，而孔子所學的是「俎豆之事」（《論語·衛靈公》），現實的矛盾衝突使得孔子不得不在列國之間漂流轉徙，以尋求渺茫的希望。在這周遊列國的艱辛歷程中，孔子產生了一種「天生德於予」（《論語·述而》）、「斯文在茲」的強烈使命感：

　　　　文王既沒，文不在茲乎？天之將喪斯文也，後死者不得與於斯

　　文也；天之未喪斯文也，匡人其如予何？（《論語·子罕》）

　　孔子不肯枉尺直尋，也正是因為他自覺地承擔起了傳承斯文的歷史使命。職是之故，孔子以道進退，當他敏銳地察覺到君主無心求道，便毫不猶豫地轉徙他方，絕不肯做絲毫的猶疑。這就是孔子急於出仕卻終無行道機會的原因所在。孟子說孔子「可以仕則仕，可以止則止，可以久則久，可以速則速」（《孟子·公孫丑上》），其仕、止、久、速，各當其可，這正是「聖之時者」的體現。

　　孔子以道自任的文化自覺被儀封人精彩地闡述出來：

　　　　二三子，何患於喪乎？天下之無道也久矣，天將以夫子為木鐸。

　　（《論語·八佾》）

　　金口木舌的木鐸是施政教時振以警眾之具。天將以夫子為木鐸，意味著亂極當治，天必將使孔子得位設教，周流四方以行其教，如木鐸之狥於道路〔註246〕。這正是孔子在「知其不可而為之」的時代「以道及人」的努力，也是孔

〔註244〕　《論語集注·陽貨》「公山弗擾以費畔」章，頁178。
〔註245〕　《論語集注·陽貨》「佛肸召子欲往」章引，頁178。
〔註246〕　《論語集注·八佾》「儀封人請見」章，頁68。

子淑世情懷的絕佳體現〔註247〕。這種意義上的孔子已然不再是一個平凡的個體，他像釋迦、耶穌那樣荷擔起人間的深重苦難而意欲濟渡之，宛然宗教的救世主視天下無不可爲之時、無不可度之人。

在周遊列國的途中，孔子常遇到一些賢能的隱者。當時王官失職，散布天下，「大師摯適齊，亞飯干適楚，三飯繚適蔡，四飯缺適秦。鼓方叔入於河，播鼗武入於漢，少師陽、擊磬襄，入於海」（《論語‧微子》），操持賤役的往往有世守其官的賢者，如隱於抱關的晨門〔註248〕、以杖荷蓧的丈人、耦而耕的長沮和桀溺，當然還有「鳳歌笑孔丘」的楚狂接輿。當賢士大夫開始不約而同地隱於民間，孔子卻與他們走了一條截然相反的道路。

在「滔滔者天下皆是」的年代，孔子沒有跟著這些人作「辟世之士」，而是堅定地作著「辟人之士」。當子路無法問到津渡的時候，孔子憮然而嘆：「鳥獸不可與同群，吾非斯人之徒與而誰與？天下有道，丘不與易也。」（《論語‧微子》）孔子在列國之間屢屢受挫，當然想像他們那樣過一個安定的晚年，但又不肯絕人逃世以自潔其身。程顥說這正是因爲「聖人不敢有忘天下之心」〔註249〕。

荷蓧丈人責備子路不事農業而從師遠遊，多有傲慢之色，不肯告訴他是否見到孔子。孔子知道這件事情之後，認爲荷蓧丈人是位隱者，想再次尋訪而不得，於是不無感慨地表達出「不仕無義」的情節：「不仕無義。長幼之節，不可廢也；君臣之義，如之何其廢之？欲潔其身，而亂大倫。君子之仕也，行其義也。道之不行，已知之矣。」〔註250〕朱子注解說：「仕所以行君臣之義，故雖知道之不行而不可廢。然謂之義，則事之可否，身之去就，亦自有不可苟者。是以雖不潔身以亂倫，亦非忘義以殉祿也。」〔註251〕范祖禹說：「隱者爲高，故往而不反。仕者爲通，故溺而不止。不與鳥獸同群，則決性命之情以饗富貴。此二者皆惑也，是以依乎中庸者爲難。惟聖人不廢君臣之義，而必以其正，所以或出或處而終不離於道也。」〔註252〕

〔註247〕《論語集注‧憲問》「子路宿於石門」章，頁159。

〔註248〕《論語集注‧憲問》「子路宿於石門」章注：「掌晨啓門，蓋賢人隱於抱關者也」，頁159。

〔註249〕《論語集注‧微子》「長沮桀溺耦而耕」章，頁185。

〔註250〕朱子以爲這幾句話有兩解，一是子路述孔子之義，二是孔子所説，但原文有脱訛，故而造成這是子路語的錯漏。

〔註251〕《論語集注‧微子》「長沮桀溺耦而耕」章，頁185。

〔註252〕《論語集注‧微子》「子路從而後」章，頁186。

孔子「知其不可爲而爲之」的執著並不爲這些隱者所理解。孔子將適楚，楚狂接輿歌而過孔子曰：「鳳兮！鳳兮！何德之衰？往者不可諫，來者猶可追。已而，已而！今之從政者殆而！」（《論語‧微子》）與長沮、桀溺、荷蓧丈人的冷漠與傲慢不同，接輿對孔子非常尊重，但對時局的價值趨向與孔子存有差異，他把孔子比喻爲有道則見、無道則隱的鳳凰，所以譏其不能爲世德衰微而隱，他希望孔子不要再這樣漂流下去，因爲如今的從政者危而難扶。其實接輿說得沒錯，孔子自己都說到當今的從政者不過是「斗筲之人，何足算也」（《論語‧子路》）。可是，也正是因爲天下的從政者都有著一副相似的鄙細面孔〔註253〕，孔子爲仁於天下才如此迫切，所以當他想告訴接輿出處之義時，接輿自以爲是地避而不聞〔註254〕。

道不行，孔子畢竟沒有「乘桴浮于海」（《論語‧公冶長》），而是用實際的努力以道濟天下之溺，教育生徒，整理載籍。在道學家眼中，孔子的這些努力不僅賢於伯夷、伊尹、柳下惠，還賢於堯、舜、文、武。朱子認爲孔子賢於堯、舜，因爲孔子能「收拾累代聖人之典章、禮樂、制度、義理，以垂於世」〔註255〕。程頤說：「語聖則不異，事功則有異。夫子賢於堯舜，語事功也。蓋堯舜治天下，夫子又推其道以垂教萬世。堯舜之道，非得孔子，則後世亦何所據哉？」〔註256〕所以，有人甚至說「天不生仲尼，萬古長如夜」〔註257〕。由是觀之，孔子的「仁」並非僅是其德性的純熟，也不僅是誨人不倦的先知先覺，更是在「知其不可而爲之」的大背景之下推以及人的淑世情懷。張栻說「聖人之仁，不以無道必天下而棄之也」〔註258〕，這正是孔子聖人品性中的「仁」的絕佳體現。

第五節　周公在宋代的文化意義及其演變

上古三代的聖哲中，周公最爲顯赫。周公制禮作樂，是儒家禮樂文化的奠基者。宋代以前，周公和孔子兩位聖人並稱爲「周孔」，其側重在「禮」；至宋纔以孟子與孔子並稱爲「孔孟」，其側重在「道」。周公在政治上建立了

〔註253〕《論語集注‧子路》「子路問曰何如斯可謂之士矣」章，頁149。
〔註254〕《論語集注‧微子》「楚狂接輿歌而過孔子」章，頁185。
〔註255〕《朱子語類》卷三六《論語十八‧子罕上》：「太宰問於子貢」章，頁959。
〔註256〕《孟子集注‧公孫丑上》「夫子加齊之卿相」章引，頁236。
〔註257〕《朱子語類》卷九三《孔孟周張程子》：「唐子西嘗於一郵亭梁間見此語。」頁2350。
〔註258〕《論語集注‧微子》「長沮、桀溺耦而耕」章，頁185。

典章制度，在社會上建立了人倫教化。但是，周公創建的政教終究還是在外王領域而非內聖領域。宋儒爲了對抗佛教的心性之學，要想深入討論「性理」的奧義，就必須標榜講內聖之學的思想家，於是不得不放棄周公而尊崇孟子，這是中國思想文化領域之中一個重要的分水嶺〔註259〕。

一、周公在中國文化史上的基本形象

周公旦的形象經過漫長的歷史積澱有一些基本的特徵。司馬遷感慨於魯國自隱、桓以來的衰頹而追懷周公的功德說：「依之違之，周公綏之；憤發文德，天下和之；輔翼成王，諸侯宗周。」（《史記·太史公自序》）

據《尚書大傳》、《史記·魯周公世家》等典籍所載〔註260〕，周公是文王之子、武王之弟、成王之叔，其顯赫尊貴的地位也注定了他要在關鍵時刻忍辱負重，承擔起非常艱鉅的歷史使命。克商兩年後，天下未集，武王有疾，不豫。周公設三壇，戴璧秉圭，自以爲質，告於太王、王季、文王而請自代武王疾。禱畢，策文藏金縢匱中。武王崩後，成王尚在襁褓中，周公恐天下畔亂，乃踐阼代成王攝政。管叔、蔡叔流言於國：「周公將不利於成王。」遂與武庚率淮夷而叛亂。周公東征，誅管叔，殺武庚，放蔡叔，二年而定，東土以集，諸侯咸服宗周。周公本封於少昊之虛，因留佐成王，不就封地，遣子伯禽之魯。成王七年，周公營成周雒邑。成王年長，周公歸政成王，北面就臣位。

《尚書大傳》總結周公攝政期間的功績說，周公「一年救亂，二年克殷，三年踐奄，四年建侯衛，五年營成周，六年制禮作樂，七年致政于成王」。周公致政成王，有人譖毀周公，周公奔楚。秋，大熟未穫，雷電風雨，禾盡偃，大木盡拔。成王與大夫皮弁朝服以啓金縢之書，執書以泣，曰：「昔周公勤勞王家，惟予幼人弗及知。今天動威，以彰周公之德，惟朕小子其迎，我國家禮亦宜之。」王出郊迎，反周公。周公歸，恐成王荒寧淫佚，乃作〈多士〉、〈無逸〉以戒之。周公沒，葬於成周。成王命魯得郊祀后稷，祭文王，以褒周公之德，明不敢臣周公之義。魯自此而有天子禮樂。

周公對後世的影響非常深遠。儒家「祖述堯舜，憲章文武」（《漢書·藝文志·諸子略》語），章學誠更認爲「六藝皆周公之政典，故立爲經。」〔註

〔註259〕《宋明儒學的問題與發展》，頁11。

〔註260〕《史記·魯周公世家》所述周公事蹟主要取材於《尚書大傳》，但不盡同於《尚書大傳》，當另有史料來源。本書對周公傳略的敘述以《尚書·金縢》爲主。

〔註261〕葉瑛：《文史通義校注》卷一《經解下》，北京：中華書局，2014，頁129。

261〕周公是儒家文化的奠基者，自孔子以來，儒家的使命就是恢復周公所創立的禮樂文明。除《周禮》外〔註262〕，《尚書》中的〈金縢〉、〈大誥〉、〈多士〉、〈無逸〉、〈君奭〉、〈立政〉六篇〔註263〕，《詩・豳風》中的〈七月〉、〈鴟鴞〉兩篇都被視爲周公所作〔註264〕。這些典籍都是周公致太平的記錄，後代懷有理想的儒家士大夫莫不從這些典籍中尋找治國安民的途徑或改革變法的依據。

自漢以來，周公就與孔子並稱爲聖人，是儒家聖人的最高代表。據《禮記・文王世子》記載，「凡始立學者，必釋奠於先聖先師。」鄭玄注曰：「先聖，周公若孔子。」〔註265〕雖然唐初對「先聖先師」的不同理解而導致朝廷對周公、孔子的祭禮一度更替不定（或以周公爲先聖，以孔子爲先師；或以孔子爲先聖，或以顏回爲先師）〔註266〕，但整體來看，漢魏以來，以周公和孔子同爲儒家之聖人並不會因朝令變更而改變。

唐太宗自述其好說：「朕今所好者，惟在堯舜之道、周孔之教，以爲如鳥有翼，如魚依水，失之必死，不可暫無耳。」〔註267〕但是，不可否認的

〔註262〕《周禮》是古文經，原名《周官》，出於河間獻王所得先秦舊書。西漢末年，劉歆乃奏以爲禮經，與士禮（《儀禮》）同爲正經，置博士。不過，諸家對《周禮》的眞僞依舊聚訟紛紜，「鄭玄遍覽群經，知《周禮》者，乃周公致太平之跡」，（鄭玄注、賈公彥疏、彭林點校：《周禮正義》，上海：上海古籍出版社，2010，頁7）。朱子說：「《周禮》是周公遺典也……周家法度在裏。」見於《朱子語類》卷八六《禮三》，頁2204。彭林說：「歷代研究《周禮》的著作堪稱浩繁，但持此說者最眾。」見於彭林：《周禮主體思想與成書年代研究》（增訂版），北京：中國人民大學出版社，2009，頁3。

〔註263〕據《尚書序》，武王有疾，周公作〈金縢〉；三監及淮夷叛，周公相成王，將黜殷，作〈大誥〉；成周既成，遷殷頑民，周公以王命作〈多士〉；召公作保，周公爲師，相成王，爲左右。召公不悅，周公作〈君奭〉；周公作〈無逸〉、〈立政〉。

〔註264〕據《毛詩小序》，「〈七月〉，陳王業也。周公遭變，故陳后稷先公風化之所由，致王業之艱難也」；「〈鴟鴞〉，周公救亂也。成王未知周公之志，公乃爲詩以遺王，名之曰〈鴟鴞〉」。另外，〈東山〉、〈破斧〉、〈伐柯〉、〈九罭〉、〈狼跋〉等詩都是周大夫美周公之作。

〔註265〕孔穎達疏：「以周公、孔子皆爲先聖，近周公處祭周公，近孔子處祭孔子，故云『若』。『若』是不定之辭。立學爲重，故及先聖；常奠爲輕，故唯祭先師。此經始立學，故奠先聖先師。」

〔註266〕鄢挺、徐聰：《唐太宗變更周公孔子先聖地位述論》，《湖北師範學院學報》2013年第5期，頁76。

〔註267〕吳競：《貞觀政要》卷六《慎所好》，《四部叢刊續編》影印明成化刊本，頁13B。

是，周公地位的下降恰在唐太宗的時代。唐高祖武德二年（619），以周公為先聖，孔子為先師，立周公、孔子廟於國子監。太宗貞觀六年（632），詔停周公為先聖，罷周公祠，立孔子廟堂於國學，以孔子為先聖，顏回為先師。這番變化乃是因為「玄武門之變」而起。唐太宗聽群臣之計而「行周公之事」，發動「玄武門之變」，以非正常方式獲取帝位，因而周公成為其不願多言的隱疾。同時，為防止臣民學周公而生野心（朱維錚語），周公也就必在諱言之列〔註268〕。

周公因制禮作樂而備受推崇，周公之禮的核心乃在宗法制和分封制，其要義恰在於使政治制度要俯就社會倫理制度（錢穆語）。唐太宗以殘暴的手段越度兄長而繼承皇位，自然有悖於以嫡長子繼承制為核心的宗法制度，周公為唐太宗所貶抑自在情理之中。

二、周公與宋代政治文化的互動

宋初偃武修文，崇儒重道，自然會標榜奉周公、孔子，周公作為聖人的形象在宋初並無改變。如，宋太祖乾德元年（963），梁周翰感慨於連周公、孔子都很難做到「功業始終無瑕」，其奏表仍以周公、孔子並稱為聖人〔註269〕。景德四年（1007），宋真宗向西京父老解釋定都東京的理由說：「周公大聖人，建都據形勝，得天地正中，故數千載不可廢，但今艱於饋運耳。」〔註270〕大中祥符三年（1010），真宗遣官祀河中府境內伏羲、神農、黃帝、禹、湯、文王、武王、漢文帝、周公廟及於脽下祭漢、唐六帝〔註271〕。仁宗時，石介說孫復「學周公、孔子之道者也」〔註272〕。由此可見，周公的文化意義具有相當的穩定性。

不寧唯是，周公還較深地影響了宋代的政治文化，這種影響在英宗朝和神宗朝為比較集中在某些重大事件中，爭執各方都要啓靈於周公，周公在此

〔註268〕 周公攝政、輔佐成王事不僅在唐代頗為敏感，在宋代也依舊會使人產生某些聯想。如韓琦因扶助英宗即位有功，范鎮革詔韓琦遷官制，稱引周公、霍光。英宗認為不當引聖人比宰相，歐陽修趁機間言：「鎮以周公待琦，則是以孺子待陛下也。」范鎮因此而罷內官，出知州郡。見於《續資治通鑑長編》卷二○七治平三年正月「春正月壬申」條，頁5020。
〔註269〕 《續資治通鑑長編》卷四乾德元年六月「乙未秘書郎直史館」條，頁93。
〔註270〕 《續資治通鑑長編》卷六五景德四年正月乙酉「初京西父老」條，頁1446。
〔註271〕 《續資治通鑑長編》卷七四大中祥符三年九月「有司請祭前七日」條，頁1689。
〔註272〕 《徂徠石先生文集》卷九《明隱》，頁95。

間得以神奇地「復活」，成為各方都必須倚重的一種關鍵力量。這主要體現在以下兩個方面：

首先，在宋代的政治文化生活中，周公言行往往是折衷是非的標準，大臣往往藉此而批判皇帝或朝廷的不當作為及錯誤決策。如仁宗嘉祐六年（1061），災異屢臻，日食地震，江淮騰溢，風雨害稼，民多菜色。道路流言宮中燕飲，微有過差，賞賚之費，動以萬計，耗散府庫，調斂細民。司馬光與同列奏言：「此正陛下側身克己之時」，「況酒之為物，傷性敗德，禹、湯所禁，周公所戒，殆非所以承天憂民、輔養聖躬之道也」〔註273〕。司馬光等人就以禹、湯、周公對酒的態度來規勸仁宗，使其就範。

又如，熙寧初年，王安石用事，始求邊功，對交趾發動了曠日持久的大規模戰爭。戰爭的膠著狀態引起了宋軍的大量傷亡，得不償失。田錫奏言：「臣聞聖人不務廣疆土，惟務廣德業，聲教遠被，自當來賓。臣嘗讀《韓詩外傳》，周成王時，越裳九譯來貢，周公問之，曰：『本國天無迅風疾雨，海不揚波三年矣。意者中國有聖人，盍往朝之。』是知不必加兵，自然內附。交州謂之瘴海，得之如獲石田。願陛下念征戍之勞，思用度之廣，愛人惜力，無屯兵以費財，修德服荒，無略內以勤遠。」〔註274〕田錫正是以周公「修文德以來之」的德政批判朝廷輕用武力。

其次，周公營造的太平盛世乃是宋儒夢寐以求的至治理想，歷史典籍所記載的周公一言一行也就成為宋儒藉重的重要歷史資源，周公往往成為推動或裁抑變革的關鍵力量。這在熙豐新政期間尤為突出。司馬光多次說王安石「每以周公自任」〔註275〕，「如相公之用心，固周公之用心也」〔註276〕，而實際上王安石為推行新法，也常常以周公的名義說服神宗。如：

> （王安石）又錄廛人、泉府事白上曰：「此周公所為也。」上
> 曰：「周公事未能行者豈少？」安石曰：「固有未能行者。若行之

〔註273〕《續資治通鑑長編》卷一九四嘉祐六年八月「乙亥御崇政殿」條，頁4711～4712。

〔註274〕《續資治通鑑長編》卷二二太平興國六年六月壬寅「以錫為河北南路」條，頁496。

〔註275〕《續資治通鑑長編》卷二五二熙寧七年四月「端明殿學士兼翰林侍讀」條，頁6161。

〔註276〕《續資治通鑑長編》卷二八六熙寧十年十二月「司馬光以書與吳充言」條，頁7004。

而便於公私，不知有何不可，而乃變易以從流俗所見？」〔註277〕

變法引發的廣泛爭議使王安石不得不面臨各方的質疑。熙寧三年（1070），刑部郎中、侍御史知雜事陳襄奏言：「陛下以至仁求治，凡欲更張法度皆以爲民，安有取民脂膏以爲貸息，而謂周公太平已試之法哉！陛下之心必不爲此，然則天下之人皆知誤陛下者王安石也，誤安石者呂惠卿也。」〔註278〕有意思的是，王安石也以其人之道還治其人之身，以盤庚、周公不能使人無怨而堅定神宗的變法決心：

> 上曰：「管仲奪伯氏駢邑三百，沒齒無怨言。若審處而當罪，小人亦自服。」安石曰：「管仲以當理而人不怨，誠可稱，然管仲豈能勝盤庚、周公？盤庚、周公乃不能使人不怨，豈是不能審處而當罪？蓋有使人無怨之道，然而小人妄怨，不害爲當理，若爲小人妄怨便以爲所處不當理，如此，則盤庚、周公亦爲有失，不足法。」〔註279〕

熙寧八年（1075）十月七日乙卯，彗星出東方，越二日，太史奏聞。神宗認爲「今彗出東方，變尤大者」，聯想起「比年以來，災異數見，山崩地震，旱暵相仍」，手詔王安石率在廷之臣直言過失。王安石恐朝臣把星異災變跟變法扯上聯繫，進而對變法形成阻力，乃奏言曰：

> 蓋天道遠，先王雖有官占，而所信者人事而已。天文之變無窮，人事之變無已，上下傅會，或遠或近，豈無偶合？此其所以不足信也。周公、召公豈欺成王哉〔註280〕？

王安石以周公事例來解釋「天變不足畏」自然會引起群臣的反感。鄭俠「執子之矛，攻子之盾」，以周公、孔子、孟子之說抨擊王安石對天變與災異的否定：

> 又聞大臣奏對，多以天旱民流、百物失所、四方背畔、兵革不息爲有天數。臣乞問其人爲學周公邪，學孔子邪，學孟子邪？……

〔註277〕《續資治通鑑長編》卷二四〇熙寧五年十一月「又錄廛人泉府」條，頁5828～5829。

〔註278〕《續資治通鑑長編》卷二一〇熙寧三年四月「又奏陛下以至仁求治」條，頁5110。

〔註279〕《續資治通鑑長編》卷二四二熙寧六年正月己巳「王安石爲上言」條，頁5894。

〔註280〕《續資治通鑑長編》卷二六九熙寧八年十月「戊戌手詔王安石等曰」條，頁6597。

使周公相陛下，而天旱民流、百物失所、四方兵革不息如此，周公
曰天數乎？……使孔、孟相陛下，而天旱民流、百物失所、兵革不
息如此，孔子、孟子亦曰天數乎？然則群臣所爲學者，皆非周公、
孔子、孟軻之道，而所以相陛下者，皆非周公、孔子、孟軻之存心，
則陛下獨立無臣，何以爲天下〔註281〕？

　　孟子至此已與周公、孔子共同形成一股強大的衝擊力量，對王安石新法
進行了有力的制衡。

　　值得注意的是，孟子地位提升之後，周公形象並未因孟子而下降，周公
依舊是不可詆毀的神聖人物，詆毀周公仍要付出沉重乃至慘痛的代價，茲以
兩例明之：

　　宋仁宗時，龍昌期上所著書百餘卷，其臧否人物多與傳統定論不同，詔
下兩制看詳。由於龍昌期素來「詭誕穿鑿，至詆斥周公」（《直齋書錄解題》
也說他「其學迂僻，專非周公，妄人也」），兩制奏言：「昌期詭誕穿鑿，指周
公爲大奸，不可以訓。乞令益州毀棄所刻板本。」龍昌期年幾九十，詣闕自
辯。龍昌期因此致仕，文彥博建議賜五品服、絹百匹。歐陽修、劉敞等則竭
力反對，劾奏龍昌期異端害道，當伏少正卯之誅，不宜推獎。朝廷只好封還
詔書，追奪所賜。文彥博非常無奈地說道：「朝廷方崇尚周孔之教，而先生非
之，故至此耳。」龍昌期曰：「某何嘗非孔子，但非周公耳。」〔註282〕

　　如果說龍昌期對周公的懷疑出於嚴肅的學術研究，那麼另一件也發生在
仁宗時代的類似事件則從一側面反映出即便是關於周公、孔子的輕浮玩笑
話，也極有可能使大風起於青蘋之末。朱子對這個事件述之甚詳：

范文正招引一時才俊之士，聚在館閣。如蘇子美（舜欽）、梅聖
俞（堯臣）之徒，此輩雖有才望，雖皆是君子黨，然輕儇戲謔，又
多分流品。……每歲院中賽神，例賣故紙錢爲飲燕之費。蘇（舜欽）
承例賣故紙，因出己錢添助爲會，請館閣中諸名勝，而分別流品，
非其侶者皆不得與。會李定願與，而蘇不肯。於是盡招兩軍女妓作

〔註281〕《續資治通鑑長編》卷二五九熙寧八年正月「參知政事右諫議大夫」條，頁
　　　　6313。
〔註282〕龍昌期事綜合《續資治通鑑長編》卷一九〇仁宗嘉祐四年八月「癸未賜殿中
　　　　丞致仕龍昌期五品服」條，頁4586；《宋史》卷二九九《胡則傳》，頁9942；
　　　　《直齋書錄解題》卷十雜家類《天保正名論》條，頁309；呂希哲：《呂氏雜
　　　　記》卷下「龍昌期少時爲僧」條，《四庫全書》第863冊，頁232～233。

樂爛飲，作爲傲歌。王勝之（名直柔）句云：「欹倒太極遣帝扶，周
公孔子驅爲奴。」這一隊專探伺他敗闕，才聞此句，（王）拱辰即以
白上。仁宗大怒，即令中官捕捉，諸公皆已散走逃匿。而上怒甚，
捕捉甚峻，城中喧然，……而館閣之士罷逐一空，故時有「一網打
盡」之語〔註283〕。

　　龍昌期的黯然致仕和館閣群臣的一網打盡，都充分說明即便是在相對開
明的宋仁宗時代，詆毀周公也是一種嚴重的政治錯誤，有悖於宋代整體的文
治方向，周公的神聖性即便在孟子地位提升之後依舊不容侵犯和褻瀆。

三、周公被孟子所取代的原因探析

　　由於變法失敗，往往被王安石引爲變法先導的周公之形象也不得不大打
折扣，周公在宋代實際政治中的影響有所消退，但這顯然是周公退出歷史前
臺的外部因素。這其中主要有三個因素導致了這種局面：

　　首先，王安石以周公爲旗號，以《周禮》作爲新法之地，新法失敗以
後，當時學者對《周禮》產生了非常強烈質疑。由於李覯、王安石等人鼓
吹《周禮》是周公致太平之跡，因此，剝離周公與《周禮》的關係，是當
時學者批判王安石新法所使用的手段之一。神宗和王安石君臣雖死，但由
於熙豐新法在哲宗、徽宗、欽宗、高宗幾代帝王之間存廢不定，其陰影時
隱時現，通過否定《周禮新義》來否定王安石的做法始終存在。兩宋之際，
胡安國、胡宏父子反對王安石援《周禮》變法，就提出《周禮》並非周公
所作，而是劉歆所僞造，其目的乃在於「假託《周官》之名，剿入私說，
希合賊莽之所爲」〔註284〕。胡安國父子將周公與《周禮》分離的做法看似
是在維繫周公的神聖地位，而實則若《周禮》一旦受到質疑，則周公的偉
大形象也隨之受到牽連。

　　其次，周公禮制的核心在於宗法制和分封制，這些制度早已成爲天經地
義、不容置疑的禮法。其中，宗法制自西周以來基本上得以貫徹執行；分封
制雖在戰國後期陸續爲郡縣制所取代，但皇族內部嫡庶之間的分權始終存
在。周公禮制的這些核心內容在中國漫長的歷史時期逐漸得到實現，完成了
中國政治整體框架的構建。在這種情況之下，周公的歷史使命其實已經完成。
這是周公得以爲孟子取代，並淡出歷史前臺至爲重要的因素。

〔註283〕《朱子語類》卷一二九《本朝三‧自國初至熙寧人物》，頁3088。
〔註284〕《周禮主題思想與成書年代研究》（修訂版），頁5。

　　《周禮》與周公的關係雖則一直存有爭議，但這部通過官制來表達治國方案的著作，三讀之後，令人頓生「治天下可運之掌中」的豪邁。隋唐以來的三省六部制即以《周禮》作爲典範，沿用千年，影響百代〔註285〕。其中，《唐六典》是模仿《周禮》的治、教、禮、政、刑、事六典而撰著的政書。這部在唐代「未嘗行之一日」著作，直至宋神宗元豐時期（1078～1085）官制改革纔得以運之於實際，終宋之世都沒有改變。

　　最後，宋代理學側重心性之學，這既是彌補漢唐以來儒學發展的不足，也是儒者積極開拓的新領域。自中唐以來，孟子作爲傳道最後一人的身份在宋代得到普遍認同，而周公僅是道統中的重要一環。在這種意義上來看，周公與堯、舜、文、武並無實質性的差別，但是孟子作爲思孟學派的大宗師，他所開啓的正是儒家對內聖之學的關注。這就如同有些宗教以某人爲最後先知，則此人作爲眞理傳遞者的身份，自然會比此前冗長傳道者名單中的多數人要重要得多。同時，對宋人而言，孟子「客卿」的身份較之攝政的周公更具有一種強大親和力，宋代道學家鮮有人能夠手執政柄將儒家的治世理想推行天下，他們更多地是以學術講習，在下位傳揚孔孟學說，接續了孟子以來的儒學新傳統。因此，由於道學家多不在其位，那麼周公致太平的政典自然沒有機會推而行之，坐而論道的孟子自然會比起而行之的周公更爲親切。同時，也正是孟子給了道學家一種比肩周公的豪邁：

　　　　或問：「周公勳業，人不可爲也已？」曰：「不然。聖人之所爲，
　　人所當爲也。盡其所當爲，則吾之勳業亦周公之勳業也。凡人之弗
　　能爲者，聖人弗爲。」〔註286〕

　　綜上所述，從「周孔」到「孔孟」的演變正是在對抗佛老心性之學的大背景下，儒學完善自身不足的內驅力使然，周公在宋代完成了其漫長的歷史使命，退而爲儒家道統之一環，孟子則帶著其英武的英氣走向歷史前臺，爲儒學的復興提供了至爲關鍵的思想資源。

〔註285〕本段關於《周禮》對官制的影響主要參考了《中國古代禮儀文明》，頁 78～82。
〔註286〕《二程集・河南程氏遺書》卷二五《暢潛道本》，頁 78～82。

第六節　孟子升格在宋代所遭遇的問題

一、孟子升格引發的質疑

孟子為儒學復興提供了豐富的思想文化資源，尊孟也成為宋代的時代主流，但由於多方面的局限，很多碩師大儒並沒有敏感地察覺到儒學的整體方向已經悄然改變，以致於沒有看到孟子升格所關涉及的深遠意義。因而，孟子的升格不得不面對來自各方面的質疑。

宋人對孟子的排擊、刪改等情況主要有：

> 宋馮休以軻書有叛經者，作《刪孟》二卷。前乎休而非軻者，荀卿。刺軻者，王充。後乎休而疑軻者，溫公（司馬光）；與軻辨者，東坡（蘇軾）。又余允文以溫公作《疑孟》及李泰伯（覯）、鄭叔友（厚）皆有非孟之言，故作《尊孟辨》五卷〔註287〕。

夏君虞依據余允文《尊孟辨》統計，宋儒排擊孟子的學者前後共有七人，這些學者可分為三系：李覯自為一系，司馬光、晁說之師徒為一系，永嘉學者王開祖、葉適、陳亮為一系〔註288〕。以下就取最有代表性的李覯、司馬光及晁說之和鄭厚之說做一簡要分析。

1. 李覯對孟子的矛盾心態

漢景帝時，儒者轅固生與研究黃老之學的黃生進行過一次非常有名的辯論：

> 清河王太傅轅固生者，……與黃生爭論景帝前。黃生曰：「湯武非受命，乃弒也。」轅固生曰：「不然。夫桀紂虐亂，天下之心皆歸湯武，湯武與天下之心而誅桀紂，桀紂之民不為之使而歸湯武，湯武不得已而立，非受命為何？」黃生曰：「冠雖敝，必加於首；履雖新，必關於足。何者，上下之分也。今桀紂雖失道，然君上也；湯武雖聖，臣下也。夫主有失行，臣下不能正言匡過以尊天子，反因過而誅之，代立踐南面，非弒而何也？」轅固生曰：「必若所云，是高帝代秦即天子之位，非邪？」於是景帝曰：「食肉不食馬肝，不為

〔註287〕 彭大翼：《山堂肆考》卷一二一《文學・經術》，《四庫全書》第 976 冊，頁 389。按，此段引文原有訛字，「余允文」原作「虞允文」，「鄭厚」原作「鄭叔文」，逕改。

〔註288〕 夏君虞：《宋學概要》，上海：商務印書館，1937，頁 57 及頁 73。另有范祖禹的女兒，她讀《孟子》，批判孟子「不識心」。

不知味；言學者無言湯武受命，不爲愚。」遂罷。是後學者莫敢明
受命放殺者。（《史記・儒林列傳》）

　　李覯對孟子的批判並未超出黃生的思路。黃生的「篡弒」說在李覯的《常
語》（作於皇祐五年，1053）中奇蹟般地復活了，他對孟子的批判猶如當年黃
生的口吻。李覯早年曾深入研究孟子，他「年二十三，雞鳴而起，誦孔子、
孟軻群聖人言」〔註289〕。最早爲李覯文集作序的祖無擇稱贊李覯說：「孔子沒，
千又餘祀，斯文衰弊。其間作者，孟軻、荀卿、賈誼、董仲舒、揚雄、王通
之徒，異代相望，……盱江李泰伯，其有孟軻氏、六君子之深心焉。」〔註290〕
范仲淹向朝廷推薦李覯說他「著書立說，有孟軻、揚雄之風義」〔註291〕。李
覯早年的詩文當中也多有以贊成的方式引用孟子文句者，如《內治論》引「仁
政必以經界始」，《送嚴介序》稱「章子得罪於父，出妻屏子，而孟子禮貌之」。

　　但是，在慶曆三年（1043）至皇祐五年（1053）這十年之間，李覯改變
了對孟子的尊崇態度，其直接動因可能是他一貫的排佛立場及其與僧人契嵩
的辯論。契嵩爲阻遏士大夫闢佛，以攻爲守，往往援引《孟子》之說來印證
儒釋之道一以貫之，進而貶低韓愈《原道》之說。李覯作爲當時大儒，他對
孟子的態度引起了契嵩的關注，兩人就儒釋地位問題可能產生了比較深入的
爭論。同時，契嵩藉助性命之學接引士大夫，遏制了古文運動的排佛趨勢，
也加重了士大夫談禪的風氣。由於《孟子》在性命之學上的詮釋親緣性，《孟
子》便成爲契嵩融通儒家和佛教的重要思想資源。李覯尊儒法，闢釋老，契
嵩的做法在很大程度上已經偏離了李覯早年藉助《孟子》推崇治道、排拒異
端的學術風向。因此，李覯不能坐視契嵩以孟子學說大談心性之學，危及孔
子和六經的神聖地位，所以由尊孟轉而疑孟、非孟。同時，李覯辯論孟子中
的王霸、義利觀念也與其自身「光明昭著的提倡樂利主義」有關〔註292〕。值
得注意的是，李覯疑孟、非孟是在朝廷下詔使孟子配享孔廟之前，而鄭厚非
孟是在朝廷尊孟之後。

〔註289〕《李覯集》卷二七《上孫寺丞書》，頁296。
〔註290〕《李覯集》，頁1。
〔註291〕范能濬等：《范仲淹全集》卷二十《薦李覯並錄進禮論等狀》，南京：鳳凰出
　　　　版社，2004，頁398。
〔註292〕綜合郭畑：《李覯非孟動因再探》，《孔子研究》2015年第6期，頁99～106；
　　　　楊海文：《李泰伯疑孟公案的客觀審視》，《社會科學戰線》1999年第2期，
　　　　頁81～89。

李覯對孟子的批評主要集中在以下四方面：

其一，韓愈《原道》說「軻之死，不得其傳」，但孟子雖以學孔子爲名，實際上卻背棄了孔子「君君臣臣」之道，其學說以「人皆可以爲君」爲核心，這正是亂天下之道：

> 彼孟子者，名學孔子而實背之者也。孔子之道，君君臣臣也；孟子之道，人皆可以爲君也。天下無王霸，言僞而辨者不殺，諸子得以行其意，孫吳之智、蘇張之詐，孟子之仁義，其原不同，其所以亂天下一也〔註293〕。

其二，孟子當周顯王時，無視周室的存在，不但不去扶救匡佐，反而以仁義說諸侯，勸諸侯爲天子，於君臣大義大有虧欠。「仁義」在這樣的情況下就成爲篡器：

> 由孟子之言，則是湯、武修仁行義，以取桀、紂爾。嗚呼！吾乃不知仁義之爲篡器也。

> 孟子曰：「五霸者，三王之罪人也。」吾以爲孟子者，五霸之罪人也。五霸率諸侯事天子，孟子勸諸侯爲天子，苟有人性者，必知其逆順爾矣。孟子當周顯王時，其後尚且百年而秦並之。嗚呼，孟子忍人也，其視周室如無有也。

> 夫周顯王未聞有惡行，特微弱爾，非紂也，而齊梁不事之；非桀也，而孟子不就之。嗚呼！孟子之欲爲佐命，何其躁也。

> 天之所廢，必若桀紂，周室豈爲桀紂乎？若循環然，聖王之後不能無昏亂，尚賴臣子扶救之爾。天下之地，方百里者有幾家？家家可以行仁義，人人可以爲湯武，則六尺之孤可託者誰乎？孟子自以爲好仁，吾知其不仁甚矣。

其三，李覯敏銳地發現孔子和孟子對齊桓、晉文的評價存在明顯差異，孔子多強調齊桓、晉文的功烈，而孟子則認爲孔子門人對齊桓、晉文之事羞於啓齒。但是，在李覯看來，儒者應當首先以孔子的說法作爲折衷裁斷的依據，而不能依照孟子的說法對其一概抹殺。孟子之說顯然迂闊而遠於事情，因爲曾行孟子之道的滕文公並未因此得天下。同時，值得警惕的是，若行孟子之道，不但有「迂闊」之嫌，更啓大臣篡國之釁，使國君有覆國之虞：

〔註293〕 李覯的非孟觀念見於其《常語》，今存。不過，本節所論乃是朱子視域中的李覯非孟觀念，所以對於李覯的非孟文字引自《朱子全書》，而非李覯《常語》。

孔子曰：「桓公九合諸侯，不以兵車，管仲之力也。如其仁！如其仁！」又曰：「管仲相桓公霸諸侯，一匡天下，民到于今受其賜。微管仲，吾其被髮左衽矣。」而孟子謂以齊王猶反掌也，功烈如彼其卑，故曰「管仲，曾西之所不爲」。嗚呼！是猶見人之鬪者而笑曰：「胡不因而殺之，貨可得也。」雖然，他人之鬪耳。桓公、管仲之於周，救父祖也，而孟子非之，奈何！

或曰：仲尼之徒無道桓文之事者。吾子何爲？曰：衣裳之會十有一，《春秋》也，非仲尼修乎？〈木瓜〉，《衛風》也，非仲尼刪乎？「正而不譎」，《魯論語》也，非仲尼言乎？仲尼亟言之，其徒雖不道，無歉也。嗚呼！霸者豈易與哉？使齊桓能有終，管仲能不侈，則文王、太公何戀焉！《詩》曰：「采葑采菲，無以下體。」蓋聖人之意也。

（孟子之言）迂闊有之矣，亦足憚也。孟子謂諸侯能以取天下矣，位卿大夫，豈不能取一國哉？爲其君不亦難乎？然滕文公嘗行孟子之道矣，故許行、陳相目之曰仁政、曰聖人。其後寂寂，不聞滕侯之得天下也，孟子之言固無驗也。

其四，孟子對儒家典籍部份篇目的質疑動搖了「六經」的權威性：

孟子曰「盡信《書》，則不如無《書》」，「仁人無敵於天下，以至仁伐不仁，而何其血之漂杵也」。曰：紂一人惡耶，眾人惡耶？眾皆善而紂獨惡，則紂亡久矣，不待周也。夫爲天下逋逃主萃淵藪同之者，可遽數耶？紂亡則逋逃者曷歸乎？其欲拒周者又可數耶？血流漂杵，未足多也。或曰：前徒倒戈攻於後，以北。故荀卿曰：殺者皆商人，非周人也。然則商人之不拒周審矣！曰：如皆北也，焉用攻？又曰：甚哉！世人之尚異也！孔子非吾師乎！眾言讙讙，千徑百道，幸存孔子，吾得以求其是。虞、夏、商、周之書出於孔子，其誰不知？孟子一言，人皆畔之，畔之不已，故今人至取孟子以斷六經矣。嗚呼！信孟子而不信經，是猶信他人而疑父母也。

言仁義而不言王道，彼說之而行仁義，固知尊周矣；言仁義可以王，彼說之則假仁義以圖王，唯恐行之之晚也。尚何周室之顧哉！嗚呼，今之學者雷同甚矣。是孟子而非六經，樂王道而忘天子。吾以爲天下無孟子可也，不可無六經；無王道可也，不可無天子。

概言之，李覯非孟的核心觀點可總結為「是《孟子》而非六經，樂王道而忘天子」，其議論的出發點乃是君臣大義，這也無怪乎李覯被稱為「王權的迷信者」〔註294〕。但如果綜合考察李覯從尊孟到疑孟、非孟的心路歷程，就會發現李覯疑孟、非孟本屬情非得已。俗語說「一趾之疾可喪數尺之軀」，在李覯眼裏，孟子不過是這「一趾」，為了保全「六經」和孔子的地位不致在儒釋爭辯中變得模糊不清，李覯不得不忍痛轉變態度，以壯士斷腕的果決，對孟子大加撻伐，其目的也正是不給契嵩這樣的高僧大德留下任何混同儒釋的機會。

李覯有著很深的淑世情懷，經世致用是其著書立說的主要目的，他的思想觀念是范仲淹「慶曆新政」和王安石「熙豐變法」的重要理論資源，胡適盛贊他為「一個不曾行道的王安石」。在對孟子的質疑者當中，李覯的疑孟動機頗具代表性，他對孟子的態度，往往成為小說家者流的談資：

> 李泰伯著《常語》非孟子，後舉茂材，論題出「經正則庶民興」，不知出處，曰：「吾無書不讀，此必《孟子》中語也。」擲筆而出。〔註295〕

李覯儘管對孟子的批判沒有涉及到其中對宋儒影響至巨的心性學說，但他這些觀念很顯然地具有巨大的煽動性。李覯捅破窗紙，直指孟子學說具有離經叛道的思想觀念。李覯的石破天驚之語，其用意當是提醒統治者既要謹慎地對待孟子的升格，也要留意孟子升格之後所帶來的新問題。

2. 司馬光和晁說之對孟子的評判

馮休認為《孟子》書中「時有叛違經者」，著書十七篇以明刪去之意〔註296〕，他認為《孟子》書中那些可疑之處似乎是孟子門人的妄自附益。馮休《刪孟》今已不傳，不知所刪者都是哪些條目。晁公武特別提到，在馮休之後疑孟的還有司馬光，或許司馬光對孟子的質疑與馮休有一定的相似性。

司馬光平生不喜《孟子》，以《孟子》為東漢所出偽書。元祐初，司馬光上書請改革科場制度，復「《孟子》止為諸子，更不試大義」〔註297〕。司

〔註294〕 《宋學概要》，頁67。
〔註295〕 羅大經著，王瑞來點校：《鶴林玉露》乙編卷一，北京：中華書局，1983，頁121。
〔註296〕 《郡齋讀書志校證》卷十儒家類《刪孟》條，頁420～421。
〔註297〕 《續資治通鑑長編》卷三七一元祐元年三月「司馬光言伏睹」條，頁9876。

馬光作《疑孟》，對《孟子》的質疑有十一條〔註298〕。這些條目「皆求瑕語」
〔註299〕，有意避重就輕，像是出於對現實政治的批判纏迫不得已攻擊孟子。
這些批判不成體系，且只有一條涉及孟子思想文化中的核心要素（性善）〔註
300〕。司馬光對孟子避重就輕的批評，在很大程度上與王安石不遺餘力地尊崇
孟子有關。王安石對孟子的尊崇和援引受到政敵的反感，尤其是當他以孟子
的言辭作爲推動變法改革的理由時，比如王安石引《孟子》「瞽瞍殺人」事以
證「法行即可馭群臣」：

> 上又言：「或以爲西事恐大臣不爲用。」安石曰：「法行，則人
> 人爲用。以天下人了天下事，何至以無可用之人爲患？」因引《孟
> 子》瞽瞍殺人事曰：「先王制法，雖天子之父犯法，不得貸也。此孟
> 子所言，堯、舜所行，非申、韓之言也。」上曰：「武后能駕馭豪傑，
> 以法行而已。」安石曰：「今士大夫孰能如姚元崇、宋璟、狄仁傑者？
> 如此輩人尚可駕馭盡力，況下此者乎？」〔註301〕

不過，司馬光對《孟子》中所體現儒家基本價值觀的理念非常認同，這
些章節即便是被王安石頻繁引用，司馬光也不會置一詞反駁，如：

> 上曰：「祖宗時，從中御將帥，蓋以五代時士卒或外附而叛，故
> 懲其事而從中御。」安石曰：「人君所以爲士卒所侮者，必先爲貴近
> 所侮而不悟，以至於此。孟子曰：『能治其國家者，誰敢侮之！』苟
> 爲貴近所侮而不悟，即士卒敢侮，安能使方鎮、夷狄不侮？太祖能

〔註298〕 夏君虞將其概括爲：第一條質疑孟子「伯夷隘，柳下惠不恭，隘與不恭，
君子不由」之說；第二條疑孟子責備陳仲子太過；第三條疑孟子「將朝王，
王使人來曰」一段，易爲後人挾其有以驕君，無所事而貪祿位；第四條疑
孟子不應以可伐燕答沈同之問；第五條疑孟子「父子之間不責善」爲不諫
不教；第六條疑孟子「人無有不善」之失言；第七條疑孟子問告子白羽白
雪白玉之別，與夫犬牛之難，是以辯勝人；第八條疑孟子貴戚易位之說，
易啓簒奪之機；第九條疑孟子爲禮貌與飲食而仕；第十條疑孟子五霸久假
不歸之說；第十一條疑孟子「瞽瞍殺人」一段爲委巷之言。見《宋學概要》，
頁62～63。
〔註299〕 王楙：《野客叢書》附錄《野老紀聞》，《四庫全書》第852冊，頁802。
〔註300〕 司馬光說：「孟子云人無有不善，此孟子之失言也。丹朱、商均自幼及長，所
日見者堯、舜也，不能移其惡，豈人之性無不善乎？」這一條在宋代性與氣
相結合而言的大背景下較易辨明，所以朱子並未對此多加申解，而是直接以
余隱之《尊孟辨》來回應。
〔註301〕 《續資治通鑑長編》卷二一五熙寧三年九月「己丑上謂王安石」條，頁5232。

使人不敢侮，故人爲用，人爲用，故雖不中御而將帥奉令承教無違
者，此所以征則強、守則固也。」

上曰：「（韓）維又引『王不待大』，以爲亦有待小國而王者。」
安石曰：「孟子論湯、文王不待大國然後有天下。前代固有不待有國
而王天下者，禹是也，故揚雄以爲禹以舜作土。」〔註302〕

王安石稱引的這些文句正符合儒家一脈相承的價值理念，司馬光並不會
對其提出非難。由此可見，司馬光批判王安石的同時，似乎並未下狠手。

令人頗感詫異的是，司馬光之子司馬康勸哲宗讀《孟子》，謂「《孟子》
於書最醇正，陳王道尤明白，所宜觀覽」〔註303〕，「至疾甚革，猶爲《孟子解》
二卷」〔註304〕。父子兩人對《孟子》的不同評價，透露著現實政爭與學術評
價之間的緊張關係，而客觀的學術評論往往不得不暫時讓位給嚴酷的政治鬥
爭。司馬光對孟子的質疑與其說是一種學術爭論，倒不如說是出於現實政治
的需要而採取的迂迴戰術。元人白珽《湛淵靜語》說：

或問文節倪公思曰：「司馬溫公乃著《疑孟》，何也？」答曰：「蓋
有爲也。當是時，王安石假《孟子》大有爲之説，欲人主師尊之，
變亂法度，是以溫公致疑於《孟子》，以爲安石之言，未可盡信也。」
〔註305〕

四庫館臣也非常敏銳地發現了這一點：

蓋宋尊《孟子》，始王安石。元祐諸人務與作難，故司馬光《疑
孟》、晁説之《詆孟》作焉。非攻《孟子》，攻安石也〔註306〕。

白珽和四庫館臣一語道破司馬光內心的款曲。

晁説之繼承了司馬光《疑孟》的基本觀點和基本目標，他對《孟子》的
質疑與司馬光有很多相似之處，同時李覯的疑孟觀念對其也有很大影響〔註
307〕。如果說司馬光對孟子的批判停留在理論層面，那麼晁説之則將其疑孟理
念付諸實施：

〔註302〕《續資治通鑑長編》卷二四〇熙寧五年「中書奏太常禮院」條，頁5864。
〔註303〕《宋史》卷三三六《司馬康傳》，頁10770～10771。
〔註304〕《宋元學案》卷八《涑水學案下》附姚福語，頁354。
〔註305〕白珽：《湛淵靜語》卷二，《四庫全書》第866冊，頁309。
〔註306〕《四庫全書總目》卷三五四書類《孟子音義》條，頁291下～292上。
〔註307〕朱子說：「晁以道在經筵講《論語》畢，合當解《孟子》，他説要莫講。高宗
問他如何。曰：『孟子與孔子之道不同，孔子尊王，孟子卻教諸侯行王道。』
由此遭論去國。」《朱子語類》卷一一九《朱子十六·訓門人七》，頁2867。

　　　　先生學於溫公，守其疑孟之說；又惡荊公，而荊公最尊孟。先
　　生請去《孟子》於講筵，欽宗從之。太學之士譁然，言者紛起〔註308〕。
　　為了對抗王學餘緒和變法陰影，晁說之不惜逆尊孟的時代潮流，請去《孟
子》於經筵，這樣的做法自會引起士人的譁然。不過，與司馬光情形十分相
似的是，晁說之雖非孟，但並不意味著晁說之對《孟子》有多深的厭惡和反
感。晁說之有《晁氏客語》一書，多有高度評論《孟子》之處，如「孔子沒，
曾子之學日益光大。孔子沒，傳孔子之道者曾子而已。曾子傳之子思，子思
傳之孟子，孟子死，不得其傳。至孟子而聖人之道益尊」，「知《易》者莫若
孟子」，「知《春秋》者莫若孟子」。孟子說齊王而言公劉好貨、太王好色，都
是「因其所好而化之，巽而入之，善誘人也」。這些說法都是在宋代士大夫普
遍認同韓愈《原道》的基礎上所作的進一步推尊。同時，晁說之一直都在維
護孟子「仁義」、「性善」、「心」、「擴充」等觀點〔註309〕。令人驚訝的是，《晁
氏客語》竟然出現「學者當以《論語》、《孟子》為本，《論語》、《孟子》既治，
則六經可不治而明矣」的言辭〔註310〕，這不得不令人想到，晁說之對待孟子
的真實態度以及他抨擊孟子的真實目的，都因為現實政治而被嚴重扭曲。
　　晁說之疑孟、排孟雖非其對孟子的真實態度，但這件事終究還是給他帶
來了十分嚴重的負面影響：
　　　　戊戌，徽猷閣待制、提舉杭州洞霄宮晁說之告老。上曰：「是嘗
　　著論非孟子者。孟子發明正道，說之何人，乃敢非之。可進一官致
　　仕。」說之尋卒〔註311〕。

〔註308〕《宋元學案》卷二二《景迂學案》，頁 861。
〔註309〕如《晁氏客語》中的幾則相關文字：「《孟子》曰：『盡其心者，知其性也，知
　　　　其則知天矣。』心也，性也，天也，非有異也。人皆有是道，唯君子為能
　　　　體而用之，不能體用之者，皆自棄也。故孟子曰：『苟能充之，足以保四海；
　　　　苟不充之，不足以事父母。』夫充與不充，皆在我而已。」「楊子，無自得者
　　　　也，故其言蔓衍而不斷，優柔而不決。其論性則曰：『人之性也，善惡混，修
　　　　其善則為善人，修其惡則為惡人。』荀子，悖聖人者也，故列孟子於十二子，
　　　　而謂人之性惡。性果惡耶？聖人何能反其性以至於斯耶？」「昔者聖人立人之
　　　　道曰仁與義。孟子曰：『仁者，人也，親親為大；義者，宜也，尊賢為大。』
　　　　惟能親親，故老吾老以及人之老，幼吾幼以及人之幼；惟能尊賢，故賢者在
　　　　位，能者在職。惟仁與義盡人之道，盡人之道，則謂之聖人。」
〔註310〕此段引文關於晁說之對孟子的議論俱見於《晁氏客語》，《四庫全書》第 863
　　　　冊，頁 141～169。
〔註311〕李心傳：《建炎以來繫年要錄》卷十九建炎三年正月戊戌條，北京：中華書局，
　　　　2013，頁 446。

在宋代的尊孟大潮中，皇權始終是一種隱然背後的關鍵力量。宋眞宗詔國子監校勘《孟子》，爲士人提供了權威的官方範本。宋神宗受王安石影響，對《孟子》尤爲重視，《孟子》因而列入兼經，成爲科舉考試的一門經書。《孟子》升經和孟子配享就是在這個階段完成的。宋高宗親自書寫《論語》、《孟子》全文，刊石立於太學和大成殿廊廡。這些帝王以不同方式鼓勵讀書人研習《孟子》，這在很大程度上加快也加深了其在社會各階層的影響。正是有了皇權的默許、首肯和推崇，尊孟者纔獲得強有力的政治支持，聲勢浩大的尊孟運動纔能得以順利開展。在這樣的情況下，晁說之顯然有悖於時代主流，其因非孟而受到宋高宗的摒棄也在情理之中〔註312〕。

3. 鄭厚對孟子的非理性批判

兩宋之交的鄭厚（1100～1161）有《藝圃折衷》一書（今佚），內有批判孟子的十餘條，其遺文存於朱子《讀余隱之尊孟辨》。據清乾隆間所修《福建通志》記載，鄭厚是鄭樵（1104～1162）從兄，學問該博，與鄭樵講學，從者甚眾。紹興五年（1135），再舉禮部，奏賦第一，廷對六千言，指陳無隱。高宗聞其姓名，授左從事郎、泉州觀察推官〔註313〕。《藝圃折衷》非孟要旨與李覯、司馬光之說多有重合，如謂孟子非賢人，對桓、文之事評價失當，視周室如無物、孟子答沈同伐燕失當等。不過，如果說李覯、司馬光尚能在學理層面批判孟子，那麼鄭厚對孟子的批判已流於意氣用事〔註314〕。鄭厚不但沒有提出新的創見，還將對孟子的醜化提升至一尖酸刻薄的程度：

> 《春秋》書王，存周也。孔子曰：「如有用我者，吾其爲東周乎？」此仲尼之本心也。孟軻非周民乎？履周之地，食周之粟，常有無周之心，學仲尼而叛之者也。周德之不競，亦已甚矣。然其虛位，猶拱而存也，使當時有能唱威文之舉，則文、武、成、康之業，庸可庶幾乎？爲軻者，徒以口舌求合，自媒利祿，盍亦使務是而已乎？奈何今日說梁惠，明日說齊宣、說梁襄、說滕文，皆啗之使爲湯、

〔註312〕周淑萍：《宋代孟子升格運動中的四種關鍵力量》，《史學理論研究》2006 年第 4 期，頁 49～52。

〔註313〕郝玉麟等：乾隆二年修《福建通志》卷五一《文苑》，《四庫全書》第 529 冊，頁 726。

〔註314〕以下所引兩段文字出於《讀余隱之尊孟辨·鄭公藝圃折衷》，《晦庵集》卷七十三，《朱子全書》第 24 冊，頁 3544～3545、頁 3551～3552。引文標點於原書有所更訂。

文、武之爲，此軻之賊心也。譬之父病亞，雖使商臣爲子〔註315〕，
未有不望其生者，如之何其直置諸不救之地哉？軻，忍人也，辯士
也，儀秦之雄也，其資薄，其性慧，其行輕，其說如流，其應如響，
豈君子長者之言哉？其自免於蘇（秦）、張（儀）、范（睢）、蔡（澤）、
申（不害）、韓（非）、李斯之黨者，挾仲尼以欺天下也，使數子者
皆哖其素，矯其習，竊「仁義」兩字以藉口，是亦孟軻而已矣。要
之，戰國縱橫捭闔之士皆發塚之人，而軻能以《詩》《禮》也。是故
孟軻誦仁義，猶老錄公之誦法也。老錄公誦法，賣法者也；軻誦仁
義，賣仁義者也，安得爲仲尼之徒歟？嗟夫！孔子生而周尊，孟軻
生而周絕，何世人一視孔孟之心？記曰「擬人必於其倫」，寧從漢儒
曰孔墨。

　　京師坐鬻者愚遠方之人，直百必索千，酬之當其直則售，意
其知價也，知價不可復愚。酬之過其直則不售，意其不知價也，
不知價則唯吾之愚，必極其所索而後售。孟軻抱縱橫之具，飾以
仁義，行鬻於齊。齊王酬之以客卿，且曰「我欲中國而授孟子室，
養弟子以萬鍾」，軻意齊王不知價者，遂愚齊王，求極所索而後售。
齊王徐而思軻之言曰「王如用予，則齊王猶反掌」，開闢以來無是
理，是必索高價者，悔而不酬。軻亦覺齊王之稍覺也，卷而不售，
抱之以他，徐而自思曰「齊王之酬我其直矣，矯然不售，行將安
鬻？遲遲吾行，三宿出晝，冀齊王呼已而還直。」是又市井販婦
行鬻漁鹽果菜之態，京師坐鬻猶有體。小兒方啼而怒，進以飯，
推而不就，徐其怒歇而飢也，睍然望人進之矣。軻之去齊、留齊，
兒態也夫！

鄭厚的「坐鬻」之喻「詆孟子，未有若此言之醜者」（朱子語）。因缺乏
文獻記載，鄭厚疑孟、非孟的初衷不詳，但從其與鄭樵講學事來看，兩人的
治學取徑當大致相同。鄭樵當兩宋之際，高擎「疑經惑傳」的大纛，視儒家
經傳作者無非罪人，詩書典籍也無不受其重新裁斷。因而，鄭厚對《孟子》
的質疑或許並無太多的政治因素，只爲抨擊甚至瓦解《孟子》作爲儒家經典

〔註315〕商臣，即楚穆王，成王長子。商臣聽潘崇計，攻成王，成王自殺，商臣自立
　　　　爲王。

的神聖地位。朱子說：「鄭氏未能眞知堯舜，而好爲太高之論以駭世，若商鞅之談帝道，於是信矣。」〔註316〕

二、朱子對非孟、疑孟思潮的辯難

余允文《尊孟辨》作於晁說之因非孟而被斥致仕之時，官方此時的尊孟意向已經非常明朗，有人猜測此書乃迎合聖意而作。四庫館臣說：「允文此書，其亦窺伺意旨、迎合風氣而作，非眞能辟邪衛道者歟？然當群疑蠭起之日，能別白是非，而定一尊於經籍，不爲無功，但就其書而觀，固卓然不磨之論也。」〔註317〕四庫館臣雖有迎合意旨之說，也不得不承認此書對於學者正確認識《孟子》學說具有撥雲見日的實效。

《尊孟辨》已佚，今存輯本。從所存內容來看，其主體乃是對司馬光、李覯和鄭厚三人的疑孟、非孟之說進行辯駁。朱子對此書多有稱贊。但是，余允文顯然不屬於道學家陣營，朱子也非常鄙薄其爲人。余允文對疑孟、非孟學說的辯解就與朱子所期待的高度不免存有差距。因而，朱子在余允文的文字基礎之上，不避其煩地對司馬光、李覯、鄭厚等人的觀點給予了重新回應，他藉助《尊孟辨》而對非孟、疑孟所做的進一步回應主要體現在以下五個方面：

第一，孟子作爲孔子學說的繼承者，他究竟從前輩那裏繼承了什麼，這是一個需要明確回答的關鍵問題。朱子認爲司馬光、李覯、鄭厚等學者之所以對孟子的出處行事存在著錯誤解讀〔註318〕，首先要歸結於他們未嘗深切領悟孟子所傳者究竟爲何道。爲此，朱子明確指出孟子所繼承的並非對國君唯命是從的「俯首聽命」之道，而是「仁義」之道：

> 孔子傳之孟軻，軻之死，不得其傳，此非深知所傳者何事，則未易言也。夫孟子之所傳者，何哉？曰仁義而已矣。孟子之所謂仁義者，何哉？曰仁，人心也；義，人路也；曰惻隱之心，仁之端也；羞惡之心，義之端也；如斯而已矣。然則所謂仁義者，又豈外乎此

〔註316〕 本段所引朱子語俱見於《讀余隱之尊孟辨・鄭氏藝圃折衷》，《朱子全書》第24冊，頁3551～3552。
〔註317〕 《四庫全書總目》卷三五四書類一《尊孟辨》條，頁293中、下。
〔註318〕 如司馬光批判說：「孟子，學孔子者也，其道豈異乎？」李覯批評孟子說「彼孟子者，名學孔子而實背之者也，焉得傳？」鄭厚批評孟子「學仲尼而叛之者也」。《晦庵集》卷七三《讀余隱之尊孟辨》，《朱子全書》第24冊，頁3512、3524、3544。

心哉！堯舜之所以爲堯舜，以其盡此心之體而已。禹、湯、文、武、周公、孔子傳之，以至於孟子，其間相望有或數百年者，非得口傳耳授，密相付屬也，特此心之體隱乎百姓日用之間，賢者識其大，不賢者識其小，而體其全且盡，則爲得其傳耳。雖窮天地，亙萬世，而其心之所同然，若合符節。由是而出，宰制萬物，酬酢萬變，莫非此心之妙用，而其時措之宜，又不必同也。故堯舜與賢，而禹與子，湯放桀，文王事殷，武王殺受，孔子作《春秋》以翼衰周，孟子說諸侯以行王道，皆未嘗同也，又何害其相傳之一道？而孟子之所謂仁義者，亦不過使天下之人各得其本心之所同然者耳。李氏（覯）以蘇、張、孫、吳班焉，蓋不足以窺孟子之藩籬而妄議之也〔註319〕。

朱子以「理一分殊」解釋「仁義」在不同聖人身上的表現形式。「仁義」在歷代聖人身上的表現不盡相同，這主要是因爲他們的地位、處境存有很大的差異，但都可歸於至善，「爲人君，止於仁；爲人臣，止於敬；爲人子，止於孝；爲人父，止於慈；與國人交，止於信」（《大學》），是異地而皆然、異時而皆然的。

因此，朱子認爲孟子繼承了孔子的學說，「有孟子而後六經之用明」，「有六經而無孟子，則楊、墨之仁義所以流也」，「六經如千斛之舟，而孟子如運舟之人；天子猶長民之吏，而王道猶吏師之法。今日六經可以無孟子，天子可以無王道，則是舟無人，吏無法，將焉用之。」〔註320〕

第二，孟子的出處顯然以道之行否爲標準，枉尺直尋並非孟子之所爲。但是，很多學者在出仕動機和行政能力兩方面對孟子提出了深刻的質疑。這兩個方面，一則質疑其道德人品，一則質疑其治國才能。若這兩點成立，孟子便因才德俱虧而「非賢人」（鄭厚語），根本無法躋身聖人之列。

司馬光對孟子出仕動機的質疑最具代表性。他認爲孟子居齊，後車數十乘，從者數百人，顯然是在仰食於齊，這不免有爲禮貌而仕、爲飲食而仕的嫌疑。孟子享其尊榮如此，但他並未對國君盡到師者之責，有時還故作姿態不肯朝王。孟子仕於齊，「不免於鬻先王之道，以售其身」。李覯也批判說「孟

〔註319〕 《晦庵集》卷七三《讀余隱之尊孟辨・李公常語上》，《朱子全書》第24冊，頁3525。

〔註320〕 《晦庵集》卷七三《讀余隱之尊孟辨・李公常語下》，《朱子全書》第24冊，頁3542。

子之欲爲佐王命，何其躁也」。他們擔心，孟子這樣的做法會啓迪後人「挾其有以驕其君，無所事而貪祿位」。

朱子則認爲，孟子的出處並非驕其君而貪其祿位，而是以道之行否爲裁斷依據，齊王以萬鍾留之而不得，其出處大節由此可知。孟子有時而不朝王，這是因爲爵、齒、德都有「達尊之義」。這就意味著，忠聖耆老的伊尹、周公在朝堂上也要祗奉嗣王太甲、成王，而若論輔世長民之任，貴爲天子的太甲、成王也得拜手稽首於伊尹、周公之前。君臣迭爲屈伸，乃通視其重之所在而致隆崇極之義，其所尊崇者乃人倫之大德和治國之大道，並非某個單獨的個體。退一步來說，出仕固然應以道之行否爲去就標準，但如果全天下莫能行吾言、信吾道，有人接我以禮貌、周我之貧窮，若受之有限而不求贏餘，則依然是可以就仕的。

至於孟子的治國才能，諸家多對孟子論伐燕、滕國行仁政兩事提出質疑。首先，對伐燕一事最有代表性的質疑來自司馬光〔註321〕：孟子答沈同問，曰燕國可以討伐，是棄民之死生、國之存亡於不顧，孟子坐視而不諫，顯然不是仁者之所爲。朱子辯解說，沈同以私人身份來詢問，並非受王命而來，所以孟子對伐燕的態度乃在於，燕之可取與不可取要取決於燕民的悅與不悅。若齊能伐罪弔民，拯之於水火，則哪有不可取的道理。如果由此認爲孟子鼓動齊國伐燕，則是未能充分瞭解其民本思想的表現。其次，李覯認爲滕國行孟子之道而未得天下，他由此判定孟子學說乃迂闊無驗之言〔註322〕。朱子認同余允文對李覯的辯駁，其大意是滕文公雖行孟子之道而不能專聽專信，故而不能善始善終，其間滕國還雜用許行之言，而許行之言正是被孟子批評爲「相率爲僞」的異端言論。況且，滕文公也未嘗盡禮孟子，使爲輔相而授之以政，其不得天下固已無疑議，後人不能將滕文公未得天下的咎責歸之於孟子。

第三，李覯、鄭厚等人視孟子爲陰謀論者，認爲孟子當顯王之世而不事周，以仁義誘諸侯，勸諸侯爲天子。這樣一解讀，孟子學說中的「仁義」就成爲田僖子大斗貸出、小斗歸入式的假仁假義，也就成爲了王莽小恩小惠的

〔註321〕另如鄭厚說：「孟軻非賢人……『沈同問「燕可伐歟」，吾應之曰「可」』。此孟子之罪也。」《晦庵集》卷七三《讀余隱之尊孟辨‧鄭公藝圃折衷》，《朱子全書》第 24 冊，頁 3543。

〔註322〕《晦庵集》卷七三《讀余隱之尊孟辨‧李公常語下》，《朱子全書》第 24 冊，頁 3537。

僞飾，仁義仿佛眞的成爲謀取天下的篡具，其流毒所致，將使「家家可以行王道，人人可以爲湯武」。這樣驚世駭俗的言論很容易引起集權帝王的警惕和猜忌，朱子於此不得不辨。

　　朱子結合余允文之說，認爲孟子本無此意，這種解讀的出現要歸結爲李覯「設問之過」和「不知時措之宜」。孟子以王者仁義遊說列國之君，不是要勸諸侯爲天子，而是閔戰國之際人道不立，不忍斯民無辜死於鬪戰，欲去其暴虐而救民於水火，解其倒懸之急。諸侯行仁義而天下歸之，乃理勢之必然，雖欲辭之而不可得。孟子說「以齊王猶反手」，也不過結合自己的志向論及當年世勢，並非要齊王、滕公代周而自立。所以，行仁義之政乃是爲天子的必要條件而非充分條件，能否成爲天子，這還要看天命改與未改。田氏假「仁義」之名而謀齊國，仁者行王政而天下歸之，這完全是性質不同的兩回事。如果以仁義爲篡具，那麼天下將諱談仁義，就會走向另一極端，從而遺其親，後其君，爲禽獸夷狄之歸。況且，王道是堯、舜、禹、湯、文、武、周公、孔、孟之道，由周公而上，上而爲君；自孔子而下，下而爲臣，固家家可以得而行。湯、武遭桀、紂，不幸而有征伐之事，若當堯、舜時，其在九官群后之列濟濟而和，必無悍然不服之心。余允文對此事的辯解得到了朱子的認同：「孟子之於列國，說之以行仁政者，不過言治岐之事而已；說之使爲湯、武者，不過以德行仁而已；說之以行王道者，不過乎使民養生喪死無憾而已。未嘗說之使伐某國，誅某人，開疆拓土，大統天下而爲王也。若孟子者，眞聖人之徒歟。識通變之道，達時措之宜，不肯枉尺直尋，奈何時君咸謂之迂闊於事，終莫能聽納其說，仁義之道不獲見於施設，以濟斯民，所以不免後世紛紛之議。」〔註323〕

　　孟子不事周而仕於齊，這要歸結於當時天命正在發生變化。東周失道以來，寖微寖滅，至顯王時，天下不知有周室，於此見出人心已變而天命正改。即便是時有王者作，也不必滅周就能使天下定於一。皋陶說「天聰明，自我民聰明；天明畏，自我民明威」，是以聖人心與天同而無所莫適，豈能拳拳於已廢之衰周，而使斯民坐蒙無已之禍。朱子的辯解依舊是根據孟子的民本思想，以民心爲天命之所向。當一個王權不能再代表天命人心，無法救民於水火，萬千百姓的疾苦顯然要比一家一姓的王權重要得多。因此，孔子尊周，

孟子不尊周，正如冬裘夏葛，飢食渴飲，各得其時措之宜，孔孟異地而皆然。

第四，「王霸之辯」是孟子學說的重要內容，疑孟、非孟的諸多學者都對此提出了質疑。他們認為，孟子一方面對五霸事業的評價有刻意貶低之嫌，另一方面對王者事業似有不合常情的誇大與美化。這些質疑其實源於孔孟之間對王霸問題的差異性評價，屬於歷史遺留問題。李覯、鄭厚等人非常敏銳地發現孔子和孟子對五霸的評價並不一致，故而往往以孔子學說作為攻擊孟子的長槍短劍，試圖以孔子攻擊孟子。這個問題如果辯解不明，則會影響孔孟學說的一貫性和純粹性，這是朱子不得不進行彌縫調整的關鍵問題。

孔子對齊桓、管仲雖也有批評（如認為管仲器小、不知禮等），但對其功業則給予了極大的肯定，如「桓公九合諸侯，不以兵車，管仲之功也。如其仁，如其仁」（《論語・憲問》），「管仲相桓公，霸諸侯，一匡天下，民到於今受其賜。微管仲，吾其被髮左衽矣」（《論語・憲問》），是「大其功而小其器」（朱子語）。如果說齊景公的「雖有粟，吾得而食諸」之嘆已使孔子感受到了齊國岌岌可危的時局〔註324〕，那麼崔杼弒齊君事件則更加明白無誤地印證了孔子對未來危機的預判，但孔子畢竟沒有經歷過三家分晉、田氏代齊這樣的歷史性巨變。相反，孟子生當波詭雲譎的戰國時代，與孔子的時代已存在巨大的差異。在一種時間與空間的壓力感之下，孟子感到一種焚燒中的焦灼感，他不得不以全副的生命投入救世的事業，他不僅心援天下，更是手援天下，奔走呼號，為生民立命，展現一種狂者的生命情調〔註325〕：

> 當是之時，秦用商君，富國強兵；楚、魏用吳起，戰勝弱敵；齊宣王、威王用孫子、田忌之徒，而諸侯東面朝齊。天下方務於合從連橫，以攻伐為賢，而孟軻乃述唐、虞、三代之德。（《史記・孟子荀卿列傳》）

孟子在戰國初期見慣了滅國如摘瓜的殘暴冷酷和生民塗炭，他對五霸的結局比孔子有更直觀、更深刻的認識，所以他認為以齊王猶反手，管仲事業「如彼其卑」，連曾皙都不屑為，以致於「仲尼之徒無道桓、文之事者」。

〔註324〕黃俊傑《孟子》，頁222。
〔註325〕齊景公問政於孔子。孔子對曰：「君君，臣臣，父父，子子。」公曰：「善哉！信如君不君，臣不臣，父不父，子不子，雖有粟，吾得而食諸？」（《論語・先進》）

　　朱子對這些質疑的回應其實也是在彌合孔、孟對王霸問題因時代不同而造成的差異評價。朱子以「大其功而小其器」作爲起點，指出《春秋》對齊桓、晉文功績的記載，乃是所謂「彼善於此」（《孟子・盡心下》），他們是「功之首」，也是「罪之魁」（邵雍語），其功並不能掩其罪。這是朱子討論桓公、管仲之事的基點。當時王者不作，中國衰微，夷狄滑夏，齊桓公、晉文公尊王攘夷，確爲有功，但這依然不過是「彼善於此」而已，「豈以齊桓之事爲盡可法哉」！曾晳不屑爲齊桓晉文之事，乃是學者立心致道規模宏遠，他們仰慕堯舜，不肯以霸業爲高。李覯之所以會犯這樣的錯誤，乃是不甚明瞭「聖賢所傳本心之體，故不知王道之大，而易怵於功利之淺」。

　　與此同時，不少學者批評孟子「以德行仁者王」、「王不待大」對王者的贊譽太過。李覯的觀點最具代表性，他認爲湯、武始爲天子時，其地已遠不止七十里或百里。武王的先祖王季在商朝帝乙時就已爲西伯，受賜玉瓚秬鬯，中分天下而治之，非止百里而已；商的始祖契已受大國，相土承之，入爲王官伯，出則長諸侯，威武烈烈，四海率服。商自相土時就已威行海外，並非只有七十里，所以他說孟子說「王不待大」乃是「不知量」。朱子結合余允文之說對此解釋道，湯以七十里，文王以百里，只是說他們原來的封國亳、豐都是小國，是其成就王業的根基與起點。王季、相土後來雖入爲王官伯以長諸侯，但未嘗開闢土地、併吞諸侯，而是以仁義流布海內，天下歸之，才得中分天下而治，其背後乃是民心向背問題。

　　第五，舜是道統譜系中一位非常關鍵的人物，他在「仁且智」的聖人譜系中所象徵的乃是「人倫之至」，而舜在《孟子》中的事蹟是否眞實則無從考證。司馬光、李覯、鄭厚等人都認爲《孟子》中對舜的記載違背常情，多「委巷之言」、「閭父里嫗之言」。他們對舜的質疑在於，瞽瞍殺人事本屬荒誕不經，瞽瞍、象「日以殺舜爲事」更是不可思議，瞽瞍、象雖頑囂而不入德義，但他們好利畏害之心與眾人無異。舜爲四嶽所舉，堯妻以二女，養以百官，試以百揆，瞽瞍和象尚欲殺之，這顯然十分荒謬。這樣一來，不但《孟子》的經典性值得懷疑，連程朱道學所努力構建的道統譜系也缺乏可信的歷史基礎。

　　由於文獻記載的局限，這些事顯然無法驗證是否爲里巷小說家言。朱子認爲，對這些事的理解不能糾結於事情的眞實與否，而應將重點放在孟子以舜爲言的本意。因此，要正確地理解舜的行事，應以論心而不論事作爲突破

口。瞽瞍殺人，舜竊負而逃一事，顯然屬於假設之辭，比較好辯解，所以朱子引楊時之說認爲，「固無是事，此只是論舜心耳」。同時，皋陶「執之而已矣」，恰好印證了孟子能夠洞見皋陶之心，「聖賢所處，無所不用其極，所謂止於至善者也」。至於象日以殺舜爲事的記載，朱子則結合余允文的說法解釋說，萬章以誠有此事來問，如謂其必無而不答，則兄弟之道不明，孟子因其所問而告之，「可以見仁人之於兄弟之心」。舜之於象，就像周公之於管蔡，都是天理人倫之至，故能「極天下之至樂，不足以動其事親之心；極天下之至苦，不足以害其事親之心。一心所慕，惟知有親。看是甚麼物事，皆是至輕。施於兄弟亦然。」〔註326〕朱子之所以採用這樣的辯解方法，乃是由於舜的形象早已藉助「五經」（尤其是《尚書》）而得以建立，以「論心不論事」爲策略來辯解容易引起人們的共鳴。

綜上所述，朱子對李覯、司馬光、鄭厚等人疑孟、非孟觀點的辯解，仿佛一場隔著歷史時空的遙遠對話。逝者已矣，不能再做申辯，很難說清誰勝誰負。朱子在尊孟的大背景之下重新梳理了幾百年來人們對孟子質疑的基本點，肯定了孟子學說對於儒學復興的巨大意義和深遠影響。朱子的這番辯解使得孟子的地位更爲穩固，孟子至此纔眞正地取代周公而與孔子並稱，尊孟的歷史使命至此而眞正完成。

〔註326〕《朱子語類》卷五八《孟子八・萬章上》，頁 1357。

第三章 宗 經
——從「五經」到「四書」的轉變

第一節 宋代「疑經惑傳」之風對漢唐經學的衝擊

疑經惑傳之風在唐代已蔚爲可觀，宋儒承此一緒而來，使其在新的歷史條件下，更具有一種強大的摧毀力量和時代精神〔註1〕。宋儒改變了篤守古義、各傳師承的漢唐遺風，嘗試以己意解經。劉敞作《七經小傳》，具有轉移時代風氣的作用：「慶曆前學者尙文辭，多守章句注疏之學，至敞始異諸儒之說，後王安石修《經義》，蓋本於敞。」〔註2〕《直齋書錄解題》也說：「以己意言經，著書行世，自敞倡之。」〔註3〕。

南宋王應麟的《困學紀聞》更爲詳細地描述了「疑經惑傳」之風對宋人解經的影響：

> 自漢儒至於慶曆間，談經者守訓故而不鑿。《七經小傳》出而稍尙新奇矣，至《三經義》行，視漢儒之學若土梗。古之講經者，執卷而口說，未嘗有講義也。元豐間，陸農師（佃）在經筵始進講義。自時厥後，上而經筵，下而學校，皆爲支離曼衍之詞，說者徒以資口耳，聽者不復相問難，道愈散而愈習薄矣。陸務觀（游）曰：「唐及國初，學者不敢議孔安國、鄭康成，況聖人乎！自慶曆後，諸儒

〔註1〕 蔡方鹿：《朱熹經學與中國經學》，北京：人民出版社，2004，頁131～134、240～243。
〔註2〕 《郡齋讀書志校證》卷四經解類《七經小傳》條，頁143。
〔註3〕 《直齋書錄解題》卷三經解類《七經小傳》條，頁83。

發明經旨，非前人所及，然排〈繫辭〉（歐陽修），毀《周禮》（歐陽修、蘇軾、蘇轍），疑《孟子》（李覯、司馬光），譏《書》之〈胤征〉、〈顧命〉（蘇軾），黜《詩》之〈序〉（晁說之、鄭樵等）。不難於議經，況傳注乎！」〔註4〕

朱子對儒家典籍多所尊重，但對漢唐經學卻有很多批評。朱子論《易》，屢言其爲「卜筮之書」，認爲「《易》所以難讀者，蓋《易》本是卜筮之書，今卻要就卜筮中推出講學之道，故成兩節工夫」〔註5〕；論《書》則疑其序，認爲「《書序》恐不是孔安國做。漢文麤枝大葉，今〈書序〉細膩，只似六朝文字。《小序》斷不是孔子做！」〔註6〕此外，《書》中「不可曉處」很多，如「孔壁所出《尚書》，如〈禹謨〉、〈五子之歌〉、〈胤征〉、〈泰誓〉、〈武成〉、〈冏命〉、〈微子之命〉、〈蔡仲之命〉、〈君牙〉等篇皆平易，伏生所傳皆難讀。如何伏生偏記難底，至於易底全記不得？此不可曉。」〔註7〕

朱子論《詩》，則承繼鄭樵之說，疑《毛詩》大、小序〔註8〕，就《詩》本文而言，他也認爲「有會做底，有不會做底」〔註9〕。朱子早年作尊信《詩》序的《詩集解》，後又自棄前說，作疑《序》的《詩集傳》。

朱子於禮，則認爲「禮學多不可考，蓋其爲書不全，考來考去，考得沒有下稍，故學禮者多迂闊。一緣讀書不廣，兼亦無書可讀」〔註10〕。禮隨著時代的變化而不停地發生變化，因而「古禮於今實難行」，「『禮，時爲大。』後世苟有作者，必須酌古今之宜，若是古人如此繁縟，如何教今人要行得」。這正自見出朱子於禮因時制宜、因事制宜的可貴精神。三禮之中，朱子認爲

〔註4〕 王應麟：《困學紀聞》卷八《經說》，北京：中華書局，2016，頁1192。

〔註5〕 《朱子語類》卷六六《易二・卜筮》，頁1626。

〔註6〕 《朱子語類》卷七八《尚書一・綱領》，頁1984。

〔註7〕 《朱子語類》卷七八《尚書一・綱領》，頁1978。

〔註8〕 如朱子論〈小序〉，認爲「〈小序〉無義理，皆是後人杜撰，先後增益湊合而成。多就《詩》中採摭言語，更不能發明《詩》之大旨」，「〈小序〉有極難曉處，多是附會」，「〈詩序〉作，而觀《詩》者不知《詩》意」，「〈詩序〉多是後人妄意推想詩人之美刺，非古人之所作也」等；朱子論〈大序〉，認爲「〈大序〉亦有未盡」，「〈詩大序〉只有六藝之說是」等。並見於《朱子語類》卷八○《詩一・綱領》，頁2070～2079。

〔註9〕 《朱子語類》卷八○《詩一・綱領》，頁2065。依朱子的舉例，會做的如〈鶴鳴〉「做得極巧，更含蓄意思，全然不露」，不會做底如〈君子偕老〉首章與二章詩意明顯有矛盾。

〔註10〕 《朱子語類》卷八四《禮一・論考禮綱領》，頁2177。

惟《周禮》、《儀禮》可全信，《禮記》則有信不得的地方〔註11〕，如謂〈儒行〉、
〈樂記〉非聖人之書，乃戰國賢士爲之〔註12〕。朱子認爲禮是「天理之節文，
人事之儀則」，故而《儀禮》和《禮記》要互相參照著看〔註13〕，這其中《儀
禮》多是禮之節文，而《禮記》多是禮的精神。至於涉及國家制度建設的《周
禮》，朱子則「不敢教人學」，這並不是《周禮》不可學，也不是不當學，只
是因爲《周禮》並無一句「干涉吾人身心上事」，學者只有理會了「自家身心
合做底」，纔去理會《周禮》這後一截事〔註14〕。

　　朱子論《春秋》，以爲「《春秋》煞有不可曉處」〔註15〕，而諸儒「於一
字上定褒貶」的研究方法，偏離了聖人作《春秋》之義〔註16〕。同時，《春秋》
各傳所書的「義例」也多不可信。三傳之中，《左氏傳》是史學，記事詳細，
而道理上有些偏差；《公羊傳》、《穀梁傳》是經學，於義理上有功，但記事多
誤〔註17〕。至於《春秋》所記的制度大綱，《左氏傳》較爲可據，《公羊傳》、
《穀梁傳》則較難爲憑〔註18〕。因此，朱子說看《春秋》當「只如看史樣看」
〔註19〕，這在一定意義上還原了《春秋》的本來面目。

　　總體而言，唐代以來的「疑經惑傳」之風在仁宗慶曆時期至神宗熙豐之
間形成一股強烈風潮，朱子接續了這股風潮，更將其繼續發揚光大。他對「五
經」多所考辨，這在一定意義上降低了「五經」及漢唐傳注的權威性和重要
性，衝破了漢唐經學樊籬，客觀上爲《大學》、《論語》、《孟子》、《中庸》地
位的提升創造了前提。既然「五經」以及漢唐傳注多有可疑，那麼下一步需
要思考的問題就是，能否重新擇取一些更爲可靠且無可置疑的新經典以重塑
儒家經典的權威性？這在當時顯得尤爲迫切與重要。

〔註11〕　《朱子語類》卷八六《禮三‧周禮‧總論》，頁2203。
〔註12〕　《朱子語類》卷八七《禮四‧小戴禮‧總論》，頁2225。
〔註13〕　《朱子語類》卷八七《禮四‧小戴禮》，頁2225。
〔註14〕　《朱子語類》卷八六《禮三‧周禮‧總論》，頁2203。
〔註15〕　《朱子語類》卷八三《春秋》：「《春秋》有書『天王』者，有書『王』者，此
　　　　　皆難曉」，頁2145。
〔註16〕　如朱子論曰：「此（《春秋》）是聖人據魯史以書其事，使人自觀之以爲鑒戒爾。
　　　　　其事則齊威、晉文有足稱，其義則誅亂臣賊子。若欲推求一字之間，以爲聖
　　　　　人褒善貶惡專在於是，竊恐不是聖人之意。」《朱子語類》卷八三《春秋‧綱
　　　　　領》，頁2149。
〔註17〕　《朱子語類》卷八三《春秋‧綱領》，頁2152。
〔註18〕　《朱子語類》卷八三《春秋‧綱領》，頁2151。
〔註19〕　《朱子語類》卷八三《春秋‧綱領》，頁2148。

第二節　科舉改革對儒家典籍地位的影響

一、針對科場弊病而引發的經籍改革

漢唐經學的弊病在科舉考試之中不斷被放大，如何改革漢唐經學與詩賦這種僵化的選拔模式以選取真正的可用之才，是宋代學者殫精竭慮思考的一個大問題。北宋中期以來，范仲淹、宋祁、呂公著、王安石、韓維等政壇健將都主張改變唐代以來的科舉陋習，其改革導向是輕詩賦而務去聲病，重經典大義而不務記誦，廢除貼經、墨義。改革的最終目的是藉此選拔真正的經世濟國之材，王安石提到：

> 學者之所教，講說章句而已。講說章句，固非古者教人之道也。近歲乃始教之以課試之文章。夫課試之文章，非博誦強學窮日之力則不能。及其能工也，大則不足以用天下國家，小則不足以為天下國家之用。故雖白首於庠序，窮日之力，以帥上之教，及使之從政，則茫然不知其方者皆是也。……今士之所宜學者，天下國家之用也。今悉使置之不教，而教之以課試之文章，使其耗精疲神、窮日之力以從事於此。及其任之以官也，則又悉使置之而責之以天下國家之事。夫古之人以朝夕專其業於天下國家之事，而猶才有能有不能，今乃移其精神，奪其日力，以朝夕從事於無補之學，及其任之以事，然後卒然責之以為天下國家之用，宜其才之足以有為者少矣〔註20〕。

王安石還特別提及以詩賦、記誦取士所帶來的嚴重後果，指出要盡快改變現狀：

> 今之進士，古之文吏也；今之經學，古之儒生也。然其策進士，則但以章句聲病，苟尚文辭，類皆小能者為之。策經學者，徒以記問為能，不責大義，類皆蒙鄙者能之。使通才之人或見贅於時，高世之士或見排於俗。故屬文者至相戒曰：「涉獵可為也，誣艷可尚也，於政事何為哉？」守經者曰：「傳寫可為也，誦習可勤也，於義理何取哉？」故其父兄勗其子弟，師長勗其門人，相為浮艷之作，以追時好而取世資也。何哉？其取捨好尚如此，所習不得不然也。若此之類，而當擢之職位，歷之仕塗，一旦國家有大議論，立辟廱、明

〔註20〕《臨川先生文集》卷三九《上仁宗皇帝萬言書》，頁7A〜7B。

堂，損益禮制，更著律令，決讞疑獄，彼惡能以詳平政體，緣飾治
道，以古今參之，以經術斷之哉？是必唯唯而已〔註21〕。

朱子回顧仁宗朝人物，也提到了與王安石相類似的觀點：

> 如今科舉取者不問其能，應者亦不必其能，只是寫得盈紙，便
> 可得而推行之。如除擢皆然。禮官不識禮，樂官不識樂，皆是吏人
> 做上去。學官只是備員考試而已，初不是有德行道藝可爲表率，仁
> 義禮智從頭不識到尾。國家元初取人如此，爲之柰何〔註22〕！

在多方的推動之下，熙寧四年（1071）二月，神宗從中書之請（實王安
石之意），更令科舉法，進士罷詩賦、貼經、墨義，各占治《詩》、《書》、《易》、
《周禮》、《禮記》一經，兼以《論語》、《孟子》。每試四場，初本經，次兼經
並大義十道，務通義理，不須盡用注疏。次論一首，次時務策三道，禮部五
道〔註23〕。

漢唐以來不斷擴大的經典規模至此有所調整，十三部儒家典籍在這種新
的科舉模式下僅用七部。連歷來傳承的儒家經典都可以大刀闊斧地刪減，那
麼，舊有注疏在這樣的情況下更可束之高閣。漢儒舊說既已在拋棄之列，而
新經說卻並未隨之建立起來。爲使應試者學有所據，也使典試者評卷時有準
可依，由朝廷組織修纂新經義勢在必行。

王安石《三經新義》首先是因國家貢舉而修纂〔註24〕。纂修經義乃是「道
德一於上，而風俗成於下」的大好良機，王安石自不會放過。熙寧六年（1073）
三月，神宗下詔建官設局，纂修新經義，王安石、王雱、呂惠卿等皆入選。
一年後，《尚書新義》上進；兩年後，《周官新義》、《詩經新義》奏進。熙寧
八年（1076）六月，《三經新義》送國子監鏤版頒行。《三經新義》雜出眾手，
王安石父子實其主導者，其中《尚書新義》、《詩經新義》由王雱訓辭，王安
石訓義；《周官新義》則由王安石獨自完成。書上，朝廷下詔褒譽：「惟爾安

〔註21〕　《臨川先生文集》卷六九《取材》，頁 7A～7B。
〔註22〕　《朱子語類》卷一二六《釋氏》，頁 3009；卷一〇九《朱子六·論取士》有相
　　　　同話語。
〔註23〕　《續資治通鑑長編》卷二二〇熙寧四年「二月丁巳朔」條，頁 5334～5335。
〔註24〕　程元敏：《三經新義修撰通考》，收於《三經新義輯考彙評》，上海：華東師範
　　　　大學出版社，2011，頁 293～295。程先生此書於王安石《三經新義》做了非
　　　　常詳細而又系統深入的文獻整理與研究工作，窺其閫奧而不見畛域。我深深
　　　　贊歎，深深敬佩，因此本章所述及《三經新義》之修纂過程的部份多有參詳，
　　　　特向程先生致以深深的敬意。

石，經明行修。秉君子之節材劇志，大通聖人之方，信其可以任重而致遠」〔註25〕。此後的幾年中，《三經新義》又有過修訂和改版。此外，王安石還有《字說》以配合新經義的學習，這部字書實際上已經取代了《說文解字》、《爾雅》之類的小學著作。雖然《字說》多穿鑿附會，且雜有佛老之學，但主司依舊用以取士，學者無敢不習〔註26〕。

王安石《三經新義》是爲新法之地，《三經新義》及《字說》都是神宗與王安石君臣資以整齊眾說之書〔註27〕。《三經新義》獨行期間，漢儒之學及諸家經說更廢棄如土梗〔註28〕。

二、王安石擇取《尚書》、《詩經》和《周禮》的原因

由於後世儒者對「經」的理解越來越寬泛，儒家經典的領域不斷擴大，漢儒五經至宋神宗時已有十二經〔註29〕，後來王安石又奏請《孟子》升經，後世所謂「十三經」至此而齊備〔註30〕。但是，王安石爲何在這十三部經典中特別重視《書》、《詩》和《周禮》的原因值得探究。

這三部典籍都是關於有德、有位的上古聖王聖政的直接記載。據《論語》記載，孔子所雅言者，爲《詩》、《書》、執禮（《論語・述而》）〔註31〕。王安

〔註25〕 沈遘：《西溪文集》卷六《三司度支判官祠部員外郎直集賢院同修起居注王安石可刑部員外郎餘如故》，《四部叢刊續編》影印明覆宋本，頁24B～25A。

〔註26〕 《三經新義與字說科場顯微錄》，收於《三經新義輯考彙評》，頁313～314。

〔註27〕 《三經新義與字說科場顯微錄》，收於《三經新義輯考彙評》，頁315。

〔註28〕 《經學歷史》，頁120。

〔註29〕 顧炎武《日知錄》：「自漢以來，儒者相傳，但言五經；而唐時立之爲學官，則云九經者，三傳、三禮，分而習之，故云九也。」唐文宗開成二年（837），刊刻儒家經典十二部，九經之外，另有《論語》、《孝經》、《爾雅》三部，始有「十二經」之名。

〔註30〕 王寧認爲，十三經中的《爾雅》並非一般意義的經書，只是經書訓詁的彙編。劉勰說《爾雅》是「《詩》、《書》之襟帶」（《文心雕龍・鍊字》），林光甫稱其爲「六籍之户牖，學者之要津」（《艾軒詩說》），宋翔鳳譽其爲「訓故之淵海，五經之梯航」（《爾雅郭注義疏序》）。這些評論實際上都在強調《爾雅》只是研習經學的工具，而非說它本身就是一部經書。東漢趙岐《孟子題辭》說：「孝文皇帝欲廣遊學之路，《論語》、《孝經》、《孟子》、《爾雅》皆置博士，後罷傳記博士，獨立五經而已。」唐文宗只不過是恢復漢文帝這項舉措而已。參見王寧：《〈爾雅〉說略》，收入《十三經說略》，北京：中華書局，2015，頁226～227。此外，《爾雅》從未作爲科舉考試的出題科目。

〔註31〕 《論語注疏》卷七《述而》「子所雅言」章邢昺疏：「此三者，先王典法，臨文教學，讀之必正言其音，然後義全，故不可有所諱。禮不背文誦，但記其揖讓周旋，執而行之，故言執也。」《十三經注疏》，頁2482～2483。

石擇取《詩》、《書》、《周禮》作爲「一道德而同風俗」之具，實本之於此。
門生陸佃引王安石去取各經的依據說：

> 三經所以造士，《春秋》非造士之書也。學者求經，當自近者
> 始。學得《詩》，然後學《書》；學得《書》，然後學禮。三者備，
> 《春秋》其通矣。故《詩》、《書》、執禮，子所雅言，《春秋》罕
> 言以此〔註32〕。

　　顯然，《論語》中的這段話成爲王安石擇取《尚書》、《詩經》和《周禮》
最爲重要的經典依據。不過值得留意的是，孔子所執之禮乃士禮（即《儀禮》）
而非《周禮》，王安石對「執禮」的解讀顯然不同於先儒〔註33〕。

　　熙寧四年（1071），王安石曾奏請：「孔子作《春秋》，實垂世立教之大典，
當時游、夏不能贊一詞。自經秦火，煨燼無存。漢求遺書，而一時儒者附會
以邀厚賞。自今觀之，一如斷爛朝報，決非仲尼之筆也。《儀禮》亦然。請自
今經筵毋以進講，學校毋以設官，貢舉毋以取士。」〔註34〕神宗從之。《直齋
書錄解題》錄有署名王安石的《左氏解》一卷，這部書「專辨左氏爲六國時
人，其明驗十有一事……題王安石撰，實非也」〔註35〕。

　　綜合以上材料來看，王安石固不能否認孔子作《春秋》、執禮的事實，但
他認爲六經自遭秦火，《春秋》、《儀禮》已像《樂經》那樣早就蕩然無存，今
所及見者，顯然不是孔子時代的《春秋》、《儀禮》，而是漢儒爲邀厚賞的附會
之作。況且，學者只要先後研習《詩》、《書》、《周禮》三部經典，《春秋》大
義自然就能會通。通過順序的調整，各經的重要性也隨即發生改變，正如朱
子先「四書」而後「五經」，「四書」地位顯然就比「五經」重要。

1. 王安石重視《周禮》的原因

　　王安石親纂《周官新義》乃是因爲「一部《周禮》，理財居其半」〔註36〕：

> 蓋因天下之力以生天下之財，取天下之財以供天下之費，自古
> 治世，未嘗以不足爲天下之公患也，患在治財無其道耳。今天下不
> 見兵革之具，而元元安土樂業，人致己力以生天下之財，然而公私

〔註32〕　陸佃：《陶山集》卷十二《答崔子方秀才書》，《四庫全書》第1117冊，頁154。
〔註33〕　據《宋史·王安石》傳，王安石曾作《論語解》，今佚。
〔註34〕　《宋史紀事本末》卷三八「學校科舉之制」條，頁371。
〔註35〕　《直齋書錄解題》卷三春秋類《左氏解》條，頁60。
〔註36〕　《臨川先生文集》卷七三《答曾公立書》，頁4B。

常以因窮爲患者，殆以理財未得其道，而有司不能度世之宜而通其
變耳〔註37〕。

晁公武說王安石「蓋以其所創新法盡傳著經義，務塞異議者之口」〔註38〕，這實際上是符合事實的。宋王朝是個一切以經濟優先的財政國家，而理財正是「熙豐變法」的重要目標。王安石注釋《周禮》並不是描繪超越現實的理想國度，而是藉此表明，在任何時候古代的政治原理只要付諸實踐，都可以成爲行動的典範。他藉此推行的新法並非理想主義而是合理主義。王安石的政治改革始終直視現實，究明其中的不平衡，匡正其中的不合理，將政治引入合理的軌道〔註39〕。

此外，王安石特重《周禮》也是受李覯影響。李覯作《周禮致太平論》，其敘曰：

> 昔劉子駿（向）、鄭康成（玄）皆以《周禮》爲周公致太平之跡，而林碩謂末世之書，何休云六國陰謀，然鄭義獲伸，故《周官》遂行。覯竊觀六典之文，其用心至悉，如天焉有象者在，如地焉有形者載。非古聰明睿智，誰能及此？其曰周公致太平者，信矣。鄙儒俗士，各滯所見，林之學不著，何說《公羊》誠不合禮，盜憎主人，夫何足怪？今之不識者，抑又譸讀，將使人君何所取法？是用摭其大畧而述之。天下之理，由家道正。女色階禍，莫斯之甚，述《內治》七篇。利用厚生，爲政之本，節以制度，乃無傷害，述《國用》十六篇。備預不虞，兵不可闕，先王之制，則得其宜，述《軍衛》四篇。刑以防姦，古今通義，唯其用之，有所不至，述《刑禁》六篇。綱紀既立，持之在人，天工其代，非賢罔乂，述《官人》八篇。何以得賢？教學爲先，經世軌俗，能事以畢，述《教道》九篇。終焉並序，凡五十一篇，爲十卷，命之曰《周禮致太平論》。噫！豈徒解經而已哉！唯聖人君子知其有爲言之也〔註40〕。

曾鞏是李覯高第，與王安石關係密切，王安石正是以曾鞏爲渠道深入瞭解李覯學說，而這篇《周禮致太平論》對王安石的影響尤爲深遠。李覯、王

〔註37〕 《臨川先生文集》卷三九《上仁宗皇帝言事書》，頁10B。
〔註38〕 《郡齋讀書志校證》卷二禮類《新經周禮義》條，頁81～82。
〔註39〕 焦堃等譯：《宮崎市定中國史》，杭州：浙江人民出版社，2015，頁195～199。
〔註40〕 王國軒點校：《李覯集》卷五《周禮致太平論並序》，北京：中華書局，2011年第2版，頁70～71。

安石在學識上意氣相投，特別是在「周禮致太平」這一點上達到高度一致〔註41〕。王安石說：

> 惟道之在政事，其貴賤有位，其後先有序，其多寡有數，其遲數有時，制而用之存乎法，推而行之存乎人。其人足以任官，其官足以行法，莫盛乎成周之時。其法可施於後世，其文有見於載籍，莫具乎《周官》之書。蓋其因習以崇之，庚續以終之，至於後世，無以復加，則豈特文、武、周公之力哉！猶四時之運，陰陽積而成寒暑，非一日也。自周之衰以至於今，歷遂千數百矣，太平之遺跡，掃蕩幾盡，學者所見，無復全經。於是時也，乃欲訓而發之，臣誠不自揆，然知其難也。以訓而發之之爲難，則又以知夫立政造事，追而復之之爲難。然竊觀聖上致法就功，取成於心，訓迪在位，有馮有翼，疊疊乎鄉六服承德之世矣。以所觀乎今，考所學乎古，所謂「見而知之」者〔註42〕。

因此，當王安石有機會得君行道，必然會依《周禮》而主導其改革。

2. 王安石對《尚書》和《詩經》的闡釋維度

王安石注重《詩》和《書》，乃是因爲「先王之道德出於性命之理，而性命之理出於人心，《詩》、《書》能循而達之」〔註43〕，其中，《詩》上通乎道德，下止乎禮義，放其言之文，君子以興焉；循其道之序，聖人以成焉。」〔註44〕

《詩》、禮足以相須，且「足以相解」〔註45〕，《詩》是讀書人涵泳君子品格、通達聖人至治的重要文獻，更是其「通乎道德」的爲治之具。王安石認爲：「聖人之於《詩》，既取其合於禮義之言以爲經，又以序天子諸侯之善惡而重萬世之法。」王安石依據《毛詩序》解經，還以王侯名分先後與爲政得失而作美、刺之別。他以聖人教化的淺深和歌者言志的遠近分國風爲「聖人之風」和「賢者之風」，其中，《周南》既是「王者之風」的極致，也是王者之治的典範〔註46〕。

〔註41〕　吳雁南：《中國經學史》，福州：福建人民出版社，2001，頁304。
〔註42〕　《臨川先生文集》卷八四《周禮義序》，頁1B～2A。
〔註43〕　《臨川先生文集》卷八二《虔州學記》，頁3A。
〔註44〕　《臨川先生文集》卷八四《詩義序》，頁2B。
〔註45〕　《臨川先生文集》卷七四《答吳孝宗書》，頁9A～9B。
〔註46〕　吳雁南：《中國經學史》，頁306。

王安石的《書義序》很短，其中一段話值得注意：

> 惟虞、夏、商、周之遺文，更秦而幾亡，遭漢而僅存，賴學士大夫誦說以故不泯。而世主莫或知其可用，天縱皇帝大知，實始操之以驗物，考之以決事，又命訓其義，兼明天下後世〔註47〕。

文字雖簡短，而其信息量卻很大。首先，《書》的內容是虞、夏、商、周之遺文，要明乎范政治民之道，就要以其人之道還治其人之身，因此，《書》是「致君堯舜上，再使風俗淳」的最好範本。其次，《書》經秦火而幾亡，幸賴誦說而不泯，並非像《春秋》、《儀禮》那樣毀於秦火（詳見前文），其文眞實可信，可作爲施教之具。最後，《尚書》雖記載上古聖政，而歷代世主不知可用，神宗皇帝始欲「操之以驗物，考之以決事」，因此皇權是《尚書新義》乃至《三經新義》的大力推動者和積極實踐者。

概言之，《三經新義》是王安石變異士習之大端，王安石解經以意逆志，發揮三經意蘊，雖號爲於古有據，實際則雜以新義〔註48〕。

3. 王安石及其後學於「三經」之外的經籍注解

《三經新義》之外，王安石及其後學對儒家其它典籍也有影響深遠而廣泛的注本。

王安石認爲《易》偏於言理，未見之於實事〔註49〕，但還是作有《易義》二十卷（今佚）。《郡齋讀書志》記載：「介甫《三經義》皆頒學官，獨《易》解自謂少作未善，不專以取士。故紹聖後復有龔原、耿南仲注《易》，三書偕行於場屋。」〔註50〕據此可知，王安石原有解《易》之作，故不必另作新義，只是《易義》乃其少作，尚有不完善處，故未用於科場。王學後進龔原、耿南仲便爲其做了進一步完善。經過王安石哲嗣、生徒完善的《易義》與《三經新義》、《字說》用於科場。

〔註47〕 《臨川先生文集》卷八四《書義序》，頁3A。

〔註48〕 熊公哲：《王安石政略》卷四。

〔註49〕 李俊祥：《王安石的經學觀與經學解釋學》，《中國哲學史》2002年第4期，頁74～76。

〔註50〕 《郡齋讀書志校證》卷一易類《王介甫易義》條，頁41。據晁公武記載，龔原是嘉祐八年（1063）進士，初以經學爲王安石引用，後入元祐黨籍。耿南仲也是王學後進。據耿南仲本傳，耿南仲係開封府人，元豐五年（1082）進士，欽宗潛躍東宮，南仲爲其師十餘年，以爲舊臣當柄用，而吳敏、李綱越次進，位居其上，心不能平。金人陷京師，南仲銜恨，不稱使命，主和誤國。高宗即位，薄其爲人，說：「南仲誤淵聖（欽宗），天下共知，朕嘗欲手劍擊之。」《宋史》卷三五二《耿南仲傳》，頁11131。

王安石另有《論語解》十卷，王雱述其口義，其徒陳用之（或曰鄒浩）為之作解，紹聖後行於場屋〔註51〕。王安石素喜《孟子》，曾自為《孟子解》十四卷，王雱與門人許允成皆有注釋，崇寧、大觀之間，場屋舉子宗之〔註52〕。

這樣，熙寧四年（1071）所定的科舉科目（《易》、《書》、《詩》、《周禮》、《禮記》、《論語》、《孟子》），王氏父子除《禮記》之外均有解義。因此，王學後進方愨乃取《三經新義》及《字說》申而明之，著為《禮記解》二十卷。《禮記解》於政和二年（1112）表進，方愨由是得上舍出身〔註53〕。另外，馬希孟亦撰《禮記解》七十卷，其學亦宗王氏〔註54〕。

這樣，《三經新義》而外，《易》、《禮記》、《論語》、《孟子》在科場也都陸續宗主王安石之學。至此，熙寧四年（1071）科舉改革確定的七部經典全部宗主王學，王學獨行天下，專擅科場，影響至為深遠。

三、《三經新義》隨政治鬥爭的興替

元豐八年（1085），神宗崩，哲宗嗣位，太皇太后聽政，反對變法的舊黨人物盡改王安石法度，科舉程式亦在變更之列。由於《三經新義》和《字說》中雜有佛老申韓之說，司馬光批判王安石新學「使聖人坦明之言，轉而陷於奇僻；先王中正之道，流而入於異端」，因而倡言廢棄《三經新義》，「令天下學官依注疏講說，學者博觀諸家，自擇短長，各從所好」〔註55〕。

科舉新法推行甫十餘年，且纂修新經義乃神宗「一道德，同風俗」的重要途徑，這顯然不僅是王安石「以一家私學欲掩蓋先儒」（司馬光語）。朝政倏忽劇變，不免有朝令夕改之嫌。韓維、劉摯、蘇轍等人理性地認識到，《三經新義》不必也不能盡行廢黜，但是不可再專行天下、專擅科場。元祐二年（1087），詔許《三經新義》與舊注及己意並行。《三經新義》也得以幸存，這樣的情形持續到了南宋孝宗初年。惟《字說》因為雜用申韓老莊釋氏之言，在元祐初年即被禁止用於科場，此後朝廷也多次下詔禁用《字說》。漢唐注疏於此復活。元祐四年（1089），進士分立詩賦、經義兩科，詩賦於此復活。

由於以詩賦進身遠較以經義容易，士子紛紛改業詩賦：

〔註51〕 《郡齋讀書志校證》卷四論語類《王介甫論語解》條，頁136。
〔註52〕 《郡齋讀書志校證》卷十諸子類儒家《王安石解孟子》條，頁420。
〔註53〕 《直齋書錄解題》卷二禮類方愨《禮記解》條，頁48。
〔註54〕 《直齋書錄解題》卷二禮類馬希孟《禮記解》條，頁48。
〔註55〕 《續資治通鑑長編》卷三七一元祐元年三月壬午「司馬光言」條，頁8976。

自復詩賦，士多鄉習，而專經者十無二三。……（元祐）八年，中書請御試復用祖宗法，試詩賦、論、策三題，且言：「士子多已改習詩賦，太學生員總二千一百餘人，而不兼詩賦者纔八十二人。」〔註56〕

此法推行不久，哲宗泝政，《三經新義》和《字說》再度振興。進士再次罷詩賦，專試經義。舉子應試，捨《三經新義》則必見黜落，前人經說已名存實亡。元符元年（1098），有臣僚奏言應僅從《三經新義》出題以獨尊王學。右正言鄒浩深恐朝廷廢黜沒有新義的《周易》、《禮記》，極言不可。鄒浩之議雖被聽納，但王學獨尊之勢在紹述更化期間已有大不可擋之勢。徽宗年間，蔡京秉政，力崇王安石學術，王學又獨行天下二十餘年。崇寧三年（1104）至宣和三年（1121），士子主要以三舍法升貢，依舊專主王安石新學。在此期間，《三經新義》和《字說》盛極一時。

宣和三年（1121），詔廢升貢法，仍以科舉取士，王學的再次衰落開始。靖康元年（1126）正月，金人圍汴京三十餘日，中外咸以蔡京為罪魁，而王氏新學、新政又是蔡京禍國殃民之所本，請亟復元祐制度。王安石《三經新義》及《字說》因此又不得專行。

靖康元年（1126）四月，復以詩賦取士，科場禁用老莊及《字說》。一個月後，太學生伏闕陳事，欽宗以楊時兼國子祭酒安撫群情。楊時極言王安石、蔡京誤國：

蓋（蔡）京以紹述神宗為名，實挾王安石以圖其利，故推尊安石，加以王爵，配享孔子廟廷，而京之所為，自謂得安石之意，使人毋得而議。其小有異者，則以不忠不孝之名目，而痛加竄黜，人皆結舌莫敢為言，而京得以肆意矣。然則致今日之禍者，實安石有以啟之也。臣謹按，安石挾管商之術，飾六義以文奸言，變亂祖宗法度，當時司馬光已言其為害之甚，當見於數十年之後。今日之事，若合符契，其著為邪說，以塗學者耳目，敗壞其心術者，不可縷數。……臣伏望睿旨，斷王安石學術之謬，追奪王爵，詔中外毀去配享之像，使邪說淫辭不為學者之惑，實天下萬世之幸〔註57〕。

疏上，時局不但沒有緩解，反倒激起了太學生更強烈的反抗情緒。楊時的這番言論多任意氣自使，非以學術而言學術，其火上澆油也在情理之中。

〔註56〕《宋史》卷一五五《選舉志一》，頁3621～3622。
〔註57〕《龜山集》卷一《上欽宗皇帝》（其七），《四庫全書》第1125冊，頁116～117。

太學生薰陶王氏之學既久，奮袂競前，闃然群起〔註58〕，責問「三經有何不可，輒欲毀之」〔註59〕。楊時引避不出，齋生良久始散。他的狼狽收場也成為士大夫談資，連朱子都不得不承認，「龜山此行固是有病」〔註60〕。廢置王氏新學之艱難，於焉可見。此後陳過庭、馮澥拋開政治紛爭，陸續奏言，終於使其討論復歸於學術範圍：

> 凡學校科舉考校去取，不得專主元祐之學，亦不得專主王氏之學，或傳注，或己說，惟其說之當理而已。倘有司輒敢以私好惡去取者，乞重賜斥責，庶使天下學者曉然無惑，而庠序多士得以安其心矣〔註61〕。

這次爭論以改王安石配享為從祀孔廟、禁《字說》收場，但王氏之學並未因此廢黜，而是依元祐成憲，與諸家解說並行。除了王學同調，研習《三經新義》的多是未完成舉業的讀書人，他們都是王學的直接受益者。他們始終以進身難易作為研習經典的標準。這種情形在《三經新義》頒行不久，就已經呈現出來。早在元豐二年（1079），判國子監張璪就說到：「治禮舉人比《易》、《詩》、《書》人數絕少，乞自今在京發解禮部進士，《周禮》、《禮記》比他經分數倍取。」從之〔註62〕。

元人馬端臨「旁觀者清」，他深切地洞察到其中的關鍵：

> 介甫之所謂「一道德」者，乃是欲以其學使天下比而同之，以取科第。夫其書縱盡善無可議，然使學者以干利之故，皓首專門，雷同蹈襲，不得盡其博學詳說之功，而稍求深造自得之趣，則其拘攣淺陋，去墨義無幾矣，況所著未必盡善乎？至所謂「學術不一，十人十義，朝廷欲有所為，異論紛然，莫肯承聽」，此則李斯所以建焚書之議也〔註63〕。

王安石新學如此，此後朱子學術也如此。當一個學術體系作為「一道德」之具時，也正是其衰敗之始，因為這樣的學術在很大程度上已成為進身之具

〔註58〕《龜山集》卷二六《題諸公邪說論後》，《四庫全書》第1125冊，頁362。

〔註59〕《朱子語類》卷一〇一《程子門人》，頁2573。

〔註60〕《朱子語類》卷一〇一《程子門人》，頁2573。

〔註61〕《靖康要錄》卷五靖康元年五月十日聖旨，《四庫全書》第329冊，頁510～511。

〔註62〕《續資治通鑑長編》卷二九九元豐二年八月「判國子監張璪言」條，頁7288～7289。

〔註63〕馬端臨：《文獻通考》卷三一《選舉考四·舉士》。

而非治道之具。讀書的士子維持甚力，更多地是在爭取入仕之途是否順暢通達。可是，當科場程式發生改變（尤其是詩賦在南宋的復盛），他們對此前所堅守的經義也會棄之如弊屣。因此，王學表面上確實多次絕地逢生，實際上卻由於地位的尊崇而失去了反思與升華的機會，其生命力也於此喪失。

四、《三經新義》及王學的衰頹

《三經新義》雖未必盡善盡美，但它卻能妙得聖人大意，優於舊解，有功於學術，非盡是「邪說淫辭」，這是其書得以在歷次政爭中存而不廢、始終屹立不倒的關鍵因素〔註 64〕。若因廢棄新法而廢棄新學，則不免有「玉石恐俱焚」之虞。朱子雖感慨王安石「其學不足以知道」〔註 65〕，「王氏之學，都不成事物」〔註 66〕，但也承認「新經儘有好處，蓋其極平生心力，豈無見得著處？」〔註 67〕

其實，早在元祐初年爭論王學存廢時，諸家對《三經新義》多有嚴厲批判（甚至出於意氣的醜詆），但若綜合諸家言論〔註 68〕，則會發現諸家爭論的焦點首先不在學術，而在於《三經新義》能否獨斷專行，並據以為科舉崇黜的惟一標準。《三經新義》憑藉官方的頒布推行天下，這就使得其它學派喪失了單純以學術優劣論高下的機會，因此他們所反對的首先是王學帶來的思想專制，正如司馬光所說：「王安石不當以一家私學，欲掩蓋先儒，令天下學官講解及科場程試，同己者取，異己者黜。」〔註 69〕呂公著非常公允地說：「先帝（神宗）更新法度，如造士以經術，最為近古，且仲尼六經何負於後世，特安石課試之法為謬耳。安石解經亦未必不善，惟其欲人

〔註 64〕 《三經新義與字說科場顯微錄》，《三經新義輯考彙評》，頁 349。
〔註 65〕 《晦庵集》卷三四《與東萊論白鹿書院記》，《朱子全書》第 21 冊，頁 1498。
〔註 66〕 《朱子語類》卷一三〇《本朝四·論本朝人物四》，頁 3101。
〔註 67〕 《朱子語類》卷一三〇《本朝四·論本朝人物四》，頁 3099。
〔註 68〕 如蘇軾說：「王氏之文，未必不善，而患在於好使人同己……王氏欲以其學同天下。」見於蘇軾著、孔凡禮點校：《蘇軾文集》卷四九《答張文潛縣丞書》，北京：中華書局，1986，頁 1427。胡寅說王安石「倡說虛無，以同天下之習。其習既同，於今五十年，士以空言相高」，見於《斐然集》卷十六《上皇帝萬言書》，胡寅：《崇正辨·斐然集》，北京：中華書局，1993，頁 347，朱子說：「王介甫《三經義》，固非聖人意，然猶使學者知所統一。」見於《朱子語類》卷一〇九《朱子六·論取士》，頁 2694。
〔註 69〕 《續資治通鑑長編》卷三七一元祐元年「司馬光言伏睹朝廷」條，頁 8976。

同己爲大謬耳。」〔註70〕劉清之也感嘆說:「介甫不憑注疏,欲修聖人之經;不憑今之法令,欲新天下之法,可謂知務。第出於己者,反不逮舊,故上誤裕陵(神宗),以至於今。後之君子,必不安於注疏之學,必不局於法令之文。此二者既正,則人才自出、治道自舉。」〔註71〕由此可見,諸家對王安石的批評集中在《三經新義》獨斷專行以及由此而帶來的惡劣影響。

「靖康之變」使得天下板蕩,士大夫階層要重新審視王氏新學的價值。不少大師碩儒認爲,王安石新學是靖康恥的禍端,其變革法度更是要爲此負間接責任,如胡寅說「今皇帝勇智中興,灼知禍敗之釁,本由王氏;以其所學迷誤天下,變亂憲章,得罪宗廟」,其撰詔追廢王安石配享,更是以嚴厲口吻批評王安石「文飾姦說,附會聖經,名師帝王,實慕非鞅,以聚斂爲仁術,以法律爲德政。」〔註72〕林之奇說:「晉人以王(弼)、何(晏)清談之罪深於桀紂。本朝外侮內侵之禍,考其端倪,王氏實居王、何之責。」〔註73〕朱子說:「當時神宗令介甫造《三經義》,意思本好,只是介甫之學不正,不足以發明聖意」〔註74〕,「自荊公諸人熙豐間用事,《新經》、《字說》之類已壞了人心術。」〔註75〕就連宋高宗也不得不承認:「安石之學,雜以伯道,取商鞅富國強兵。今日之禍,人徒知蔡京、王黼之罪,而不知天下之亂生於安石。」〔註76〕不過,宋高宗性好讀書,尚能於臣工爭執王學、程學優劣時持公允兼取之論,如:

> 紹興十四年(1144)三月癸酉,……上又曰:「王安石、程頤之學,各有所長,學者當取其所長,不執於一偏,乃爲善學。」〔註77〕

南宋王朝建立於動蕩之際,爭論學術並非其形勢所急,若斷然摒棄王安石新學也不利於人心凝聚,因此,《三經新義》在南渡以後依舊與先儒注疏並行於場屋。

〔註70〕 《三朝名臣言行錄》卷八之一《丞相申國呂正獻公》,《朱子全書》第12冊,頁634。
〔註71〕 李幼武:《宋名臣言行錄外集》卷十四劉清之,《四庫全書》第449冊,頁812。
〔註72〕 這兩處引文分別見於《斐然集》卷十九《魯語詳說序》、卷十四《追廢王安石配饗詔》,《崇正辨・斐然集》,頁404、313。
〔註73〕 林之奇:《拙齋文集》卷六《上陳樞密論行三經事》,《四庫全書》第1140冊,頁410。
〔註74〕 《朱子語類》卷一○九《朱子六・論取士》,頁2694。
〔註75〕 《朱子語類》卷一三二《本朝六・中興至今日人物下》,頁3169。
〔註76〕 《建炎以來繫年要錄》卷八七紹興四年庚子「兵部侍郎王居正」條,頁1673。
〔註77〕 《建炎以來繫年要錄》卷一五一紹興十四年「癸酉秦檜進呈」條,頁2853。

儘管高宗對王學的評價不算低，但此時的王學已不可避免地呈現出式微之勢。造成這種局面的，首先是高宗建炎二年（1128）的科舉改革。是年，詔分詩賦、經義爲兩科，自哲宗紹聖時廢棄三十餘年的詩賦由是而益盛，經義和王學隨之浸微。這是因爲經義奧衍弘深，通解匪易；詩賦則致力數遂，求工非難。紹興十六年（1146），高宗見此之弊，恐經學廢墜，詔令舉人兼習經義和詩賦，但這項政令並未施行多久而又有變。紹興三十一年（1161），經義、詩賦再次分爲兩科，終宋之世，列爲定制。後來場屋，試詞賦者及三之二，《三經新義》由此衰微已極，很少有人再爭其行廢〔註78〕。

與王學式微相對照的，是伊洛之學的興起。伊洛之學後來地位雖高，但其先始終在民間傳習，與立爲官學的王氏新學自不可同日而語。王學的衰落使伊洛之學獲得了進入主流地位的機遇，朱子的《四書章句集注》正是在這樣的大背景下被士大夫廣爲接受的。

第三節　「四書」的升格及其理學化

一、《中庸》、《大學》從《禮記》的獨立

1.《禮記》升經對《大學》、《中庸》獨立的影響

《禮記》作爲解《禮》之記，自漢代以來就列在經部文獻，但並未取得經的地位〔註79〕。自鄭玄三《禮》注行於天下（元仁宗延祐定科舉法，《易》、《書》、《詩》、《春秋》都用宋人注，惟《禮記》仍用鄭注），《禮記》的地位越來越高。唐貞觀年間（627～649），孔穎達主持撰作《五經正義》，以《禮記》取代《儀禮》而成爲《禮》的主經，仿如「附庸蔚爲大國」。這主要是因爲《儀禮》中所記禮文已隨時代而損益，至唐時多有不合時用者，而《禮記》則多討論禮的精神要義，具有恆久意味，故而升之爲經。

〔註78〕　《三經新義與字説科場顯微錄》，《三經新義輯考彙評》，頁351。

〔註79〕　據《漢書·藝文志》，《禮》有《古經》五十六卷，這是魯恭王壞孔子宅時所得的《逸禮》，除去與《儀禮》所重合的十七篇，共三十九篇；《經》七十篇（「七十」當作「十七」），即今所傳的《儀禮》；《記》一百三十一篇，班固以爲是七十子後學者所記。張舜徽説，古人解禮之文概稱爲「記」，戴德傳《記》八十五篇，今存三十九篇，即今《大戴禮記》；戴德兄子戴聖傳《記》四十九篇，即今通行本《禮記》。古人以《儀禮》爲經，《記》則所以解之。參見張舜徽：《漢書藝文志通釋》，武漢：湖北教育出版社，1990，頁44～47。彭林：《三禮説略》，收於《十三經説略》，頁92。

　　唐以九經取士，按文字多少，《左傳》、《禮記》爲大經，《毛詩》、《周禮》、《公羊》爲中經，《周易》、《尚書》、《儀禮》、《穀梁》爲小經。宋仁宗嘉祐二年（1057）貢舉，進士、諸科之外，又設明經科，其試法與此基本一致〔註80〕。由於「明經所習，務在出身」（李元瓘語），《禮記》字數比《左傳》少，攻大經者便捨《左傳》而習《禮記》；大經和小經之中，《毛詩》、《周易》、《尚書》較爲平易，其它則文義艱深，學者捨難存易，必擇用力少者而習之，於是《儀禮》、《周禮》、《公羊》、《穀梁》殆將絕廢。這樣，「五經同試而事體不均」〔註81〕，《禮記》就成爲三《禮》中最顯赫的經典〔註82〕。

　　《大學》、《中庸》原本以單行本流傳，後來輯入《禮記》。《禮記》作爲儒家經部文獻的地位早已確立，在唐代又超越《儀禮》而成爲《禮》之本經，所以《大學》、《中庸》不像《孟子》那樣存在升經的問題，只是將其從四十九篇中抽取出來並另作闡釋的問題。《直齋書錄解題》評價《禮記》說：「漢儒輯錄前記，固非一家之言，大抵駁而不純。獨《大學》、《中庸》爲孔氏之正傳，然初非專爲《禮》作也。」〔註83〕《漢書·藝文志》收錄《中庸說》二篇，其書今已不傳，無以考見其內容。顏師古注曰：「今《禮記》有《中庸》一篇，亦非本禮經，蓋此之流。」〔註84〕姚振宗說：「顏注殆以《禮記》之外，別有此《中庸》之書，不知此乃說《中庸》之書也。」張舜徽說：「古書有單篇別行之例，《漢志》著錄《中庸說》二篇，知《中庸》單行甚早，已有爲之講說其義者矣。惜不知爲何人所作，其書又不傳於後世也。可知重視《中庸》而表章之，初不自宋儒始。」〔註85〕

〔註80〕　《續資治通鑑長編》卷一八六嘉祐二年十二月「先是上封者言」條：「自今間歲貢舉，進士、諸科悉解舊額之半。進士增試時務策三條，諸科增試大義十條。又別置明經科，其試法：凡明兩經或三經、五經者，各問墨義大義十條，兩經通八，三經通六，五經通五爲合格，兼問《論語》、《孝經》十條，策三條，分八場，出身與進士等。以《禮記》、《春秋左氏傳》爲大經，《毛詩》、《周禮》、《儀禮》爲中經，《周易》、《尚書》、《穀梁傳》、《公羊傳》爲小經。其習《禮記》爲大經者，許以《周禮》、《儀禮》爲中經，習《春秋左氏傳》者，許以《穀梁傳》、《公羊傳》爲小經。」頁4496。

〔註81〕　《續資治通鑑長編》卷五〇三元符元年「右正言鄒浩奏」條，頁11991。

〔註82〕　彭林：《怎樣讀〈禮記〉》，《中華讀書報》2015年7月8日第8版。

〔註83〕　《直齋書錄解題》卷二禮類《禮記》條，頁47。

〔註84〕　班固：《漢書》卷三十《藝文志·六藝略·禮類》，北京：中華書局，1962，頁1710。

〔註85〕　張舜徽：《漢書藝文志通釋》，武漢：湖北教育出版社，1990，頁49。

概言之,《禮記》取代《儀禮》而成爲禮的主經,提升了儒生對《大學》、《中庸》的關注度,而這兩篇文獻的特異性更是引發了佛教和玄學對它們的研究,下詳述之。

2. 佛教和玄學對《大學》、《中庸》升格的影響

《隋書・經籍志》收錄解讀《中庸》的著作有三部,分別是《禮記中庸傳》二卷,南朝宋散騎常侍戴顒撰;《中庸講疏》一卷,梁武帝撰;《私記制旨中庸義》五卷,撰者未詳〔註 86〕,此書似是臣下記錄梁武帝講解《中庸》的著作〔註 87〕。《舊唐書・經籍志》、《新唐書・藝文志》對戴顒《禮記中庸傳》仍有著錄,但對其它兩部沒有著錄,兩書當在隋唐之間亡佚無存〔註 88〕。

從身世經歷來看,戴顒和梁武帝都與佛老有很深的淵源。戴顒養疾,出居吳下,「吳下士人共爲築室,聚石引水,植林開澗,少時繁密,有若自然。乃述莊周大旨,著《消搖論》,注《禮記・中庸》篇」〔註 89〕。梁武帝是非常有名的「皇帝菩薩」,於普通元年(520)篤信佛法,多次往同泰寺爲四部眾講經說法,還四次捨身出家,被群臣以巨資贖回〔註 90〕。梁武帝在位期間,「都下佛寺五百餘所,窮極宏麗。僧尼十餘萬,資產豐沃」〔註 91〕。

戴顒和梁武帝注解《中庸》主要是出於佛教「格義」和道家「清談」的需要〔註 92〕。這是因爲佛教初傳中國,必須藉助業已繁盛的中華文化加以改造,纔能融入以儒家學說爲根基的社會文化和日常生活。六朝僧徒系統地利用《中庸》進行格義,以溝通儒、佛的差異,但這種努力尚不能彌合儒釋兩種不同文明之間的衝突,也不能求得一個調和貫徹、自成體系的論點〔註 93〕。

隋唐之際的王通已關注到儒家性理之學的內容,如「(文中)子謂周公之道:『曲而當,私而恕。其窮理盡性,以至於命乎』」〔註 94〕。這說明王通的

〔註 86〕 興膳宏、川合康三:《隋書經籍志詳考》,東京都:汲古書院,1995,頁 108。
〔註 87〕 《朱熹的歷史世界》,頁 86。
〔註 88〕 劉昫等:《舊唐書》卷四六《經籍上》,北京:中華書局,1975,頁 1973;歐陽修等:《新唐書》卷五七《藝文一》,北京:中華書局,1975,頁 1431。
〔註 89〕 沈約:《宋書》卷九三《隱逸傳・戴顒》,北京:中華書局,1974,頁 2277。
〔註 90〕 姚思廉:《梁書》卷三《武帝紀下》,北京:中華書局,1973,頁 63〜98。
〔註 91〕 李延壽:《南史》卷七○《循吏傳・郭祖深》,北京:中華書局,1975,頁 1721〜1722。
〔註 92〕 《朱熹的歷史世界》,頁 86。
〔註 93〕 《金明館叢稿初編・論韓愈》,頁 322。
〔註 94〕 《中說校注》卷四《周公》「子謂周公之道」章,頁 98。

性理之學主要由《周易》而展開。王通受魏晉玄學影響，開啓了後來道學家從《周易》尋找性理依據的傳統。王通注重義理，善於藉助玄學的命題與方法。他曾引用《大學》、《中庸》篇，強調「化人之道」在於「正其心」（《中說·事君篇》），而「心者非他也，窮理者也，故悉本於天」（《中說·立命篇》）。此外，王通還多次引用「人心惟危，道心惟微，惟精惟一，允執厥中」以明「道之難進」。他雖然朦朧地觸及宋代理學的命題，但並沒有達到南朝玄學化經學家的水準，也不可能深刻地把握這些命題的內涵〔註95〕。

3. 韓愈、李翱對《中庸》與《大學》的推重

　　韓愈是第一位從道學意義上發現《大學》和《中庸》價值的儒者。韓愈青少年時代曾隨從兄漂流嶺南。當時的嶺南，禪宗如日中天，韓愈身處其間，必耳濡目染，受其潛移默化。貞元九年（793），二十六歲的韓愈應博學宏詞科〔註96〕，題目是《省試顏子不貳過論》：「登孔氏之門者眾矣，三千之徒，四科之目，孰非由聖人之道為君子之儒者乎？其於過行過言，亦云鮮矣；而夫子舉不貳過，惟顏氏之子，其故何哉？請試論之。」韓愈即以《中庸》義答之：

> 夫聖人抱誠明之正性，根中庸之至德，苟發諸中形諸外者，不由思慮，莫匪規矩；不善之心，無自入焉；可擇之行，無自加焉：故惟聖人無過。故所謂過者，非謂發於行、彰於言，人皆謂之過而後為過也，生於其心則為過矣。故顏子之過此類也。不貳者，蓋能止之於始萌，絕之於未形，不貳之於言行也。《中庸》曰：「自誠明謂之性，自明誠謂之教。」自誠明者，不勉而中，不思而得，從容中道，聖人也，無過者也；自明誠者，擇善而固執之者也，不勉則不中，不思則不得，不貳過者也。故夫子之言曰：「回之為人也，擇乎中庸，得一善，則拳拳服膺而不失之矣。」又曰：「顏氏之子，其殆庶幾乎！」言猶未至也。而孟子亦云：「顏子具聖人之體而微者。」皆謂不能無生於其心，而亦不暴之於外，考之於聖人之道，差為過耳。

〔註95〕 唐長孺：《魏晉南北朝隋唐史三論》，北京：中華書局，2011，頁 444～449。
〔註96〕 馬其昶《韓昌黎文集校注》對《省試顏子不貳過論》的繫年並不一致，卷二本文題下繫於貞元十年（794），上海：上海古籍出版社，2014 年第 2 版，頁139；而該書附錄所收《朱子校昌黎先生集傳》之《新唐書本傳》朱子注曰：「（貞元）九年（793）癸酉，博學宏詞試太清宮《觀紫極舞賦》、《顏子不貳過論》，見《上考功崔虞部書》，及《與韋舍人書》。」頁827。此處從朱子注，將《顏子不貳過論》繫於貞元九年。

顏子自惟其若是也，於是居陋巷以致其誠，飲一瓢以求其志，不以富貴妨其道，不以隱約易其心，確乎不拔，浩然自守，知堅高之可尚，忘鑽仰之爲勞，任重道遠，竟莫之致；是以夫子歎其「不幸短命」，「今也則亡」，謂其不能與己並立於至聖之域，觀教化之大行也。不然，夫行發於身加於人，言發乎邇見乎遠，苟不愼也，敗辱隨之；而後思欲不貳過，其於聖人之道不亦遠乎？而夫子尚肯謂之「其殆庶幾」，孟子尚復謂之「具體而微」者哉？則顏子之不貳過，盡在是矣〔註97〕。

韓愈這篇文字以《中庸》「誠明」章義貫穿始終，強調顏子已幾乎至聖之域。他這番見解雖已自具濃厚的性理意味，其發煌所自必與禪宗相關。但是，研究性理之學向來不是漢唐儒者之所長，性理之學終究需要與傳統的儒家治道相結合。幸好，《大學》爲兩者的關聯提供了可能。韓愈發現《大學》是將性理和治道完美結合的典範：

傳（即《大學》）曰：「古之欲明明德於天下者，先治其國；欲治其國者，先齊其家；欲齊其家者，先修其身；欲修其身者，先正其心；欲正其心者，先誠其意。」然則古之所謂正心而誠意者，將以有爲也。今也欲治其心，而外天下國家，滅其天常，子焉而不父其父，臣焉而不君其君，民焉而不事其事〔註98〕⋯⋯

韓愈在《大學》中找到了抽象的心性之學和政治文化之間的結合點。這篇文獻兼顧了談心說性和濟世安民兩個方面，奠定了宋代新儒學的基礎。韓愈開啓了性理與治道融會貫通的研究方法影響了宋儒的治經途徑〔註99〕。

韓愈的學侶李翱「終日志於道德，猶懼未及」。他受韓愈影響、受李傪鼓勵，在二十九歲時寫下了《復性書》。《復性書》顯然受到《大學》、《中庸》、《易傳》、《孟子》等書的影響。《復性書》認爲人的本性皆善，人所以異於禽獸蟲魚者，正是因爲人能全其道德之性。不過，性、情不能相無，情由性生，「情不自情，因性而情；性不自性，由情以明」，所以雖聖人亦有情，雖百姓也有性。聖人得其天命之性而不惑，以「明」覺「邪」，至誠不息而盡其性、歸其源，這正是《中庸》所說的「惟天下至誠，爲能盡其性」。百姓則溺於七情，終身而不自睹其性。要想「忘嗜欲而歸性命」，就要「知心無

〔註97〕 《韓昌黎文集校注》卷二《省試顏子不貳過論》，頁139～140。
〔註98〕 《韓昌黎文集校注》卷一《原道》，頁18～19。
〔註99〕 《金明館叢稿初編・論韓愈》，頁322～323。

思」，進而知「本無有思」，依據孔、顏、思、孟所傳的「性命之書」格物致知，「知至故意誠，意誠故心正，心正故身修，身修故家齊，家齊故國理（治），國理（治）而天下平」。人於此存養，「止而不息必誠，誠而不息則明，明與誠，終歲不違，則能終身矣。造次必於是，顛沛必於是，則可以希於至（聖人）矣」。

　　李翱在文中還特別提到，他解讀《中庸》不同於前人的地方在於「彼以事解者也，我以心通者也」。這就意味著，禮樂的功能由倫理層面而上升為抽象的性理層面，其作用乃在於養成道德完全之人格。李翱這句話明白無誤地傳遞的信息是，中唐時已有儒者關注到了《中庸》裏面的心性內容〔註100〕，並試圖藉助《大學》將這些內容與傳統儒家的「修齊治平」縮合在一起。此後，宋明道學家對《大學》「格物致知」之說各有解釋，其解釋不同，而致其派系有別。李翱正是這種爭辯的發端者。

　　李翱雖然繼承了韓愈批判佛老的志願，但李翱特別重視《大學》和《中庸》（尤其是《中庸》）依舊與佛教有關。李翱的《感知己賦》記載了他與佛徒梁肅的密切往還。梁肅是天台宗湛然弟子，曾刪定《天台止觀統例》，提出「復性明靜」的思想。李翱對他深為崇敬，在參加科舉前還找過梁肅行卷。梁肅對李翱大加贊譽，有知遇之恩。此外，李翱也曾拜謁禪僧惟儼，惟儼批評他「貴耳賤目」，點醒他「雲在青天水在瓶」，李翱「遂成警悟」。李翱《復性書》不僅受到佛教的影響，也有非常明顯的道家痕跡，尤其是文中涉及的生死觀。在唐代儒釋道相互影響、相互交融的大背景下，《復性書》並非純粹的儒家文化之體現，佛老思想也潛移默化地滲透到其中。李翱實際上繼承了南朝後期儒玄釋兼通的傾向，為魏晉南朝玄學和宋代理學之間承上啟下地搭建了津梁〔註101〕。

　　但是，隨著晚唐、五代的動盪日熾，帝王和儒者所關注的焦點是「治道」而非性理之學，這種局面一直延續到宋仁宗時代。即便到了宋代中期，歐陽修仍然認為「今世之言性者多矣，有所不及也……修患世之學者多言性，故常為說曰，夫性非學者之所急，而聖人之所罕言也」〔註102〕。

〔註100〕　馮友蘭：《韓愈李翱在中國哲學史中之地位》，《清華學刊》1932 年第 9 期，頁 996。

〔註101〕　李翱部份綜合韓麗華：《回歸誠明──李翱〈復性書〉研究》，蘇州大學博士學位論文，2012，頁 25～28；《魏晉南北朝隋唐史三論》，頁 451～456。

〔註102〕　《歐陽修詩文集校箋・居士集》卷四七《答李詡第二書》，頁 1170。

4.《大學》、《中庸》在宋代的升格及道學化〔註103〕

余英時認爲北宋首樹《中庸》之幟者是智圓，從智圓到契嵩，《中庸》的解釋顯然掌握在佛徒手中。佛徒對《中庸》的重視引起了儒者注意。因此，《中庸》很可能是從佛教回流重入儒家的。眞宗、仁宗之際，知貢擧的士大夫多有談禪經歷（如楊億、劉筠、錢惟演等），正是這些士大夫藉助科場推動了《中庸》地位的提升，如范仲淹的省試題目就是「自誠而明謂之性」。宋仁宗天聖五年（1027），賜新科進士御詩及《中庸》，令張知白進讀，「至修身治人之道，必反覆陳之」〔註104〕；天聖八年（1030），賜新及第進士《大學》一篇，自後與《中庸》間賜，著爲例〔註105〕。「四書」中的兩篇重要文獻就這樣通過科擧而傳布天下。道學家並非遍讀「六經」經過仔細權衡纔挑選《大學》、《中庸》作爲基本文獻，也不是直接從韓愈、李翱的文字中得到啓發纔要引起對它們的重視，倒是智圓對《中庸》的提倡和科擧唱名賜《大學》、《中庸》直接引起儒者對這兩篇文獻的關注。

北宋最早作《胡先生中庸義》的儒者胡瑗已在智圓之後，他解說《中庸》「始於性情」。胡瑗的《中庸義》今已失傳，但其主體依然保存在南宋衛湜所編《禮記集說》中。胡瑗將「天命之謂性」之「性」解爲「性善」，並提出「明心復性」、「節情」、「防邪」、「積善」、「博通物理」等修養工夫，爲後來理學（尤其是道學）之興起有重要影響〔註106〕。另外，胡瑗的《周易口義》、《洪範口義》已經非常廣泛地引用《中庸》文句來闡釋其中大義，且有非常明顯的性理傾向。從胡瑗的《胡先生中庸義》開始〔註107〕，宋儒

〔註103〕 這部份對余英時《朱熹的歷史世界》相關內容多有參用，頁86～97，不再逐一出注。

〔註104〕《續資治通鑑長編》卷一○五天聖五年四月「辛卯賜新及第人聞喜燕於瓊林苑」條，頁2439。此處所謂「修身治人之道」是《中庸》第二十章「凡爲天下國家有九經」。另據《續資治通鑑長編》，邢昺以年老致仕入辭，眞宗特開龍圖閣，召近臣宴崇和殿，邢昺見壁間《尚書》、《禮記》圖，指《中庸》篇曰：「凡爲天下國家有九經。」因陳其大義，上嘉納之。《續資治通鑑長編》卷六六景德四年八月「翰林侍講學士」條，頁1483。

〔註105〕 這個慣例有時也會突破，如元祐四年，文彥博奏言：「先朝賜臣僚《儒行》、《中庸》篇及文武臣七條，欲乞擧行此法，依例於朝辭日給賜，及宣諭誡勵。」詔曰：「其《儒行》、《中庸》篇，候將來科場給賜。」《續資治通鑑長編》卷四三三元祐四年九月乙未「太師文彥博言」條，頁10488。

〔註106〕 張培高：《論胡瑗對〈中庸〉的詮釋》，《中國哲學史》2015年第1期，頁50～55。

〔註107〕《宋史》卷二○二《藝文一》，頁5049。

對《中庸》的關注再次由「凡為天下國家有九經」的治道轉移到其心性之學。此後儒者（尤其是道學家群體）迅速進佔《中庸》營壘，逐漸淡化了《中庸》的佛教和玄學色彩。

朱子述北宋道學家研讀《中庸》的成果說：

> 至於本朝，濂溪周夫子始得其所傳之要，以著於篇。河南二程夫子又得其遺旨而發揮之，然後其學布於天下。然明道不及為書，今世所傳陳忠肅公之所序者，乃藍田呂氏所著之別本也〔註108〕。伊川雖嘗自言「《中庸》今已成書」，然亦不傳於學者。或以問和靖尹公，則曰先生自以不滿其意而火之矣。二夫子於此既無書，故今所傳，特出於門人記平居問答之辭。而門人之說行於世者，唯呂氏、游氏、楊氏、侯氏為有成書。若橫渠先生，若謝氏、尹氏，則亦或記其語之及此者耳。〔註109〕

從《郡齋讀書志》、《直齋書錄解題》的記載來看〔註110〕，北宋及南宋早期解讀《大學》、《中庸》影響比較深遠的著作主要有：司馬光《中庸大學廣義》一卷，晁說之《中庸解》一卷，程顥《明道中庸解》一卷，二程門人游酢、楊時、呂大臨、郭忠孝都有《中庸解》一卷〔註111〕，張九成《中庸大學說》各一卷〔註112〕、石𢒰《中庸集解》二卷等。

〔註108〕 陳俊民輯校呂大臨文集，收錄有呂氏《中庸解》一篇。另，呂大臨著有《禮記解》，對《大學》和《中庸》都另有解讀文字。
〔註109〕 《晦庵集》卷七五《中庸集解序》，《朱子全書》第21冊，頁3639。
〔註110〕 《宋史‧藝文志》收錄書目的範圍比《直齋書錄解題》和《郡齋讀書志》更為廣泛，但這裡並不想作獺祭魚式的羅列，因為這兩部宋代的書目提要所收錄的著述已能大體說明問題，故而對《宋史》收錄而這兩書未收錄的部份不再於此呈現。
〔註111〕 《郡齋讀書志校證》卷二禮類《游氏中庸解》條、《楊中立中庸解》條，頁86。呂大臨曾撰《芸閣禮記解》四卷，《直齋書錄解題》說他「《禮》學甚精博，《中庸》、《大學》，尤所致意也」，但是沒有著錄他解讀《中庸》的單行本，頁47。《宋史》卷二○二《藝文一》著錄他有《中庸義》一卷，並著錄方愨輯錄程頤、呂大臨、游酢、楊時之說為《四先生中庸解義》一卷。郭忠孝是將家子，慕程頤而受《易》、《中庸》，其解《中庸》著作為《兼山中庸說》。高宗時，金人犯永興，郭忠孝與經略使唐重分城而守。城破，與重俱死之。郭忠孝開創的兼山學派乃程門支流，其學雖孤行，然自謝艮齋至黎立武，綿綿不絕。參見《宋元學案》卷二八《兼山學案》，頁1025～1027。
〔註112〕 張九成早年師事楊時，經學多訓解，後與大慧宗杲禪師遊，雜糅儒釋。朱子視其說為洪水猛獸，其《雜學辨》中有很長篇幅專辨張九成《中庸解》。

　　晁學健將晁說之不滿當時學者以「中庸」爲二事（如程頤「不偏之謂中，不易之謂庸」），謂其「穿鑿而二之」，乃本諸胡瑗、司馬光、程顥、張載、王肅、鄭玄之說而作《中庸解》〔註113〕，此書仍然有包容漢宋各家的弘闊氣象；石𪟸《中庸集解》則彙集周敦頤、程顥、程頤、張載、呂大臨、謝良佐、游酢、楊時、侯仲良、尹焞凡十家之說，一概以道學家言爲主，不但排除了漢唐舊說，就連宋儒的其它學派也排除在外，體現了道學已經形成其獨特的學術風格，他們對《中庸》的解讀也向更精深方向發展。

　　晁公武和陳振孫的記載有兩點值得注意：首先，《大學》注本要遠比《中庸》注本少得多，這也從側面證實了當時學者以構建儒家的性理之學爲要務，其所依據的經典首先是《中庸》。《大學》是聯通治道與性理的橋梁，若性理之學尚未建立起來，則根本無所聯通，而當儒家的性理之學得以充分建立起來之後，朱子反倒以《大學》的格物致知爲其學術所宗。其次，如果說《胡先生中庸解》的出現意味著《中庸》的闡釋主體由佛徒轉向儒者，那麼，從晁說之《中庸解》到石𪟸《中庸集解》的發展也呈現出一種非常明顯的變化，即出現了專門以道學家言爲主體的解經注本。這些注本普遍存在的一個問題是尚未脫離佛教對《中庸》的影響。程門弟子及其後學多有浸染佛老的風習，其解讀《中庸》多雜有非常明顯的佛老痕跡，朱子說：

　　　　程門諸子在當時親見二程，至於釋氏，卻多看不破，是不可曉。
　　觀《中庸說》中可見。如龜山云：「吾儒與釋氏，其差只在秒忽之間。」
　　某謂何止秒忽？直是從源頭便不同〔註114〕！

　　因此，朱子認爲前人所作的《大學》、《中庸》解說，都需要重新整理，有必要在此基礎上另作一理想注本。

　　實際上，要作出這樣的注本，編次《中庸》的難度要遠遠大於《大學》。有學者問：「《中庸》編集得如何？」朱子說：「便是難說。緣前輩諸公說得多了，其間儘有差舛處，又不欲盡駁難他底，所以難下手，不比《大學》都未曾有人說。」〔註115〕在朱子之前解讀《大學》的分明還有司馬光《大學中庸義》，而朱子卻說「《大學》都未曾有人說」，這更進一步證實朱子所關注的乃是道學家對《大學》的解讀，既然道學家群體並沒有一部成文的

〔註113〕《郡齋讀書志校證》卷二禮類《晁以道中庸篇》條，頁85。
〔註114〕《朱子語類》卷一〇一《程子門人‧總論》，頁2258～2259。
〔註115〕《朱子語類》卷六二《中庸一‧綱領》，頁1485。

《大學》注解文字，那麼將其它學派解讀《大學》的文字一概忽略也未爲不可〔註 116〕。

二、《論語》、《孟子》的漫長升格

1.《論語》地位的轉變

《論語》在東漢已列於《漢書・藝文志・六藝略》，此後就一直列在經部文獻之後（如《隋書・經籍志》、《舊唐書・藝文志》、《新唐書・經籍志》等）。漢文帝時，《論語》一度被列入「七經」，漢武帝捨棄《論語》、《孟子》、《孝經》、《爾雅》等傳記博士，獨立「五經」博士。這是由於漢儒更爲注重具有深遠歷史傳統的五經，這些經典能夠直接對現實政治產生作用。《論語》作爲孔子言行的直接記錄，是「五經之管轄，六藝之喉衿」（趙岐《孟子題詞》語），卻沒有被立爲博士。章學誠說這是因爲「古之所謂經，乃三代盛時，典章法度，見於政教行事之實，而非聖人有意作爲文字以傳後世也」〔註 117〕，「六藝皆周公之政典，故立爲經。夫子之聖，非遜周公，而《論語》諸篇不稱經者，以其非政典也」〔註 118〕。但是，隨著儒學地位的獨尊和孔子地位的提高，《論語》成爲「受經與不受經者皆通習之」的基本典籍，唐代士大夫往往以《論語》和《詩經》作爲童蒙教育的重要內容〔註 119〕。《論語》直到唐文宗的時代纔最終穩固在「經」的地位，不過，由於唐代佛老盛行，士大夫心智所及多在詩賦與釋老，終唐之世都沒有出現影響較大的《論語》注本。

在北宋初年，《論語》就被列入科舉考試的科目。宋太宗雍熙二年（985），復置明法科〔註 120〕，分《周易》、《尚書》各爲一科，附以《論語》、《孝經》、《爾雅》三小經；《毛詩》專爲一科〔註 121〕。眞宗咸平二年（999），詔翰林侍講學士邢昺與杜鎬、舒雅、孫奭等校定《周禮》、《儀禮》、《春秋公羊傳》、《春

〔註 116〕　《直齋書錄解題》卷二禮類《中庸大學廣義》條、《大學中庸說》條、《兼山中庸說》條、《中庸集解》條、《中庸輯略》條、《中庸說》條，頁 48～49。
〔註 117〕　《文史通義校注》卷一《經解上》，頁 112。
〔註 118〕　《文史通義校注》卷一《經解下》，頁 129。
〔註 119〕　這條記錄聞之於韓格平師。
〔註 120〕　「明法」意即嫺習律令，屬於法律常科。「明法」是漢代察舉士人的重要內容，唐以後明法成爲科舉常科，五代時或輟或復，宋於此年復置明法科，習此科的人數至熙豐新政時達到頂峰。
〔註 121〕　《續資治通鑑長編》卷二六雍熙二年四月「丙子復置明法科」條，頁 595。

秋穀梁傳》、《孝經》、《論語》、《爾雅》〔註122〕。《論語》在眞宗時已是「經筵」的重要學習內容，且學習的次數很多：

> （邢）昺在東宮及內庭侍講，（爲眞宗）說《孝經》、《禮記》者二，《論語》十，《書》十三，《易》二，《詩》、《左氏春秋》各一，
> 據傳疏敷繹之外，多引時事爲喻，深被嘉獎〔註123〕。

宋以前學者研究《論語》的著作很多〔註124〕，但在宋代影響較大的古今注本主要是何晏、皇侃、韓愈、李翱、邢昺、王令、王安石、蘇軾、程頤、范祖禹、汪革、呂大臨、晁說之、楊時、尹焞等人的注本〔註125〕。

朱子說「漢魏諸儒只是訓詁」〔註126〕，所以他要另作一理想注本。隆興元年（1163），朱子成《論語要義》，他在序中談及宋儒研究《論語》的歷史以及自己研讀《論語》的經歷時說：

> 魏何晏等集漢魏諸儒之說，就《魯論》篇章，考之《齊》、《古》，爲之注。本朝至道、咸平間，又命翰林學士邢昺等取皇甫侃疏約而修之，以爲《正義》，其於章句訓詁、名器事物之際詳矣。熙寧中，神祖垂意經術，始置學官，以幸學者。而時相父子，逞其私智，盡廢先儒之說，妄意穿鑿，以利誘天下之人而塗其耳目，一時文章豪傑之士，蓋有知其非是而傲然不爲之下者。顧其所以爲說，又未能卓然不叛於道，學者趨之，是猶舍夷貉而適戎蠻也。當此之時，河南二程先生獨得孟子以來不傳之學於遺經，其所以教人者，亦必以是爲務。然其所以言之者，則異乎人之言之矣。熹年十三四時，受其說於先君，未通大義而先君棄諸孤。中間歷訪師友，以爲未足，於是徧求古今諸儒之說，合而編之。誦習既久，益以迷眩，晚親有

〔註122〕《宋史》卷四三一《儒林傳一・邢昺傳》，頁12798。
〔註123〕《續資治通鑑長編》卷七三大中祥符三年六月「翰林侍讀學士」條，頁1675。
〔註124〕《隋書・經籍志》共著錄《論語》類五十家，另有失名六家，六十四部，凡三百九十七卷。統計標準依據《隋書經籍志詳考》，頁175～181；《舊唐書・藝文志》共著錄《論語》類三十六家，凡三百○四卷（這是此志作者的統計數字，是除去了《孝經》類的八十三卷之後的數字）；《新唐書・經籍志》共著錄「《論語》類三十家，三十七部，三百二十七卷。失姓名三家，韓愈以下不著錄二家，十二卷。」這些著作在《郡齋讀書志》、《直齋書錄解題》、《宋史・藝文志》中鮮有著錄，其大部份在宋代以前或已亡佚。
〔註125〕《郡齋讀書志校證》卷四《論語》類，頁130～140。
〔註126〕《朱子語類》卷十九《論語一・語孟綱領》，頁434。

道，竊有所聞，然後知其穿鑿支離者固無足取，至於其餘，或引據
精密，或解析通明，非無一辭一句之可觀。顧其於聖人之微意，則
非程氏之傳矣。隆興改元，屏居無事，與同志一二人從事於此，慨
然發憤，盡刪餘說，及其門人、朋友數家之說，補緝訂正，以為一
書，目之曰《論語要義》。蓋以為學者之讀是書，其文義名物之詳，
當求之注疏，有不可略者；若其要義，則於此其庶幾焉。學者第熟
讀而深思之，優遊涵泳，久而不捨，必將有以自得於此。本既立矣，
諸家之說有不可廢者，徐取而觀之，則其支離詭譎、亂經害性之說，
與夫近世出入離遁、似是而非之辨，皆不能為吾病。鳴呼！聖人之
意，其可以言傳者具於是矣，不可以言傳者，亦豈外乎是哉。深造
而自得之，特在夫學者加之意而已矣〔註127〕。

　　這段文字正見出朱子於《論語》學之既久而學理已熟，故其注解能夠新
而又新。

2.《孟子》的升格及其為宋學提供的新資源

　　從西漢後期的《七略》到南宋初年的《郡齋讀書志》，各類書目均將《孟
子》著錄在子部儒家類。據《隋書·經籍志》、《舊唐書·藝文志》和《新唐
書·經籍志》記載，宋之前注解《孟子》者主要有趙岐、鄭玄、劉熙、綦毋
邃四家〔註128〕。其中，綦毋邃注本在隋代已亡佚〔註129〕。鄭玄、劉熙注本在
《郡齋讀書志》、《直齋書錄解題》、《宋史·藝文志》等書中已無著錄，當亡
於唐宋之際。「《孟子》升格運動」（周予同語）濫觴於中唐楊綰、韓愈，完成
於南宋中葉，歷時約五個世紀。自從韓愈力倡孟子為先秦儒家傳道的最後一
人，宋儒對《孟子》的研究益發增多，孫奭、范祖禹、張載、王安石、蘇轍、
尹焞、葉夢得、張九成、朱子等俱有注本〔註130〕。今所及見的《孟子》最早

〔註127〕《晦庵集》卷七五《論語要義目錄序》，《朱子全書》第24冊，頁3613～3614。
〔註128〕這三部書目的著錄並不完整，據董洪利考證，為《孟子》作注或注音的學者
　　　　及其著作，漢代有程曾《孟子章句》、鄭玄《孟子注》、高誘《孟子章句》、劉
　　　　熙《孟子注》和趙岐《孟子章句》五部；西晉有綦毋邃《孟子注》、唐代有陸
　　　　善經《孟子注》、張鎰《孟子音義》、丁公著《孟子手音》、劉軻《翼孟》、林
　　　　慎思《續孟子》五部。見於董洪利：《孟子研究》，南京：江蘇古籍出版社，
　　　　1997，頁163、175～176、184。
〔註129〕《隋書》卷三四《經籍志三》，頁997。
〔註130〕綜合《郡齋讀書志》卷十子部儒家類和《直齋書錄解題》卷三語孟類。

注本是東漢趙岐的《孟子章句》，但朱子說趙岐注「拙而不明」〔註131〕，其《孟子題辭》更是「文字絮，氣悶人」〔註132〕，而在朱子時代流傳的《孟子正義》十四卷則是託名孫奭的僞作，朱子說：「《孟子疏》（即《孟子正義》），乃邵武士人假作。蔡季通識其人〔註133〕。……其書全不似疏樣，不曾解出名物制度，只繞纏趙岐之說耳。」〔註134〕

　　韓愈始將孟子置於周公、孔子之後，認爲孟子得儒道眞傳，且闢除楊、墨，其功不在禹下〔註135〕。皮日休上書倡爲孟子配享孔廟之議，但未得允奏。宋眞宗大中祥符（1008～1016）間，孫奭受命校勘《孟子》，撰《孟子音義》兩卷（《十三經注疏》所收《孟子注疏》舊題孫奭作，實爲僞書，不足信）。「孟子升格運動」在宋仁宗慶曆間進入迅速發展期。當時復興儒學、排斥佛老和改變文風的三股社會思潮共同推進了當時的「尊孟」取向，范仲淹、歐陽修、石介、孫復等大儒都高舉尊孟大旗。這股大潮由於王安石的極力推動而在神宗熙寧、元豐間（1068～1085）達到高潮：熙寧四年（1071），《孟子》首次以「兼經」列入科舉科目；元豐六年（1083），孟子首次受封鄒國公；七年（1084），孟子配享孔廟。此後，徽宗宣和間（1119～1125），《孟子》首次被刻石，成爲實際的「十三經」之一。宋室南渡後，朱子、陸九淵等大儒完成了「《孟子》升格運動」〔註136〕。

　　徐洪興認爲，韓愈、孫復、石介等人排斥佛老的努力多停留在強調儒家

〔註131〕　《朱子語類》卷五一《孟子一・題辭》，頁1218。

〔註132〕　《朱子語類》卷七八《尚書一・綱領》，頁1984。

〔註133〕　《朱子語類》卷十九《論語一・語孟綱領》，頁443。據余嘉錫考證，朱子這裡所說的「邵武士人」可能是呂南公《灌園集》所說的「閩人徐生」，但根據時代與地域的組合可知，這位「徐生」不是作《嗣孟》的徐積，不是作《孟子解》的徐存，也不是作《孟子說》的徐動。因此，「蔡季通識其人」所指的「其人」要么別有所指，要么是朱子記憶之誤，其具體情況已無所考證。見於余嘉錫：《四庫提要辯證》經部二《孟子正義》條，北京：中華書局，2007年第2版，頁73～74。

〔註134〕　余嘉錫考證這部僞書多有錯漏，誠如四庫館臣所言「其疏皆敷衍語氣，如鄉塾講章」（《四庫全書總目》卷三五「四書」類《孟子正義》條），詳其《四庫提要辯證》。

〔註135〕　蕭公權說：韓愈「推尊孟子，貶抑荀卿，而其尊君抑民之說，實背孟而近荀。韓氏論證之要旨在認定人民絕無自生自治之能力，必有待於君長之教養。」見於《中國政治思想史》，頁399。

〔註136〕　綜合徐洪興：《唐宋間的孟子升格運動》，《中國社會科學》1993年第5期，頁101～107。

正統、倫理綱常、夷夏之辨和社會經濟因素等方面，而沒有從自身理論上進行創新，而佛老久排不去的癥結也恰在理論方面。儒家粗糙簡陋的理論、陳舊無味的形式使得不少士大夫內心深處更傾向於富於哲理、活潑機智的玄學和佛學。歐陽修作《本論》，謂儒家當「修其本以勝之」。神宗熙豐間湧現了大批思想活躍的士大夫，從孟子學說中汲取思想精華，與佛教針鋒相對地大談「身心性命」。《孟子》為北宋儒學復興提供了極為豐富的精神素材。心性問題在孔子那裡是「不可得而聞」的，但在孟子那裡卻談得很多，從「四端」說、「良知良能」到「性善論」，從「收放心」、「存心養性」到「盡心知性知天」，孟子都有較為充分地展開。孟子又極重視存養工夫，如「先立其大」、「養浩然之氣」、「不動心」、「存夜氣」、「集義」、「持敬」、「反身而誠」、「養心寡欲」等；孟子還強調理想人格，有「兼濟」與「獨善」之說、有「大丈夫」精神、有「天爵人爵」之分、有「舍生取義」的胸懷。宋儒的心性論以孟子思想為起點，吸收佛學的心性說，同時否定佛教「一切解脫」的絕對優越，把社會倫理提升為道德本體，提高了心的主體地位，建立起以普遍、超越、絕對的道德法則為人性根本標誌的道德本體論。「《孟子》升格運動」既是適應時代的需要，也與孟子的思想特質密切相關〔註137〕。

　　陳振孫說：「自韓文公稱孔子傳之孟軻，軻死，不得其傳。天下學者咸曰孔、孟。孟子之書，固非荀、揚以降所可同日語也。今國家設科取士，《語》、《孟》並列為經，而程氏諸儒訓解二書常相表裏，故今合為一類。」〔註138〕由此可見，《孟子》在兩宋之際已與《論語》取得並行的地位，且孟子已能與孔子並稱為聖人。

三、朱子論「四書」各書之關係及《四書章句集注》的編次

1.「六經」與「四書」先後及「四書」的內在聯繫

　　有學者問「聖人之經旨，如何能窮得？」程頤說：「以理義去推索可也。學者先須讀《論》、《孟》，窮得《論》、《孟》，自有簡要約處，以此觀他經，甚省力。《論》、《孟》如丈尺權衡相似，以此去量度事物，自然見得長短輕重。某嘗語學者，必先看《論語》、《孟子》。今人雖善問，未必如當時人。藉使問

〔註137〕綜合徐洪興：《唐宋間的孟子升格運動》，《中國社會科學》1993 年第 5 期，頁 108～109。

〔註138〕《直齋書錄解題》卷三《語孟類》，頁 72。

如當時人，聖人所答，不過如此。今人看《論》、《孟》之書，亦如見孔孟何異？」〔註139〕程頤此說已有「四書」爲「六經」先導之意。

二程推戴《大學》、《中庸》不遺餘力，其謂《大學》「乃孔氏遺書，須從此學則不差。」〔註140〕有學者問程頤：「初學如何？」程頤說：「入德之門，無如《大學》。今之學者，賴有此一篇書存，其它莫如《論》、《孟》。」〔註141〕其謂《中庸》乃孔門傳授心法〔註142〕，放之則彌六合，卷之則退藏於密〔註143〕。善讀《中庸》者，於此一卷書便終身用不盡〔註144〕。程氏弟子多有解讀《大學》、《中庸》的專門著作。

二程雖表章《大學》、《論語》、《孟子》、《中庸》，但並未忽視「六經」，如曰：「《詩》、《書》載道之文，《春秋》聖人之用。《詩》、《書》如藥方，《春秋》如用藥治疾，聖人之用全在此書，所謂『不如載之行事深切著明』者也。」〔註145〕又曰「聖人六經，皆不得已而作，如耒耜陶冶，一不制，則生人之用熄。後世之言，無之不爲缺，有之徒爲贅，雖多何益也？聖人言雖約，無有包含不盡。」〔註146〕。由是而知，「四書」之超越「六經」而成爲儒家更重要的經籍是由朱子而完成。

與二程兼重「六經」和《論語》、《孟子》、《大學》、《中庸》等典籍的的做法不同，朱子將「六經」和「四書」按照難易先後和收穫多少的標準做了一番調整：「六經、《語》、《孟》皆聖賢遺書，皆當讀，但初學且須知緩急」〔註147〕，「《語》、《孟》工夫少，得效多；六經工夫多，得效少」〔註148〕，「《語》、《孟》、《中庸》、《大學》是熟飯，看其它經，是打禾爲飯」〔註149〕，所以他建議學者「須以《大學》爲先，次《論語》，次《孟子》，次《中庸》」〔註150〕。這既

〔註139〕《二程集·河南程氏遺書》卷十八《劉元承手編伊川先生語四》，頁205。
〔註140〕《二程集·河南程氏遺書》卷二上《元豐己未呂與叔東見二先生語》，頁19。
〔註141〕《二程集·河南程氏遺書》卷二二上《伊川先生語八上·伊川雜錄》，頁277。
〔註142〕《二程集·河南程氏外書》卷十一《時氏本拾遺》尹焞述程頤語，頁411。
〔註143〕《二程集·河南程氏外書》卷十一《時氏本拾遺》尹焞述程頤語，頁411。
〔註144〕《二程集·河南程氏遺書》卷十七《伊川先生語三》，頁174。
〔註145〕《二程集·河南程氏遺書》卷二上《元豐己未呂與叔東見二先生語》，頁19。
〔註146〕《二程集·河南程氏遺書》卷十七《伊川先生語三》，頁174。
〔註147〕《朱子語類》卷十三《學七·力行》，頁244。
〔註148〕《朱子語類》卷十九《論語一·語孟綱領》，頁428。
〔註149〕《朱子語類》卷十九《論語一·語孟綱領》，頁429。
〔註150〕《朱子語類》卷十四《大學一·綱領》，頁249。

是因爲「讀書，且從易曉易解處去讀」〔註151〕，也是因爲「四書」的功能各有側重：

> 某要人先讀《大學》，以定其規模；次讀《論語》，以立其根本；次讀《孟子》，以觀其發越；次讀《中庸》，以求古人之微妙處。《大學》一篇有等級次第，總作一處，易曉，宜先看。《論語》卻實，但言語散見，初看亦難。《孟子》有感激興發人心處。《中庸》亦難讀，看三書後，方宜讀之〔註152〕。

> 《大學》、《語》、《孟》最是聖賢爲人切要處。然《語》、《孟》卻是隨事答問，難見要領。唯《大學》是曾子述孔子説古人爲學之大方，門人又傳述以明其旨，體統都具。玩味此書，知得古人爲學所鄉，讀《語》、《孟》便易入。後面工夫雖多，而大體已立矣〔註153〕。

> 人之爲學，先讀《大學》，次讀《論語》。《大學》是箇大坯模。《大學》譬如買田契，《論語》如田畝闊狹去處，逐段子耕將去〔註154〕。

朱子先「四書」、後「六經」的次序調整並非僅僅是順序的改變，其背後是經典重要性的變更。既然「四書」是現成的熟飯，那麼，在精力和時間非常有限的情況下，自無必要再去親自打禾燒火做飯，就像放著現成的豬肉不吃，卻偏要養一隻小豚，待小豚長大，再殺來吃肉。更何況，「四書」道理粲然，「若理會得此四書，何書不可讀！何理不可究！何事不可處」〔註155〕！

既然「四書」如此重要，而諸家注本又多不能令人滿意，於是綜理漢唐以來的諸家學說，吸收宋代道學家的治學精髓而爲「四書」做一新注本則顯得尤爲重要。朱子對「四書」的研讀與闡發貫穿其整個治學生涯，其後半生更是花費大量心血撰寫和修訂「四書」的注釋，以至臨終之前都在修訂《大學》「誠意」章。

2.《四書章句集注》的編次與流行〔註156〕

朱子早年對「四書」的注本是在同安主簿任上及從學李侗期間所作的《四

〔註151〕《朱子語類》卷十四《大學一·綱領》，頁249。
〔註152〕《朱子語類》卷十四《大學一·綱領》，頁249。
〔註153〕《朱子語類》卷十三《學七·力行》，頁244。
〔註154〕《朱子語類》卷十四《大學一·綱領》，頁250。
〔註155〕《朱子語類》卷十四《大學一·綱領》，頁249。
〔註156〕這部份內容主要參考了《四書章句集注》徐德明點校本《點校説明》、《四書或問》黃坤《點校説明》，《朱子全書》第6冊，頁1～3、491～492。

書集解》。隆興（1163～1164）初，朱子把《論語集解》分定爲《論語要義》和《論語訓蒙口義》。乾道七年（1171），朱子在《論語要義》和原《孟子集解》的基礎上，取十二位道學家關於《論語》、《孟子》的論說，輯爲《論孟精義》（後改名《要義》，又改名《集義》），次年刊行於世。在此兩年中，朱子在原《大學集解》和《中庸集解》的基礎上完成了《大學章句》和《中庸章句》的初稿，又取石𢛯《中庸集解》作《中庸輯略》。

淳熙二年（1175），朱子開始在《四書集解》的基礎上對「四書」注解進行全面修訂，後世所見的《大學章句》、《中庸章句》、《論語集注》和《孟子集注》初稿在淳熙四年（1177）全部序定。這四個注本的序定標誌著朱子已由其早期的《四書集解》進入更爲深入、系統而成熟的《四書集注》層面。促成這種轉向的是寒泉之會（淳熙二年四月、五月，1175）、鵝湖之會（淳熙二年六月，1175）和三衢之會（淳熙三年三月末、四月初，1176），朱子與呂祖謙、陸九淵、張栻等人的辯論使他開始思索並建立其獨具特色的學術體系。朱子隨後又用主客答問的形式將其去取依據作成《四書或問》，其中《論孟或問》成於淳熙四年（1177）六月，《大學或問》、《中庸或問》或與《論孟或問》的完成同步，但無明確的時間記載，應不晚於淳熙六年（1179）。淳熙九年（1182），朱子在浙東提舉任上首次將這四部注本刊行於世，與「五經」相對應的「四書」之名至此而第一次出現。

此後，朱子又在淳熙十二年（1185）、十三年（1186）對其做過兩次較大的修訂，分別由詹儀之於廣西靜江（治所在今廣西桂林）、趙汝愚於四川成都刊行。淳熙十五年（1188），朱子對《四書章句集注》做了決定性的修改，直至紹熙三年（1192）秋纔由曾集在南康刊行。這是朱子生前流行最廣、影響最大的版本。此後，朱子對南康本陸陸續續有所修訂，於慶元五年（1199）在建陽刻板，幾個月後即溘然長逝。這是《四書章句集注》最後的晚年定本。

第四節　朱子對「四書」的注解及創新

朱子對「四書」的詮釋作爲集漢唐兩宋大成的總結之作，主要有以下幾個特色：

第一，朱子注解「四書」時，特別注重汲取眾長，既吸取了周敦頤、張載、二程等人學說的精華，也非常注重從五經文字和漢唐舊說尋找依據。在這個意義上來看，《四書章句集注》是漢唐和兩宋思想精華的總結。日本學者

大槻信良曾考證《四書章句集注》每個注釋的取義來源，著有《朱子四書集注典據考》一書，非常明確地呈現了朱子相容漢唐兩宋學術的治學風格。如《中庸章句》第十六章：

子曰：「鬼神之為德，其盛矣乎！程子曰：「……」（取自《中庸輯略》程頤之說）張子曰：「……」（取自《中庸輯略》張載之說）愚謂以二氣言，……猶言性情功效。（朱子新義）視之而弗見，聽之而弗聞，體物而不可遺。鬼神無形與聲，……猶易所謂幹事。（據《周易‧乾卦‧文言傳》整合）使天下之人齊明盛服，以承祭祀。洋洋乎！如在其上，如在其左右。齊，側皆反。（《經典釋文》）齊之為言齊也，所以齊不齊而致其齊也。（據《禮記‧祭統》文句整合）明，猶潔也。（《中庸》鄭玄注）洋洋，……正謂此爾。（用《禮記‧祭義》文）《詩》曰：『神之格思，不可度思！矧可射思！』度，……《詩》作斁。（此兩字音義俱來自《經典釋文》）《詩‧大雅‧抑》之篇。……語辭。（格、矧、射、思四字釋義來自《中庸》鄭玄注，於「思」義略作變動）夫微之顯，誠之不可揜如此夫。」夫，音扶。（《經典釋文》）誠者，……故其發見之不可揜如此。（朱子新義）〔註157〕

由此正可見出，朱子注「四書」至為審慎，其釋義的基礎是五經文字和漢唐訓詁，如其所述，「某解《語》、《孟》，訓詁皆存」〔註158〕。宋代道學家的說解則在「四書」注解中起到穿針引線的作用，這正自說明注解文字中的「朱子新義」非憑空而來，所以他教導弟子「須是從頭平心讀那書，許多訓詁名物度數，一一去理會」〔註159〕。朱子向來反對空談義理而無紮實工夫的虛浮風氣，他批評這些人說道：「不期今日學者乃捨近求遠，處下窺高，一向懸空說了，扛得兩腳都不著地！其為害，反甚於向者之未知尋求道理，依舊在大路上行。今之學者卻求捷徑，遂至鑽山入水。」〔註160〕所以，朱子注解「四書」便是做足了名物訓詁的基本工夫，他說：「大凡看書，要看了又看，逐段、逐句、逐字理會，仍參諸解、傳，說教通透，使道理與自家心相肯，

〔註157〕 《中庸章句》第十六章，頁 25。這段文字中的粗体大字是《中庸》原文，楷體為朱子注，仿宋小字為依據《朱子四書集注典據考》（頁 624～625）標注的釋義來源。
〔註158〕 《朱子語類》卷一一《學五‧讀書法下》，頁 184。
〔註159〕 《朱子語類》卷一一七《朱子十四‧訓門人五》，頁 2829。
〔註160〕 《朱子語類》卷一一三《朱子十‧訓門人一》，頁 2748。

方得。讀書要自家道理浹洽透徹。」〔註161〕這雖是爲教育子弟而發，更是朱子自我精神的寫照。

朱子解「四書」雖側重（甚至宗主）二程之說，但他對二程說解的採用亦非常靈活，尊程而不泥程，雖見諸先生有很多「好說話」，但若其文字並無某義，則不會以過度闡釋的方式將某義強加於其上〔註162〕。因此，朱子解經首先依據經文本義而做一考量，並無削足適履之意，因而於二程之說往往有所修訂：

> 大抵前聖說話，雖後面便生一箇聖人，有未必盡曉他說者。蓋他那前聖，是一時間或因事而言，或主一見而立此說。……且如伊川解經，是據他一時所見道理恁地說，未必便是聖經本旨〔註163〕。

> 問：「先生解經，有異於程子說者，如何？」曰：「程子說，或一句自有兩三說，其間必有一說是，兩說不是。理一而已，安有兩三說皆是之理！蓋其說或後嘗改之，今所以與之異者，安知不曾經他改來？蓋一章而眾說叢然，若不平心明目，自有主張斷入一說，則必無眾說皆是之理。」〔註164〕

正是由於朱子盡可能地尊重經文而非溺於二程，於文字「只是依本分解注」〔註165〕，「每下一字，直是稱等輕重，方敢寫出」〔註166〕，其精審嚴謹的治學態度才使得《四書章句集注》具有了禁得起時間考量的極高水準，所以他非常自信地對弟子說：「某所解《語》、《孟》和訓詁注在下面，要人精粗本末，字字爲咀嚼過。此書，某自三十歲便下工夫，到而今改猶未了，不是草草看者，且歸子細。」〔註167〕

第二，朱子認爲漢唐諸儒釋經溺心訓詁而不及義理，其教人也只是說某字訓某字，令學者自尋義理，是以不能見道之全體〔註168〕。有鑑於此，朱子

〔註161〕《朱子語類》卷十《學四・讀書法上》，頁162。
〔註162〕《朱子語類》卷一〇五《朱子二・論自注書・總論》：「每常解文字，諸先生有多少好說話，有時不敢載者，蓋他本文未有這般意思在。」頁2626。
〔註163〕《朱子語類》卷一〇五《朱子二・論自注書・總論》，頁2625。
〔註164〕《朱子語類》卷一〇五《朱子二・論自注書・總論》，頁2626。
〔註165〕《朱子語類》卷一〇五《朱子二・論自注書・總論》，頁2625。
〔註166〕《朱子語類》卷一〇五《朱子二・論自注書・總論》，頁2626。
〔註167〕《朱子語類》卷一一六《朱子十三・訓門人四》，頁2799。
〔註168〕《朱子語類》卷一三七《戰國漢唐諸子》，頁3263。

注解「四書」，不但釋其文義使其文從字順，更對其中一些關鍵概念進行重新詮釋。這些關鍵字詞的概念經過重新詮釋之後，整句的文義自會隨之發生變化。職是之故，朱子非常嚴謹地跟當時學者進行名義的辯論，而《朱子語類》除了專闢一章來討論性、情、心、意等新名詞，更有專門的章節來討論「仁義禮智等名義」〔註169〕。陳淳的《北溪字義》及清人戴震的《孟子字義疏證》都是爲傳揚新學說而闡釋關鍵字義所作。因此，朱子釋經雖大量地援引了漢唐以來的名物訓詁，卻並不影響《四書章句集注》呈現出一種全新的學術風格。茲以以下兩章爲例而言之：

由於《論語》、《孟子》是記言爲主的經典，某些有所爲而發的話語在記錄下來時卻有意無意地忽略了當時具體的語境。時過境遷，這些沒有具體語境的話語就會衍生出多歧而複雜的解讀。這樣的章節在《論語》、《孟子》中往往可見，如古今學者「爲人」、「爲己」一章正是如此〔註170〕。這兩個存有爭議而涵義模糊的語詞正給了朱子非常闊大的發揮空間：

> 子曰：「古之學者爲己，今之學者爲人。」……程子曰：「爲己，
> 欲得之於己也。爲人，欲見知於人也。」程子曰：「古之學者爲己，
> 其終至於成物。今之學者爲人，其終至於喪己。」愚按：聖賢論學
> 者用心得失之際，其說多矣，然未有如此言之切而要者。於此明辨
> 而日省之，則庶乎其不昧於所從矣〔註171〕。

朱子於此將漢唐諸儒說解一概捨棄，而取程頤之說以明聖賢論學用心得失之際，其依據是：「今須先正路頭，明辨爲己爲人之別，直見得透，卻旋旋下工夫；則思慮自通，知識自明，踐履自正。積日累月，漸漸熟，漸漸自然。

〔註169〕 《朱子語類》卷五《性理二‧性情心意等名義》、卷六《性理三‧仁義禮智等名義》。

〔註170〕 如《北堂書鈔》八十三引《新序》云：「齊王問於墨子曰：『古之學者爲己，今之學者爲人。何如？』對曰：『古之學者得一善言以附其身，今之學者得一善言務以悅人。』」又，《後漢書‧桓榮傳論》：「孔子曰『古之學者爲己，今之學者爲人』，爲人者憑譽以顯揚，爲己者因心以會道。」又，《顏氏家訓‧勉學篇》：「古之學者爲己，以補不足也。今之學者爲人，但能說之也。」又，皇侃《論語義疏》：「明今古有異也。古人所學，己未善，故學先王之道，欲以自己行之，成己而已也。今之世學，非復爲補己之行闕，正是圖能勝人，欲爲人言己之美，非爲己行不足也。」以上諸家說解俱見於程樹德：《論語集釋》卷二九《憲問中》「古之學者爲己」章所引，北京：中華書局，1990，頁1004～1005。

〔註171〕 《論語集注‧憲問》「古之學者爲己」章，頁156。

若見不透，路頭錯了，則讀書雖多，爲文日工，終做事不得。」〔註172〕這樣「爲己」、「爲人」之學就與以學而優入聖域結合在一起。

　　如果說朱子通過賦予那些模棱兩可的詞語新意義而使得整個文句產生了新解讀，那麼，闡釋重心的轉移也是朱子注解「四書」所常用的方法。如《論語・里仁》「吾道一以貫之」章，歷來解讀注釋此章者多將重心放在「忠恕」〔註173〕，而朱子的重心在「一貫」。他批評此前的解讀說：「自孔子告曾子，曾子說下在此，千五百年無人曉得。待得二程先生出，方得明白。前前後後許多人說，今看來都一似說夢。」〔註174〕朱子注解此章說：

> 子曰：「參乎！吾道一以貫之。」曾子曰：「唯。」……聖人之心，渾然一理，而泛應曲當，用各不同。……子出。門人問曰：「何謂也？」曾子曰：「夫子之道，忠恕而已矣。」……夫子之一理渾然而泛應曲當，譬則天地之至誠無息，而萬物各得其所也。自此之外，固無餘法，而亦無待於推矣。曾子有見於此而難言之，故借學者盡己、推己之目以著明之，欲人之易曉也。蓋至誠無息者，道之體也，萬殊之所以一本也；萬物各得其所者，道之用也，一本之所以萬殊也。以此觀之，一以貫之之實可見矣。……程子曰：「……忠恕一以貫之：忠者天道，恕者人道；忠者無妄，恕者所以行乎忠也；忠者體，恕者用，大本達道也。此與違道不遠異者，動以天爾。」〔註175〕

　　朱子認爲「忠恕」是一貫的注腳，「一者，忠也；以貫之者，恕也。體一而用殊」，「一是一心，貫是萬事」〔註176〕。「理一分殊」本是程頤依據《西銘》而延伸出的新論題，有類似於禪宗「月映萬川」、「千江有水千江月」的圓融境界。朱子將「理一分殊」之理引入注釋〔註177〕，以「一理」對應「一」，於

〔註172〕《朱子語類》卷一一四《朱子十一・訓門人二》，頁2757。

〔註173〕如《論語注疏》：「孔子之道，更無他法，故用忠恕之心，以己測物，則萬物之理皆可窮驗也。故王弼曰：『忠者，情之盡也；恕者，反情以同物者也。未有反諸其身而不得物之情，未有能全其恕，而不盡理之極也。能盡理極則物不統，極不可二，故謂之一也。推身統物，窮類適盡，一言而可終身行者，其唯恕也。」《十三經注疏》，頁2471。清人劉寶楠《論語正義》注解此章亦以「忠恕」爲其側重。

〔註174〕《朱子語類》卷二七《論語九・里仁下》「子曰參乎」章，頁698。

〔註175〕《論語集注・里仁》「子曰參乎」章，頁72～73。

〔註176〕《朱子語類》卷二七《論語九・里仁下》「子曰參乎」章，頁669。

〔註177〕「理一分殊」在程頤和朱子兩人視域之中略有不同，這主要體現在「分」字的音義有別，程頤的「分」讀爲去聲，其義以「職分」爲核心；朱子的「分」

是這個「一」字就不僅是個概括性的數詞，而成為更具有形而上意味的天理意義，這樣的「一」與《老子道德經》「道生一」之「一」具有相類似的化生萬物的意味；「貫」字不再是傳統意義上的統攝之義〔註178〕，而恰恰相反地是「流出」、「散布」之義。陳淳將朱子此義原原本本地進行了扼要闡釋：

> 一只是這個道理全體渾淪一大本處。貫是這一理流出去，貫串乎萬事萬物之間。聖人之心，全體渾淪只是一理，這是一個大本處。從這大本中流出見於用，在君臣則為義，在父子則為仁，在兄弟則為友，在夫婦則為別，在朋友則為信。又分而言之，在父則為慈，在子則為孝，在君則為仁，在臣則為敬。又纖悉而言之，為視之明，聽之聰，色之溫，貌之恭，凡三千、三百之儀，動容周旋之禮。又如《鄉黨》之條目，如見冕者與瞽者必以貌，如或仕或止，或久或速，或溫而厲，或恭而安，或為居處之恭，或為執事之敬，凡日用間微而灑掃應對進退，大而參天地贊化育，凡百行萬善，千條萬緒，無非此一大本流行貫串。自其渾淪一理而言，萬理無不森然具備。自其萬理著見而言，又無非即此一理也。一所以貫乎萬，而萬無不本乎一〔註179〕。

朱子這樣解讀主要是受程頤的影響，他自言「某初年看不破，後得侯氏所收程先生語，方曉得。」〔註180〕不過，以「理一分殊」之義釋「一貫」顯然是有問題的，以致於成為諸家抨擊朱子的要害之地，但若就朱子哲學系統而言之，他正欲於此「以一心應萬事」：

> 聖人未嘗言理一，多只言分殊。蓋能於分殊中事事物物，頭頭項項，理會得其當然，然後方知理本一貫。不知萬殊各有一理，而

讀為平聲，其義以「流布」為核心，而朱子其實是明知這樣解與程頤有別卻特意這樣解讀的。

〔註178〕劉寶楠《論語正義》卷五《里仁》「子曰參乎」章說「『一貫』之義，自漢以來不得其解」，北京：中華書局，1990，頁152。皇侃：《論語義疏》卷四《里仁》「子曰參乎」章曰：「貫，猶統也，譬如以繩穿物，有貫統也。孔子語曾子曰：吾教化之道，唯用一道以貫統天下萬理也。故王弼曰：『貫，猶統也。夫事有歸，理有會。故得其歸，事雖殷大，可以一名舉；總其會，理雖博，可以至約窮也。譬猶以君御民，執一統眾之道也。』」北京：中華書局，2013，頁90。邢昺疏亦主此說：「貫，統也。孔子語曾子言，我所行之道惟用一理以統天下萬事之理也。」《十三經注疏》，頁2471。

〔註179〕陳淳：《北溪字義》卷上「一貫」條，北京：中華書局，1983，頁31～32。

〔註180〕《朱子語類》卷二七《論語九·里仁下》「子曰參乎」章，頁698。

> 徒言理一，不知理一在何處。聖人千言萬語教人，學者終身從事，只是理會這箇。要得事事物物，頭頭件件，各知其所當然，而得其所以然，只此便是理一矣。……學者戒謹恐懼而謹獨，所以存省乎此者也。格物者，窮究乎此者也；致知者，眞知乎此者也。能如此著實用功，即如此著實到那田地，而理一之理，自森然於中，一一皆實，不虛頭說矣〔註181〕。

朱子冒天下之大不韙，以「理一分殊」解「一貫」，與漢唐諸儒的釋義截然不同，正是要爲人倫的「所當然」尋找天理層面顚撲不破的必然依據（即「所以然」），使「所當然」的行爲具有無可置疑、天經地義的正當性。職是之故，朱子雖耗費極大精力探究天地宇宙的「所以然」，而其根本上是重人倫的「所當然」的，所以朱子纔從形而上的角度說「道」、說「理」，便從人倫所當行的角度談及人的修養，於是人所當行的「禮」也就成了「天理之節文，人事之儀則」〔註182〕。

以上兩個釋義例文正自見出，漢唐諸儒釋經是在語言學上下工夫，其內容多是描述性的，而朱子注解「四書」則是上升至哲學層面，其內容多是思辨性的。朱子正是以此方法融合漢唐與兩宋學術，而呈現出一種新精神。

第三，「四書」的四部文獻雖在整體上呈現出一致的價值取向，但隨著時代的變遷，儒家思想在不同時代會發展出與時代相適應的新內容，這就使得不同文獻對同一問題的評論存在明顯的差異，如《論語》和《孟子》對「性」、五霸的看法並不一致。因此，朱子注解「四書」的一個重要任務就是彌合諸家學說之中互相扞格的地方，使其會歸於一。

以「性」爲例，孔子「罕言利與命與仁」（《論語・子罕》），只說「性相近也，習相遠也」（《論語・陽貨》），而沒有說到「性」的善與惡，職是之故，子貢說「夫子之文章，可得而聞也；夫子之言性與天道，不可得而聞也」（《論語・公冶長》）。孟子「道性善，言必稱堯舜」（《孟子・滕文公上》），他與弟子或時人討論「性善」的文字往往而見。爲此，朱子以宋代道學家（尤其是二程）的學說彌合這其間的隔閡：

> 子貢曰：「夫子之文章，可得而聞也；夫子之言性與天道，不可得而聞也。」文章，德之見乎外者，威儀文辭皆是也。性者，人所

〔註181〕《朱子語類》卷二七《論語九・里仁下》「子曰參乎」章，頁 677～678。
〔註182〕《論語集注・學而》「有子曰禮之用」章，頁 51。

受之天理；天道者，天理自然之本體，其實一理也。言夫子之文章，
日見乎外，固學者所共聞；至於性與天道，則夫子罕言之，而學者
有不得聞者。蓋聖門教不躐等，子貢至是始得聞之，而歎其美也。
程子曰：「此子貢聞夫子之至論而歎美之言也。」〔註183〕

　　子曰：「性相近也，習相遠也。」此所謂性，兼氣質而言者也。
氣質之性，固有美惡之不同矣。然以其初而言，則皆不甚相遠也。
但習於善則善，習於惡則惡，於是始相遠耳。程子曰：「此言氣質之
性。非言性之本也。若言其本，則性即是理，理無不善，孟子之言
性善是也。何相近之有哉？」〔註184〕

　　子貢是否得聞「性與天道」存有爭議〔註185〕，而宋代道學正是要講「性與
天道」，所以朱子解此句必以子貢得聞「夫子之言性與天道」為說，以示儒者對
這個話題的關注有著悠久的歷史傳統，而子貢所罕聞，也正是因為孔門教人「不
躐等」，要人下學而上達。又「性相近也」章，朱子以理、氣二分之義注解此章，
而其所引程頤「何相近之有哉」一句，實則是肯定孟子「性善」而否定孔子的
「性相近」。這樣解讀顯然違背孔子本義，但由於「性善論」是朱子整個體系的
重要基礎，朱子不得不犧牲文本的準確性以湊泊「性善論」，於此正可見出朱子
「六經注我」的解經傾向，朱子也於此而道出其獨特的讀書之法：

　　　　聖人語言甚實，且即吾身日用常行之間可見。惟能審求經義，將
　　　　聖賢言語虛心以觀之，不必要著心去看他，久之道理自見，不必求之
　　　　太高也。……只看《論語》一書，何嘗有懸空說底話？只為漢儒一向
　　　　尋求訓詁，更不看聖賢意思，所以二程先生不得不發明道理，開示學
　　　　者，使激昂向上，求聖人用心處，故放得稍高。……吾友要知，須是
　　　　與他古本相似者，方是本分道理；若不與古本相似，盡是亂道〔註186〕。

〔註183〕　《論語集注・公冶長》「夫子之文章」章，頁79。
〔註184〕　《論語集注・陽貨》「性相近也」章，頁176～177。
〔註185〕　《漢書・桓譚傳》說「天道性命，聖人所難言。自子貢以下，不得而聞」，宋
　　　　　人黃震也說「子貢實不得聞」。清人汪喜荀以「性與天道」對應《易》：《易》
　　　　　藏太史氏，學者不可得見，故韓宣子適魯，觀書太史氏，始見《周易》。孔子
　　　　　五十學《易》，惟子夏、商瞿晚年弟子得傳是學，而子貢是孔子早年弟子，則
　　　　　其言「性與天道，不可得聞」，《易》是也。以上各家並以子貢不聞「夫子言
　　　　　性與天道」為是。以上文字見於《論語集釋》卷九《公冶上》「夫子之文章」
　　　　　章引，頁318～320。
〔註186〕　《朱子語類》卷一一三《朱子十・訓門人一》，頁2748。

　　由於「四書」各書之間存在著不少由時代因素而造成的「空區」，道學家則努力填補和彌合這些「空區」，使其彼此連貫。朱子和呂祖謙將這些道學家的說解匯爲一編，是爲《近思錄》。周敦頤、張載、二程的說解正緣「急欲人曉得，故不得不然，然亦無他不得。若無他說破，則六經雖大，學者從何處入頭？」〔註187〕因此，《近思錄》的編纂是爲了使學者熟悉道學話語和思維方式，而其更重要的功能則是將道學的基本理念與「四書」原文進行關聯，以解決「四書」原始文獻之間彼此扞格之處，所以朱子說「四子（四書），六經之階梯；《近思錄》，四子（四書）之階梯」〔註188〕，「義理精微，《近思錄》詳之」〔註189〕。「性善」、「王霸之辯」等孔孟存在差異的經典論題，在《近思錄》中都能找到朱子視域之中近似準確的答案，學者有了這樣的基礎，再閱讀《四書章句集注》就能找到更爲精準的解答，進而發現各書之間原本相合，本無齟齬，不必爲孔孟之間的差異曉曉爭論。這樣，各書之間的文獻差異也就成爲了一種表面上的矛盾，而非實質的衝突。

　　第四，朱子依據其思想體系對「四書」的部分文獻進行了一番精審整理，其改動較大者是《大學》，這更是朱子「六經注我」的直接體現。

　　朱子之所以要對《大學》進行修改，乃是因爲朱子觀念中的聖人是「仁且智」的，故而他視「仁」與「智」並重，而《大學》正以「格物致知」爲起點，而至於「治國平天下」，「八目」不但將「仁」、「智」有機地貫穿起來，而且將「內聖」與「外王」縮合爲一，所以朱子說：「子程子曰：『《大學》，孔氏之遺書，而初學入德之門也。』於今可見古人爲學次第者，獨賴此篇之存，而《論》、《孟》次之。學者必由是而學焉，則庶乎其不差矣。」〔註190〕但若按《禮記·大學》原文來看，三綱八目似無明確的一一對應關係，朱子不得不將其進行重新整理。

　　朱子對《禮記·大學》原文的修改主要有四處：分別《大學》之「經」和「傳」，以第一章爲曾子所傳《大學》之經，以餘文爲《大學》之傳〔註191〕；依照「三綱」之序，爲使《大學》之「經」與其「傳」前後照應，朱子改「親

〔註187〕《朱子語類》卷九三《孔孟周張程子》，頁2363。
〔註188〕《朱子語類》卷一〇五《朱子二·論自注書·近思錄》，頁2629。
〔註189〕《朱子語類》卷一〇五《朱子二·論自注書·近思錄》，頁2629。
〔註190〕《大學章句》，頁3。
〔註191〕《大學章句》經注引程頤說「親，當作新」，頁3。

民」爲「新民」，此是受程頤影響〔註192〕；依照「八目」之序，對《禮記‧大學》文句進行大幅調整〔註193〕；調整《禮記‧大學》文句之後，「格物致知」之義無所著落，所以朱子乃補此一段，是爲「格物補傳」〔註194〕。經過這樣一番調整，《大學章句》較之《禮記‧大學》呈現出一種更爲嚴謹的邏輯和嚴整的結構。這樣，朱子的《大學章句》就以「三綱八目」爲全書樞機，全書的「經」與「傳」都有著落，全文前後相關，彼此照應。同時，「八目」環環相扣，與「三綱」密切呼應，於是「大學之道，在明明德，在親民，在止於至善」的綱目就與格物、致知、正心、誠意、修身、齊家、治國、平天下的途徑成爲一個互相配合的整體。

　　朱子說「某所改經文字者，必有意，不是輕改，當觀所以改之之意」〔註195〕。朱子一再提醒學者對於其所改之處，「當觀所以改之之意」，這實際上是提醒研讀者不必將重心放在《大學》文字本身，而應著實留意這番改動背後

〔註192〕 將經文分別經、傳是朱子的一貫做法，如其《詩集傳》、《楚辭集注》莫不如此。儘管這兩部書所分的經、傳與《大學章句》的經、傳不同，但其將一篇上下相關而又彼此獨立的文字做出不同區分的做法則是一致的。有弟子問：「分《詩》之經、《詩》之傳，何也？」朱子說：「此得之於呂伯恭。風雅之正則爲經，風雅之變則爲傳。如屈平之作《離騷》，即經也。如後人作《反騷》與《九辯》之類則爲傳耳。」《朱子語類》卷八〇《詩一》，頁2093。可見，這種做法是受呂祖謙《呂氏家塾讀詩記》影響，而原其所自，呂祖謙是受王逸《楚辭章句》影響。《楚辭章句》錯誤地分別經、傳的做法透過呂祖謙而最終影響了朱子，但是朱子在《大學章句》中分別經、傳的做法卻顯得似乎無可挑剔。

〔註193〕 朱子依據「三綱八目」對《禮記‧大學》文句順序進行調整之後，必給出理由以及標注，與那些以己意妄自改經者截然不同。

〔註194〕 朱子補「格物致知」傳之義來自程頤：「蓋釋格物、致知之義，而今亡矣。……閒嘗竊取程子之意以補之」。《大學章句》，頁6～7。「格物補傳」的行文風格顯然不同於《大學》原文，所以有弟子問道：「所補『致知』章何不效其文體？」曰：「亦曾效而爲之，竟不能成。」《朱子語類》卷十六《大學三‧傳五章釋格物致知》，頁326。

〔註195〕 《朱子語類》卷一〇五《朱子二‧論自注書‧總論》，頁2626。朱子改經之文字並非在原文逕改，而是於注釋文字中作非常詳細而慎重的說明。如《論語‧微子》「子路從而後」章有段文字說：「子路曰：『不仕無義。長幼之節，不可廢也；君臣之義，如之何其廢之？欲潔其身，而亂大倫。君子之仕也，行其義也。道之不行，已知之矣。』」這段話顯然與子路的說話語氣存在很大差異，所以朱子先說這是「子路述夫子之意如此」，繼而在解釋完文義之後說：「福州有國初時寫本，路下有『反子』二字，以此爲子路反而夫子言之也。未知是否？」若按照這種說法，原文就成了「子路反，子曰……」，顯得非常合乎情理。朱子兩說並存，其謹慎可見一斑。見於《論語集注‧微子》，頁186。

所隱含的「三綱八目」之核心要義，惟如此，纔能眞正理解爲學之次第，而這正是「學以至聖」的關鍵所在，所以吳英說朱子「立志於爲聖賢，在自得躬行，而不在於注之有定本也；用之以治國平天下，在體諸身，施於政，亦不在於注之有定本也；即以講論四書經文，亦在於大本大源，而不在於一句一字之間也。……蓋以四子之書爲兩閒至精之理，爲孔門至精之文。爲之注者，必至當而不可易，乃與斯文爲無所負焉耳。」〔註196〕

綜上所述，文本解釋都是特定時代的解釋者以特定的歷史方法，透過歷史文本的表達方式，對其多層意義進行理解與闡釋〔註197〕。朱子嚴整的學術體系和嚴謹的注釋風格使得《四書章句集注》不僅迅速取代了王安石《三經新義》，更超越了積幾百年之力而成的《五經正義》，獨步天下，此後又專擅科場，影響中國垂八百年。因此，儘管「四書」的地位自宋代以來越來越重要，但是從「五經」到「四書」的轉變並未使儒家失掉其本色，反而使其增強了思辨性和系統性。這種改變正如杜牧所說：「丸之走盤，橫斜圓直，計於臨時，不可盡知，其必可知者，是知丸不能出於盤也。」〔註198〕朱子新經典體系的確立，也正是爲此後那些欲成聖成賢者在儒家範圍之內提供一個至爲穩妥的文獻依據，而這正是「宗經」的要義所在。

〔註196〕《四書章句集注》附錄所收清人吳英《四書章句附考序》，頁386。
〔註197〕《中國古典解釋學導論》，頁416。
〔註198〕杜牧：《樊川文集》卷十《注孫子序》，上海：上海古籍出版社，1978，頁152。